SEU FILHO
X
BULLYING

O comprovado programa que recebeu destaque no
New York Times

SEU FILHO X BULLYING

AJUDE SEU FILHO A COMBATER PROVOCAÇÕES,
INSULTOS E AGRESSÕES PARA SEMPRE

Dr. Joel Haber
Especialista em Treinamento Antibullying
e Jenna Glatzer

SÃO PAULO – 2012

Bullyproof your child for life
Copyright © 2007 by Joel Haber, Ph. D
Copyright © 2012 by Novo Século Editora Ltda.

All rights reserved including the right of reproduction in whole or in part in any form. This edition published by arrangement with Perigee, a member of Penguin Group (USA) Inc.

COORDENAÇÃO EDITORIAL	Mateus Duque Erthal
TRADUÇÃO	Renata Marcondes
PREPARAÇÃO	Jonathan Busato
CAPA	Carlos Eduardo Gomes
DIAGRAMAÇÃO	Luciana Inhan
REVISÃO	Equipe Novo Século

Texto adequado às normas do Novo Acordo Ortográfico da Língua Portuguesa (Decreto Legislativo nº 54, de 1995)

Dados Internacionais de Catalogação na Publicação (CIP)
(Câmara Brasileira do Livro, SP, Brasil)

Haber, Joel
    Seu filho X bullying : ajude seu filho a combater provocações, insultos e agressões para sempre / Joel Haber e Jenna Glatzer ; [tradução Renata Marcondes]. -- Barueri, SP : Novo Século Editora, 2012.

    Título original: Bullyproof your child for life : protect your child from teasing, taunting, and bullying for good.

    1. Adolescentes 2. Bullying 3. Comportamento agressivo 4. Conflito interpessoal 5. Psicologia aplicada 6. Relações interpessoais 7. Violência I. Glatzer, Jenna. II. Título.

12-05404   CDD-158.2

Índices para catálogo sistemático:
1. Bullying : pessoas difíceis : Relações interpessoais : Psicologia aplicada 158.2

2012
IMPRESSO NO BRASIL
PRINTED IN BRAZIL
DIREITOS CEDIDOS PARA ESTA EDIÇÃO À NOVO SÉCULO EDITORA
NOVO SÉCULO EDITORA LTDA.
CEA – Centro Empresarial Araguaia II
Alameda Araguaia 2190 – 11º Andar
Bloco A – Conjunto 1111
CEP 06455-000 – Alphaville – SP
Tel. (11) 2321-5080 – Fax (11) 2321-5099
www.novoseculo.com.br
atendimento@novoseculo.com.br

Este livro é dedicado a todas as crianças e adultos que enfrentaram o desafio do bullying e encontraram maneiras de superar o sofrimento. O que define uma pessoa não é o problema que a aflige, mas sim a forma pela qual consegue lidar com ele. Sempre me ensinaram a persistir em algo até conseguir vencer, e espero que todos aqueles que enfrentam problemas relacionados ao bullying encontrem forças para fazer o mesmo. Também dedico este livro a meu pai, Wilfred, por suas orientações e ensinamentos sempre tão presentes.

agradecimentos

Meus principais agradecimentos não poderiam deixar de ser dirigidos à minha família, que teve que suportar minhas ausências mais do que deveria, enquanto eu trabalhava no material e nas informações para este livro. De minha esposa, Cindy, recebi estímulo, apoio, e serenidade constantes, bem como orientação editorial para que este projeto pudesse ser realizado. Busquei conhecer as opiniões de meu filho, Scott, sobre a juventude de hoje, e descobri serem muito valiosas. Dei boas risadas com minha filha, Alyssa, ao contemplar suas incríveis percepções intuitivas e seu discernimento sobre as crianças e os pré-adolescentes.

Será que um filho conseguiria agradecer suficientemente à sua mãe por sempre acreditar nele e apoiá-lo? Se pudesse, concederia à minha mãe, Evelyn, todos os méritos. Agradeço aos meus sogros, Rocky e Seymour, por terem enviado todo o material de leitura que puderam encontrar sobre bullying. Muito obrigado à Staci, minha irmã, por sempre me incentivar a ir mais além.

Minha escolha para a coautoria não poderia ter sido mais precisa. Jenna Glatzer é maravilhosa como pessoa e também como escritora. Ela conseguiu sintetizar em palavras um imenso volume de material, discussões e informações, fazendo com que esse processo parecesse fácil quando comparado ao do meu primeiro livro. Sua paixão e experiência sobre o assunto, seu talento e seu estilo fizeram com que eu apreciasse este trabalho muito mais do que antes. Embora desde o início eu soubesse que Jenna seria a parceira ideal, meu respeito e admiração por ela continuam crescendo.

Meu agente literário, Barrett Neville, é uma pessoa notável por seus próprios méritos. Senti-me abençoado por seu incentivo, sua franqueza, sua honestidade, sua habilidade para escrever e sua confiança, uma magnífica combinação de qualidades. Suas orientações me proporcionaram estímulo para elevar o meu trabalho sobre bullying a uma nova categoria, publicando-o com a Penguin/Perigee.

Minha editora da Perigee, Marian Lizzi, merece minha gratidão por sua dedicação a este livro, por seu interesse e disposição para prosseguir e publicá-lo, com generosidade e visão.

Minha mais valiosa fonte de informação especializada foram as inúmeras crianças, clientes, pais e educadores com quem tive o privilégio de trabalhar nos últimos vinte anos. Este livro é dedicado a todos aqueles que foram afetados por problemas relacionados ao bullying. Todos os dias acordo agradecendo por ter a sorte de poder retribuir um pouco a todas as pessoas que me emocionaram com suas histórias, dores e sucessos. Se com este livro eu for capaz de ajudar ao menos uma única pessoa, já me sentirei vitorioso.

Gostaria de agradecer à American Camp Association por ter confiado em mim, permitindo que trouxesse meu conhecimento e minhas habilidades técnicas ao "mundo dos acampamentos". No que diz respeito a esse aspecto, gostaria de expressar minha gratidão aos acampamentos que me trazem, ano após ano, para treinar suas equipes e aprimorar a segurança física e emocional das famílias que deles participam. Peter Landman, do Camp Kennybrook, foi meu maior incentivador, e a ele dedico meus agradecimentos por ter sido o responsável por minha vinda para essa maravilhosa organização. Existem ainda outros inúmeros diretores e membros das equipes que sabem o quão importantes foram para mim, e gostaria de agradecer a todos eles.

Meus agradecimentos também a todos os pais e educadores que me convidam para falar em suas organizações e me incentivam a compartilhar minhas "pérolas", a fim de melhorar sua comunicação e suas habilidades. Meu muito obrigado à psicóloga Ellen Medd, da Wampus School, por sua sólida e incessante colaboração e sua amizade.

Agradeço à Suzanne Reiffel e à Erica Ross por ajudarem a manter o meu sorriso semana após semana, e por sempre me oferecerem tanto apoio e coleguismo. Mal posso esperar pela era Tool Kits for Kids*.

Por fim, aos meus amigos, que são uma parte tão importante da minha vida e uma inspiração constante. Seria necessário um livro inteiro apenas para agradecer completamente a todos vocês, mas espero que saibam quanto os valorizo. Não estou certo de ter expressado suficientemente, durante toda essa trajetória, minha estima e apreço por vocês e suas constantes perguntas: "Como está indo o livro? Você viu isso hoje no noticiário? Cheque aquilo". Tudo isso foi imensamente significativo para mim; muito obrigado!

---

* Tool Kits for Kids LLC é uma companhia de produtos instrutivos fundada pelo autor e pelas psicólogas Suzanne Reiffel e Erica Ross. Tais produtos propõem dicas e atividades interativas entre pais e filhos com o objetivo de ajudar crianças e adolescentes a lidar com situações difíceis, aumentar sua autoestima, reduzir a ansiedade e desenvolver habilidades emocionais. (N.T.)

sumário

INTRODUÇÃO — 13

UM
O BULLYING NÃO É SÓ UM PROBLEMA
DOS PÁTIOS DA ESCOLA — 21

DOIS
RECEITA ANTIBULLYING — 54

TRÊS
COMO OS PAIS PODEM INTERROMPER
O CICLO DO BULLYING — 102

QUATRO
O BULLYING NA ESCOLA:
LER, ESCREVER E SER RESILIENTE — 141

CINCO
O BULLYING NOS ESPORTES:
MANTENDO OS BULLIES FORA DE CAMPO   197

SEIS
O BULLYING NOS ACAMPAMENTOS:
ALOJAMENTOS À PROVA DE BULLYING   235

SETE
O BULLYING NO MUNDO VIRTUAL   277

OITO
AS PROVOCAÇÕES AOS PORTADORES DE
DEFICIÊNCIA E NECESSIDADES ESPECIAIS   312

CONSIDERAÇÕES FINAIS   327

RECURSOS   329

NOTAS DO AUTOR   334

SOBRE OS AUTORES   339

introdução

Quase todos nós temos uma história de bullying para contar. A minha aconteceu quando eu tinha onze anos. Diariamente, após a escola, crianças de todas as idades brincavam no quarteirão onde eu morava, em Long Island, Nova York. A casa na qual crescemos ficava próxima à casa vizinha, e eu podia decidir como aproveitaria meu tempo com quem estivesse lá fora para brincar naquele dia. Alguns dias eram mais tranquilos e descontraídos em função da constituição do grupo que lá estivesse, mas havia duas crianças que podiam acabar com o bom humor de todo o grupo apenas com sua presença. Era como se uma nuvem carregada pairasse sobre nossas cabeças e quebrasse o silêncio com raios e trovões, inesperadamente. Todas as outras crianças sentiam-se tensas e amedrontadas, e perguntavam a si mesmas se naquele dia um dos raios cairia sobre elas.

Eu era um pouco pequeno para a minha idade, não era naturalmente agressivo e tentava evitar conflitos. Billy, ao contrário, era um garoto de quinze anos, consideravelmente grande, popular, sociável e agressivo. Ele adorava divertir as outras crianças torturando um de nós, enquanto os demais observavam. John, que o seguia por toda parte, tinha a minha idade, era divertido nas brincadeiras, mas tornava-se maldoso sempre que Billy, o adolescente que qualificarei como "valentão", estivesse por perto. Nunca consegui entender muito bem o que fazia John ficar malvado toda vez que Billy se aproximava, mas sentia uma pontada no estômago quando os via, lá fora, juntos.

Houve uma época em que John me provocava, insultava, e chegava a me derrubar da cerca do outro lado da rua, toda vez que não estivesse prestando atenção a ele. Após um ataque, ele sempre caminhava até onde Billy estava, esperando receber dele aquele típico gesto comemorativo, de baterem no ar as mãos espalmadas. Tudo isso acontecia quando Billy estava presente, e eu tentava ficar distante dos dois sempre que possível. A situação tornou-se muito difícil, e eu voltava para casa muito infeliz e desanimado, permanecendo assim por um tempo que parecia corresponder a uma eternidade.

Corria para casa e tentava evitar minha família indo direto para o meu quarto, mas geralmente não conseguia porque a escada dos fundos, que me levaria a ele, passava pela cozinha e pela sala. Isso significaria encontrar um dos meus pais pelo caminho. Lembro-me que minha mãe ficava chateada em relação a esses incidentes, e tentava fazer com que ficasse mais tranquilo, dizendo que isso passaria conforme eu crescesse e ficasse mais velho. Recordo-me de meu pai chegando tarde em casa e tomando conhecimento de tais eventos. Ele ficava muito furioso pelo meu desamparo, e eu acabava sentindo medo de sua raiva.

Enquanto isso, pensando que a comida pudesse trazer algum consolo, ficava por um longo período olhando fixamente para a geladeira, nunca sabendo ao certo o que desejava. Lembro que descontava minha raiva e minha irritação em minha irmã, três anos mais nova que eu. Parecia que estávamos sempre brigando e, quando faço um retrospecto, vejo que era bom descarregar minha frustração nela por ser um alvo muito fácil.

Meu pai conversou comigo sobre como poderia aprender a me defender sozinho e criou um plano para me ensinar a fazer isso. Se não aprendesse a revidar usando meus punhos, pensou ele, nunca deixariam de me provocar. Lembro-me de sua grande motivação para me ajudar a ser um profundo conhecedor do assunto. Ele nunca soube o que se passava em minha mente: "Nunca vou bater em outro garoto". Jamais contei isso a ele; só revirei os olhos tentando expressar minha opinião de que sua ideia não daria certo, e continuei, de alguma forma, cooperando com o plano.

Um dia, ele chegou em casa com um saco de pancadas. Foram necessários dois dias para instalá-lo na garagem. Ele o apresentou a mim com orgulho... No entanto, não pude alcançá-lo. Apenas olhava para cima, espantado. Lembro de minha mãe balançando negativamente a cabeça e de que, naquele momento, tive a sensação de ter sido liberado temporariamente daquela situação. Meu pai acabou levando muitas horas para baixá-lo a uma altura na qual pudesse utilizá-lo, enquanto eu mantinha a esperança de que essa ideia fosse rapidamente abandonada.

Minhas primeiras lições foram constrangedoras. Não consegui acertar o saco de pancadas nem estabelecer uma cadência; fiquei frustrado, mas não senti que pudesse desistir e desapontar meu pai. Dizer "não" a ele não fazia parte do meu vocabulário daquela época. Havia uma programação diária para esmurrar o saco de pancadas, praticando diferentes tipos de socos e movimentos de avanço e recuo. Gostaria de poder dizer a vocês que me tornei um mestre no assunto, mas isso não aconteceu. Entretanto, adquiri habilidade suficiente para que meu pai acreditasse que poderia me cuidar sozinho lá fora, caso os garotos voltassem a me intimidar. Embora o plano fosse que eu enfrentasse o John quando ele me ameaçasse, nunca pensei que tivesse que dar, de fato, um soco em alguém.

O dia do ajuste de contas aconteceu numa tarde de verão que jamais esquecerei. Estava lá fora brincando, quando Billy e John começaram a me insultar e ficaram agressivos comigo. Estava virando-me para voltar para casa (minha tática habitual) quando percebi meu pai, parado na soleira da porta, observando atentamente a situação. Hesitei, virei, e olhei para o John, vivenciando um momento de pânico. Não tinha para onde ir. Ainda posso sentir a súbita ansiedade que tomou conta de mim naquele momento.

O que alguém faria nessa situação? Quando pergunto às pessoas que assistem às minhas palestras o que acham que fiz naquele momento, geralmente as opiniões se dividem entre eu ter fugido ou ficado lá e batido no garoto para evitar o sofrimento de desapontar meu pai.

Devo ter girado minha cabeça centenas de vezes antes de me virar para o John e golpeá-lo diretamente na boca, de onde o sangue jorrou. De repente, ele começou a chorar. Corri para casa mortificado pelo que havia feito a ele. (Até hoje penso que essa experiência contribuiu para que me tornasse um psicólogo.)

As pessoas perguntam se me sentia vítima de meu pai, se ele teria praticado o bullying naquela situação. Sua intenção era ajudar e não me ferir, e isso faz toda a diferença quando pensamos em bullying. Embora meu pai fosse muito mais poderoso pela influência que exercia sobre mim, nunca senti que suas intenções fossem más. Na realidade, sabia que era exatamente o contrário. Ele não estava praticando o bullying porque suas intenções eram boas. Entretanto, seu poder me amedrontava, e sempre fui fascinado por essa dinâmica do poder e as questões a ela relacionadas. A desigualdade de poder é um dos componentes significativos do bullying, mas não é, por si só, suficiente. Este livro terá início pela abordagem das definições e dos problemas relacionados ao bullying, e de como a dinâmica do poder torna-se uma peça fundamental para a sua compreensão.

Quando conto essa história, a maioria das pessoas imagina que minha atitude deva ter interrompido o bullying. Lamentavelmente, isso não aconteceu; na verdade, o que ocorreu fez com que John encontrasse formas mais criativas para tentar me pegar desprevenido. Acho importante que os pais fiquem atentos à sua própria raiva e à crença de que a agressão ao outro numa atitude vingativa possa equilibrar a situação. Infelizmente, esse tipo de reação poderá agravar o problema e piorar o que estiver acontecendo. Uma seção deste livro abordará as formas de reação mais adequadas e capazes de auxiliar os pais que precisam ensinar a seus filhos a lidar com tais incidentes.

No começo dos anos 1980, iniciei minha carreira como psicólogo trabalhando na área de prevenção à violência. Possuía formação como clínico e pesquisador e publiquei trabalhos no curso de pós-graduação. Em meu primeiro ano como diretor de um centro de tratamento da dor, numa faculdade de medicina, tive uma paciente com uma história complicada: Sharon sofria de um problema de dor bastante incomum, que parecia desafiar as explicações biológicas. Os médicos me pediram para avaliá-la, pois parecia ser bastante fácil para ela discutir sua dor, precisando fazer sua sétima cirurgia, no período de três anos, em função de uma dor crônica intratável. Eles acharam estranho que ela não estivesse nem um pouco aflita com a necessidade de uma nova cirurgia, e queriam que eu a entrevistasse e descobrisse se algo mais estava acontecendo.

Ela estava aparentemente muito à vontade com a cirurgia, mas notei um leve espasmo quando, casualmente, perguntei sobre seu casamento. Após várias entrevistas e sessões de apoio, ficou claro que a paciente sofria um sério abuso pelo marido e que suspenderia temporariamente esse abuso por uma doença que ele pudesse constatar. Havia estabelecido uma resposta adaptativa, interrompendo ocasionalmente a circulação de seus membros, para criar dor e desconforto em vez de enfrentar o abuso. Causar dor a si mesma, gerando um problema médico que pudesse ser confirmado por seu marido, era a única forma que ela conhecia de fazer com que ele se compadecesse o suficiente para deixar de feri-la por um tempo.

Depois desse caso, segui meu instinto e comecei a revelar as raízes da violência e do poder nesses casos médicos. Minhas atividades e minhas pesquisas me levaram a trabalhar com famílias em situação de abuso – os ofensores, as vítimas e seus filhos. As histórias desses ofensores eram bastante claras. Crianças que praticavam o bullying e não eram corrigidas tornavam-se parceiros ofensores. Como consultor médico e de saúde mental da Comissão de Violência Doméstica do Governo do Estado de Nova York, tornei-me um instrutor no campo da violência doméstica por muitos anos e ministrei palestras sobre o tema a profissionais da área médica e de saúde mental. Ensinei também a outras pessoas os efeitos da violência e da desigualdade de poder, além do custo da violência às comunidades médicas e de saúde mental.

Muitos anos mais tarde, após uma apresentação, o diretor de uma escola aproximou-se de mim solicitando ajuda para problemas de bullying que sua escola enfrentava. Reuni-me com grupos de representantes do corpo docente, da administração e dos pais para discutir sobre o que lhes preocupava. Juntos, elaboramos um plano para que o problema do bullying fosse encarado de frente naquela escola. Embora esse projeto tenha crescido muito mais do que esperava, o que me impressionou, de fato, foi o imenso orgulho que senti em ajudar as famílias e a comunidade escolar a começarem a lidar com o problema. Quando retrocedo àquele ano, vejo que realizei um trabalho baseado no amor, e que esse foi o início da minha verdadeira atuação na área do bullying.

Será que existe uma forma melhor de interromper o padrão de violência em adultos do que descobrir o problema onde ele realmente começa? Percebi que essa era a minha verdadeira vocação. Desde aquela época, visito escolas, acampamentos de verão e programas de atividades esportivas a fim de lançar luz sobre o problema do bullying e oferecer soluções práticas. Anualmente, converso com milhares de pais, bem como monitores e diretores de acampamentos, já que sou consultor oficial sobre bullying da American Camp Association.

Posso dizer que resolvo, de fato, seus problemas com o bullying.

Tanto em consultório quanto em ambientes grupais, trabalho diretamente com todas as pessoas que influenciam a dinâmica do bullying: os pais, as crianças e os demais adultos que se relacionam com elas. Ouço e proponho soluções, que são por nós testadas para verificar se funcionam. Os métodos que ensinarei a você foram testados e aprovados, e poderão ser eficazes em qualquer situação de bullying, seja com meninos ou com meninas, desde a pré-escola até o ensino superior.

Em função do meu trabalho, ganhei o apelido de "treinador de bullying" e aparições em toda a mídia, incluindo o *New York Times* e a *CBS News*. Na maioria das apresentações que realizei, reuni pesquisas a fim de descobrir mais sobre a extensão do problema do bullying nos dias atuais, sobre tendências das quais precisamos estar cientes, e sobre aquilo que é, ou não, eficaz. Cada vez que eu falava, as pessoas me perguntavam se eu havia escrito um livro sobre bullying.

Sim, agora escrevi. A missão de minha vida tem sido impedir todas as formas de violência – física e emocional –, e espero que este livro ajude a difundir o conhecimento que adquiri. Além disso, espero que ele colabore para que você, pessoalmente, possa ajudar seu filho.

Neste livro ensinarei minha "Receita Antibullying", uma série de instruções para os adultos utilizarem com as crianças a fim de retirá-las de situações de bullying e mantê-las afastadas dele. Não trataremos aqui de fornecer simples respostas prontas, e não entraremos em excessivas discussões teóricas sobre a vida familiar sofrida do agressor, ou sobre a situação social. Você precisa de respostas práticas para ajudar seu filho *imediatamente*, e vou oferecê-las.

Aprenderá como fazer seu filho desabafar com você; como ensinar seu filho a ser resiliente; qual o fator mais importante para afastar os agressores; como aproximar-se de um professor, diretor, treinador, ou do gerente de um acampamento e revelar suas preocupações; como rastrear praticantes de cyberbullying[*]; como ajudar sem assumir o comando; o que dizer quando ninguém parece estar ouvindo, e muito mais. Faremos tudo isso com exemplos de roteiros e exercícios, procedimentos por escrito que você poderá mostrar às pessoas que detenham a autoridade, e listas de verificação para ajudá-lo a acompanhar cada passo.

As estatísticas de bullying são assombrosas; juntos, poderemos mudá-las. Espero que esse seja o último livro sobre bullying que você precise ler.

---

[*] Trata-se do bullying praticado pela utilização das tecnologias de comunicação e informação (e-mails, torpedos, redes sociais, mensagens instantâneas etc.) (N.T.)

um

O BULLYING NÃO É SÓ UM PROBLEMA DOS PÁTIOS DA ESCOLA

Há muitas gerações, ouvimos e transmitimos os mesmos conselhos sobre como lidar com agressores – e, apesar disso, o problema do bullying, em vez de melhorar, parece ficar cada vez mais sério. Será que tais conselhos não funcionam?

Ignore os agressores e eles irão embora.
O bullying é um ritual de passagem normal.
Apenas conte ao professor e tudo será resolvido.
O agressor parará de importuná-lo se você aprender a lutar.

Essas são as diretrizes pelas quais nos guiamos – e talvez as tenhamos repetido nós mesmos. Entretanto, a verdade é que, como adultos, no fundo sabemos que alguns desses comentários são absurdos. Que outros tipos de problemas já foram solucionados justamente por terem sido ignorados? A sensação de ser abusado pode ser normal?

Durante meu crescimento, o bullying era visto como um ritual de passagem. Se alguém apanhasse no pátio durante o recreio, isso o tornaria mais forte e o ensinaria a "ser um homem". Se as crianças o xingassem, isso era "apenas provocação", e diziam que bastaria ignorá-las para que parassem. Quase ninguém comentava sobre o bullying entre garotas.

A boa notícia é que, hoje em dia, a sociedade está considerando o bullying com muito mais seriedade. A má notícia é que foram necessárias algumas tragédias, como os tiroteios nas escolas, para que acordássemos.

Bullying é abuso, e isso traz sérias consequências a curto e a longo prazo para todos os envolvidos: os agressores, as vítimas e os observadores. Quase todos nós guardamos a lembrança daquele sentimento ardente provocado por um agressor quando este dizia algo com intenção de humilhar, ou do desejo de ficar invisível para não ser atormentado por algum grupinho no vestiário, até mesmo vinte ou trinta anos depois da ocorrência de tais episódios. Quase todos conseguimos recordar aquela pobre criança que estava abaixo de todas na hierarquia escolar; muitos de nós queríamos ajudá-la, mas permanecemos calados pelo medo de que nos tornássemos o próximo alvo, ou de que não fôssemos considerados "legais".

Como adultos, se determinada pessoa nos molesta, não precisamos manter uma relação com ela. As crianças, porém, são oficialmente obrigadas a dividir o espaço com seus agressores na escola o dia todo, durante toda a semana. É um tormento, e é nosso dever ajudá-las na aquisição da segurança física e emocional. Não há nada mais importante que isso.

Os clichês não funcionam. No entanto, conheço os recursos que, de fato, funcionam, e até o final deste livro você também os conhecerá. Se conhecer uma criança que esteja sofrendo, iremos descobrir as raízes desse sofrimento e ajudar a solucioná-lo.

Para que possamos realizar isso, precisaremos falar a mesma língua. Dessa forma, iremos examinar os conceitos principais sobre o bullying: o que é, quem o pratica, quais formas assume e suas consequências.

O QUE É O BULLYING?

O bullying é um padrão crônico e/ou repetitivo de comportamento nocivo que envolve a intenção de manter uma desigualdade de poder. Isso significa que um agressor, ou bully, encontra satisfação em prejudicar pessoas que considera mais fracas do que ele, a fim de desenvolver seu próprio senso de poder. É importante diferenciar o bullying das brigas, sendo que as últimas dizem respeito à intensificação de um conflito e são consideradas normais. Crianças brigam e podem berrar umas com as outras, ou dar empurrões, sem que nenhum elemento de bullying esteja presente.

O bullying não diz respeito à resolução de um conflito e não ocorre entre oponentes em igualdade de condições. Ele excede os limites da dinâmica de desigualdade de poder, na qual uma pessoa quer exercer o controle sobre a outra. O bully acredita que a vítima seja, de alguma forma, mais fraca que ele nos aspectos físico, mental, social, emocional, ou numa combinação deles. Os agressores sentem-se gratificados em prejudicar suas vítimas. Se esse comportamento não for contido, poderá intensificar o poder dos agressores à custa de suas vítimas.

POR QUE ESTÁ FICANDO MAIS GRAVE?

As pessoas às vezes me perguntam se existe um "gene do bullying". Até onde sabemos, não existe. Seria o bullying resultante de pais negligentes, da ordem de nascimento das crianças, da mídia? Provavelmente, de um pouco de tudo o que você possa imaginar.

Os bebês nascem com determinados tipos de temperamento. Alguns são passivos; outros tensos, agressivos ou vivazes. Desde cedo, você poderá verificar se uma criança apresentará tendências agressivas – mas isso não garantirá que se transformará em um bully. A natureza é uma das parcelas da equação; a educação é a outra.

A Insanidade da Mídia

Em se tratando de violência e bullying, podemos dizer que a mídia é um assunto que suscita calorosas controvérsias. Há quem defenda lados opostos da questão: que a mídia produz crianças violentas ou que a mídia não tem nada a ver com a produção da violência. Acredito que a verdade esteja no meio termo: a mídia torna muito piores as crianças que já possuem tendências agressivas.

O bullying foi aceito completamente pela televisão. Se você observar bem os *reality shows,* notará quão amplamente valorizados são os comportamentos de bullying. Na verdade, existem shows nos quais milhares de pessoas apresentam-se para concorrer a um emprego com um chefe abusivo: o programa da FOX que durou pouco, *My Big, Fat Obnoxious Boss,* uma aparente paródia ao programa de Donald Trump *The Apprentice*,* foi uma brincadeira com os participantes, que pensaram estar competindo por um cargo executivo de uma companhia denominada Iocor, quando, de fato, tal companhia não existia e o chefe era um ator. No entanto, eles foram submetidos a exames humilhantes, comentários inapropriados sobre sua sexualidade, tarefas antiéticas e abuso verbal, na esperança de conseguirem esse emprego imaginário – e chamamos isso de entretenimento.

Também chamamos de entretenimento quando Simon Cowell humilha infelizes competidores em *American Idol***, insultando-

---

* O programa foi lançado no Brasil com o nome de *"O Aprendiz"*. (N.T.)
** Trata-se de um programa de calouros muito popular realizado nos EUA, que em sua versão brasileira recebeu o nome de *"Ídolos"*. (N.T.)

-os até as lágrimas. Simon é recompensado por seu bullying verbal com fama e riqueza. Em *Growing Up Gotti*, jovens assistem e aprendem que garotos privilegiados podem não apenas escapar impunemente das consequências de comportamentos terríveis à custa dos outros, como também estar nas capas de revistas, glorificados como conquistadores.

Até mesmo os comerciais de TV estão ficando cada vez piores. Enquanto crescem, as crianças são submetidas a milhares de comerciais de conteúdo violento.

Acrescente-se a isso os videogames violentos, as letras de música e os videoclipes. Todas as crianças estão expostas a alguma violência proveniente da mídia, mesmo que os pais façam o melhor possível para monitorar as atividades dos filhos. Entretanto, nem todas as crianças internalizam as mensagens da mesma forma. Mensagens violentas reforçam uma crença agressiva, que a criança já possui, de que lutar é uma boa maneira de obter o poder. Elas não fazem com que crianças boas "virem más".

Modelos Parentais

Será que devemos "culpar" os pais quando os filhos são bullies ou vítimas? Nem sempre... Mas, frequentemente, eles têm muito a ver com isso.

Às vezes os pais me dizem: "Não sei o que aconteceu. Tenho três filhos ótimos, e outro que é um bully". Podemos seguramente supor que o estilo parental *não* deva ser responsável em grande medida pelo comportamento do agressor em uma situação como essa, embora os pais possam, inadvertidamente, estar recompensando ou reforçando o comportamento bullying.

Em muitos casos, porém, é muito fácil observar de onde a criança recebeu a noção de que o bullying é permitido. Pais agressores geralmente estão por trás de filhos agressores. Além disso, a forma pela qual os pais resolvem os conflitos entre eles cria um modelo para os filhos – se um deles costuma ser "o vencedor" e o outro "o perdedor" em discussões, os filhos poderão aprender por identificação com um ou outro, tornando-se, então, o bully ou a vítima.

No próximo capítulo exploraremos essa dinâmica mais profundamente e investigaremos como o seu comportamento paterno ou materno pode estar encorajando o comportamento de bully ou de vítima... Apesar de suas melhores intenções.

A Nova Tecnologia do Bullying: A Internet e os Telefones Celulares

Com a nova tecnologia da comunicação surgem novas oportunidades de assédio. Não poderíamos nem mesmo ter imaginado, em nossa época de juventude, algumas das piores formas de bullying da atualidade.

As crianças de hoje recebem ameaças por e-mails anônimos e mensagens instantâneas. Qualquer pessoa que possua um modem, em qualquer lugar do mundo, pode acessar websites disseminadores de boatos. Fotos constrangedoras e fragmentos de diários são postados em fóruns da internet e encaminhados entre os estudantes.

Estas crianças estão recebendo ameaças e sendo vítimas de assédio por mensagens de texto em seus telefones celulares. Estão participando e sendo vítimas do bullying "a três", no qual um dos colegas coloca outro para falar mal de um terceiro – que está, de fato, ouvindo ou lendo e-mails ou mensagens instantâneas.

A nova tecnologia tornou mais fácil para as pessoas, que em outras circunstâncias poderiam ficar em dúvida, tornarem-se bullies. Ela também auxilia a intensificação do bullying. O anonimato dissipa grande parte do medo da vingança, ou das consequências, e pode até mesmo eliminar sentimentos de culpa ou empatia – afinal, o agressor não precisa ver as lágrimas nos olhos da vítima quando recebe as palavras que a humilham.

QUEM SÃO OS BULLIES?

Embora a maioria das crianças possa "experimentar" o bullying como uma forma de testar o seu poder, grande parte delas logo descobrirá que não possui uma tendência natural para ele. Uma criança demonstrará ser um verdadeiro bully se mantiver esse papel por meses ou anos, se perder sua empatia por esses incidentes, ou se suas primeiras incursões pelo bullying forem excepcionalmente abusivas.

Observe que os agressores não são tipicamente invejosos em relação às crianças que importunam e geralmente não apresentam baixa autoestima. Esse é outro mito no qual os especialistas acreditaram durante décadas, até que os testes psicológicos evidenciassem que os agressores normalmente tinham autoestima em excesso.

Quando eu estava crescendo, o estereótipo do bully era o de um garoto com excesso de peso, exageradamente agressivo, não muito inteligente, que espancava os outros para sentir-se melhor, provando sua força física. Com certeza existem ainda alguns agressores desse tipo por aí. Hoje em dia, porém, existe um tipo de agressor muito mais perigoso.

Os agressores atuais frequentemente são populares, espertos, considerados charmosos pelos adultos e possuem muitos amigos, mesmo que suas relações de amizade sejam baseadas no medo. Mantêm sua posição social desdenhando e ridicularizando os outros. Para a maioria das pessoas, assemelham-se a líderes. Os bullies provavelmente não possuem empatia, o que parece ser o elemento fundamental para diferenciá-los das crianças com verdadeiras habilidades de liderança.

O que torna tão árduo lidar com esse tipo de bullies é o fato de quase sempre serem difíceis de identificar, e de não ser fácil, para os observadores, fazer oposição a eles. São queridos pelas pessoas e divertem os professores. Os treinadores os valorizam. Suas habilidades sociais os capacitam a adular e a parecer inocentes aos adultos, e seus colegas ficam com muito medo de enfrentá-los quando testemunham comportamentos de bullying, pois poderiam facilmente tornar-se as próximas vítimas. Quer admitam ou não, quase todas as crianças desejam ser populares. Querem ter amigos que estejam no topo da escala social. Raramente irão confrontar ou contradizer uma criança popular que estiver fazendo algo errado, pois isso não as tornaria mais "legais" e faria com que tivessem grandes chances de perder sua própria posição social.

Em função disso, os agressores populares aprendem que podem escapar a tudo impunemente e sua empatia diminui. Sentem-se cada vez mais poderosos e desprezam as crianças menos poderosas. É provável que repitam esse padrão durante suas vidas em seus locais de trabalho, em suas cidades, em suas famílias, ensinando a seus filhos como ascender na escala social, para que também possam aniquilar as crianças "desprezadas" que estejam abaixo deles. Essa é uma das razões pelas quais precisamos lidar com tais problemas logo que aparecem, pois quanto mais as crianças praticarem o bullying impunemente, menos sua empatia contribuirá para que essas situações cheguem ao fim.

COMPORTAMENTOS E CARACTERÍSTICAS DOS BULLIES

Bullies têm maiores probabilidades do que outras crianças de agir da seguinte maneira:

- Fumar
- Destruir propriedades
- Ter amigos agressivos
- Roubar
- Fazer uso de drogas ilícitas
- Possuir grande autoestima[1]
- Não estabelecer empatia
- Faltar às aulas de maneira elevada
- Ser agressivo
- Abandonar a escola
- Ser popular

Autoestima elevada e popularidade talvez sejam qualidades surpreendentes em uma lista de descrições de bullies, mas são uma parcela muito importante da equação. Alguns agressores mais manipuladores escapam impunemente em função disso; não os reconhecemos como bullies pelo fato de não se ajustarem à nossa ideia de como deva ser um agressor. Se quisermos ser bem-sucedidos ao tentar resolver esse problema, precisaremos manter isso em mente. Alguns dos agressores mais perversos possuem muitos amigos e parecem ser charmosos e atraentes.

Os comportamentos negativos tornam-se mais problemáticos e enraizados se o bullying tem continuidade. Quanto mais popular for o bully, mais ele sentirá que pode escapar impunemente, e mais depreciará aqueles que elege como vítimas. Precisamos fazer com que os bullies populares tomem consciência de que as formas pelas quais estão conseguindo o poder são inaceitáveis, e de que existem maneiras diferentes para alcançar o poder positivo. Tudo que venha a aumentar o poder social do agressor será prejudicial à sua vítima.

POR QUE AS CRIANÇAS SÃO VÍTIMAS DE BULLYING?

Agressores encontrarão qualquer desculpa para praticar o bullying. A vítima é alta demais. Baixa demais. Gorda demais. Magra demais. Esperta demais. Estúpida demais. Pobre. Seu corte de cabelo está fora de moda. Usa óculos ou aparelho nos dentes. Tem uma religião diferente. É de outra raça. Dá para perceber que é homossexual. Tem pouca aptidão para esportes. Tem peito achatado. Teve peito muito cedo. Gagueja. É a queridinha do professor. É tímida. É deficiente. Qualquer tipo de vulnerabilidade visível em uma criança fará com que se torne uma provável vítima.

Entretanto, um fator permanece quase sempre constante: a forma como uma criança responde a ocorrências de bullying determinará se tais eventos serão ou não repetidos ou intensificados. A criança que consegue rir da situação, afastar-se e, de qualquer modo, sentir-se bem consigo mesma, provavelmente não será vítima por muito tempo. Por outro lado, a probabilidade de novos ataques aumenta quanto mais emocionais forem suas reações ao bullying. Uma criança que fica muito zangada, chora, faz beicinho, reclama ou corre para o professor provavelmente será molestada com frequência. Essa é a parte assustadora da equação do bullying: em conflitos normais, as crianças conseguem controlar umas às outras. Podem interpretar as dicas que fornecem entre si para saber quando passaram dos limites e modificar, em resposta, seu comportamento. Em outras palavras, quando duas crianças estão brigando no pátio da escola e uma delas começa a chorar, a outra vai parar. A dica foi recebida: "Machuquei alguém", e posta em prática com empatia: "Não quero, de verdade, machucar ninguém. Então, é melhor que eu pare".

Imagine a mesma situação com a dinâmica do bullying e a mesma dica será posta em prática de forma contrária. "Machu-

COMPORTAMENTOS E CARACTERÍSTICAS DAS VÍTIMAS

As vítimas dos bullies têm maiores probabilidades do que outras crianças de agir da seguinte maneira:

- Desenvolver o transtorno de ansiedade social quando adultos[2]
- Ter poucos amigos
- Apresentar depressão
- Não gostar de seus colegas
- Apresentar declínio no rendimento escolar
- Manifestar sintomas psicossomáticos, tais como dores de cabeça, dificuldades para dormir, urinar na cama e dores de estômago[3]
- Pensar sobre ou cometer suicídio, em casos extremos

Algumas vítimas "atuam"* e criam problemas com figuras de autoridade, pois apresentam dificuldades em controlar suas emoções, especialmente quando se encontram sob grande estresse por estarem sendo alvos de bullying. Os bullies costumam manter-se mais calmos diante das figuras de autoridade, fazendo com que, em muitos casos, a culpa recaia sobre a pessoa errada (ou que ambas sejam responsabilizadas). Além disso, às vezes as vítimas retiram-se ou conseguem, propositadamente, ser expulsas de uma atividade visando a autopreservação. Infelizmente, como comprovam os inúmeros casos de violência escolar, as vítimas podem também, ao longo do tempo, perder sua capacidade de estabelecer empatia, transformando-se em agressores – utilizando a agressão como vingança.

---

* O autor refere-se ao conceito psicanalítico do *acting out*, que diz respeito à liberação de impulsos inconscientes de forma visível (atos em vez de palavras), que pode vir a ser não apropriada socialmente, e da qual o indivíduo que a manifesta não tem consciência. (N.T.)

quei alguém" é interpretado como: "Que legal! Estou mais poderoso. Vamos ver se consigo fazer esse cara ter um ataque. Que divertido!".

O QUE OS AGRESSORES E AS VÍTIMAS TÊM EM COMUM

É mais provável que agressores e vítimas, quando comparados às demais crianças, presenciem mais violência entre seus pais no ambiente doméstico[4].

Ambos têm maior probabilidade de apresentar dificuldades de aprendizagem[5], descontrole emocional, ser maltratados por responsáveis[6] e de fazer uso abusivo de álcool quando mais velhos.

Entre os garotos, tanto os agressores quanto as vítimas têm mais chance do que outras crianças de apresentar obesidade.

Alguns também podem desempenhar os dois papéis. Alguém que já foi vítima pode mudar, tornando-se um agressor, numa tentativa de retomar parte do poder social. As vítimas podem encontrar alguém que esteja numa posição inferior na escala social (ou que seja mais jovem, como um irmãozinho) para atormentar, a fim de aliviar seus próprios sentimentos de impotência.

O BULLYING E A RIVALIDADE ENTRE IRMÃOS

As crianças testam seu poder e agressividade primeiramente entre si, geralmente porque há uma diferença natural de idade. Porém, a forma como isso se desenvolve e progride dependerá de como são educadas pelos pais. Se as crianças descobrirem que podem continuar impunes, conseguindo vantagens com a agressividade, irão prosseguir, e tal comportamento será transformado em bullying.

ORDEM DE NASCIMENTO

Não há estudos consistentes sobre como a ordem de nascimento afeta o comportamento de bullying. Pode-se argumentar que cada papel na dinâmica familiar poderia contribuir para o comportamento de agressor ou vítima, dependendo de como a família desempenhe tais papéis. O filho mais velho pode praticar o bullying no mais novo por ciúme – o filho mais velho já teve um dia a atenção dos pais voltada exclusivamente para ele e quer provar que ainda é mais poderoso. O filho mais novo pode aprender a praticar o bullying em outras crianças porque teve que "crescer lutando" pelo poder. O filho do meio pode sentir-se perdido na dinâmica familiar e praticar o bullying em outros para chamar a atenção – até mesmo se a atenção for negativa. E, de modo contrário, qualquer um deles poderia, com a mesma facilidade, passar a desempenhar o papel de vítima.

A rivalidade entre irmãos é, de fato, apenas uma competição normal entre eles. As crianças geralmente experimentam conflitos de poder entre si no ambiente doméstico antes de vivenciá-los com os amigos – é mais natural que o poder seja testado em casa, e é mais fácil testá-lo com os irmãos do que com os pais (geralmente não há bullying com os pais pelo fato das consequências serem evidentes). Não é um problema, a menos que a agressão entre irmãos exceda os limites baseados no sistema de valores dos pais e em sua forma de educá-los.

Os pais precisam ser muito claros e honestos sobre o que é ou não aceitável. Você pode ensinar às crianças que o conflito é aceitável, mas que precisam utilizar palavras que não sejam ofensivas quando enfrentam problemas com os irmãos, e que nunca devem ferir alguém fisicamente. É preciso que existam consequências toda vez que isso for contestado.

Todas as vezes que presenciar agressividade excessiva entre as crianças, precisará intervir e impedir que se agrave. Separe-as, dê-lhes tempo para que se acalmem, certificando-se de que possam encontrar uma forma de compartilhar, sendo mais positivos entre si. Caso contrário, a rivalidade entre irmãos será transformada em bullying, e as crianças transferirão os papéis de agressor e vítima para a sala de aula, os esportes, acampamentos e outros locais.

TIPOS DE BULLYING

Existem três tipos principais de bullying, que possuem prováveis efeitos diferentes.

Bullying Físico

É o mais fácil de ser identificado. Esmurrar, chutar, puxar o cabelo, puxar a alça do sutiã, fazer o outro tropeçar, empurrá-lo para dentro do armário – todos esses episódios podem ser considerados como bullying físico. Ao contrário do que se imagina, esse é geralmente o tipo de bullying que provoca cicatrizes menos duradouras para a vítima. O bullying físico tem começo e fim. Uma vez que o incidente esteja terminado, o bullying cessa por um período de tempo. Dependendo de quem ganhe a batalha, a dinâmica pode mudar imediatamente – a vítima poderá nocautear o agressor e subitamente adquirir o poder, descartando sua condição de vítima. Esse não é exatamente o ideal; muito provavelmente, o agressor irá apenas eleger outra pessoa e a vítima poderá ou aprender que revidar é uma maneira de obter poder ou ficar perturbada com o evento. Porém isso, de fato, acaba com o bullying em algumas situações.

Mark, filho de mãe católica e pai judeu, era um garoto que frequentava uma escola secundária católica quando encontrou uma suástica grudada em seu armário. Ele já havia sido chamado de "judeuzinho" e ridicularizado por sua religião, bem como por seu tamanho (baixo e magro). Geralmente, ele apenas ignorava as provocações, e nesse dia não foi diferente. Colocou a gravura da suástica no bolso de seu casaco, esquecendo-se dela até que seu pai a achasse mais tarde naquela noite e exigisse uma explicação sobre o ocorrido.

A escola levou o bullying a sério – tão a sério que suspendeu o agressor, embora parecesse que ninguém havia aprovado a ideia. O garoto era muito popular e, quando a notícia de que Mark tinha sido "culpado" por sua suspensão se espalhou, o bullying tomou proporções muito maiores.

Um dia, ele estava no vestiário quando um atleta grandalhão começou a persegui-lo em círculos, ameaçando matá-lo. Mark correu até não poder mais.

"Então, vi a porta de um armário semiaberta na minha frente", disse ele. "Empurrei a porta com força assim que passei correndo por ela, e o garoto caiu no chão. Eu só pensei: 'Graças a Deus', pois se não fosse aquele armário o garoto teria me matado!".

E o bullying teve fim.

No entanto, Mark reflete que, mesmo naquele momento, já tinha consciência de que aquela tinha sido uma maneira muito absurda de resolver o problema. É claro que a atitude vingativa contra o bullying físico é perigosa. E se (e é isso que normalmente acontece) a vítima não conseguir derrotar o agressor? Se a vítima aceitar o desafio do agressor, ninguém poderá garantir, em absoluto, que as consequências não serão muito mais sérias do que um olho roxo ou alguns ferimentos.

Não podemos esquecer que, hoje em dia, um grande número de alunos pode ter maior acesso e mais conhecimento sobre armas de fogo, e pode, na realidade, estar portando uma. E o que parece uma provocação envolvendo apenas dois pode acabar virando uma briga de dez contra um.

Entretanto, nos casos típicos, ferimentos físicos cicatrizam. No entanto, quando o bullying físico for intensificado, ou ocorrer junto às outras duas formas de bullying, existirá um risco maior de que os danos sejam duradouros.

Bullying Verbal

Insultos e xingamentos pertencem a essa categoria. A probabilidade de que pratiquem ou sejam vítimas de bullying verbal é quase a mesma para meninos e meninas. Os garotos podem praticar o bullying contra meninos ou meninas; as garotas normalmente o praticam somente contra outras garotas.

O que começa como um insulto baseado em um fato real pode facilmente ser transformado em uma depreciação baseada em tudo quanto pareça provocar uma reação na vítima, existindo ou não algum fundamento na realidade. Talvez sua filha use aparelho nos dentes e as crianças a chamem de "boca de lata". Elas percebem que conseguiram fazê-la reagir e, então, pensam do que mais poderiam chamá-la para fazê-la subir pelas paredes de tanta irritação. Não importa que ela seja bonita e eles a chamem de "cara de cavalo", ou que seja uma ótima aluna e eles a chamem de estúpida; não estão necessariamente dizendo coisas nas quais, de fato, acreditam. Estão apenas falando coisas que desencadeiam respostas intensas da vítima, do ponto de vista emocional e comportamental. Se perceberem que ela fica muito perturbada quando afirmam que coloca enchimento no sutiã, não importa que realmente achem isso ou não – irão continuar fazendo tal afirmação porque percebem que isso a perturba.

Pode ser que achem ainda mais divertido ridicularizá-la dizendo coisas que sabem que são falsas, porque isso evidencia sua habilidade em conseguir que a vítima reaja sem nenhum motivo. Ninguém realmente acredita no agressor quando ele afirma: "Dormi com sua mãe ontem à noite", ou "Você pegou esses sapatos numa caçamba de lixo", mas seus comparsas cairão na risada da mesma forma se isso evocar uma negação por parte da vítima.

A vítima, então, pode dizer aos pais: "Eu simplesmente o ignorei! Não fiz nada para provocá-lo e ele continuou insistindo!" Porém, isso geralmente significa: "Não disse nada e não chorei". A criança pode ter reagido de várias outras formas, sem nem ao menos ter percebido que estava reagindo. A linguagem corporal e as expressões faciais podem revelar claramente que uma criança foi atingida, e podem ser prova suficiente para o agressor de que obteve sucesso com o bullying.

A vítima pode ter mostrado desagrado com olhos, cruzado os braços, mordido os lábios, franzido as sobrancelhas, fugido, abaixado a cabeça, desviado o olhar de forma exagerada ou fornecido qualquer outra pista que significasse mágoa ou raiva. Fazer a vítima ficar furiosa é o objetivo maior, mas essas pequenas pistas visuais são suficientes para manter o comportamento de tentar fazê-la, finalmente, perder o controle.

A maioria de nós já percebeu que o provérbio "Paus e pedras podem quebrar meus ossos, mas palavras nunca irão me ferir" é uma grande bobagem. A verdade é que ossos quebrados podem ser consolidados. Corações partidos são muito mais difíceis de consertar, e uma personalidade reprimida pode vir a ser uma limitação para a vida toda.

Não faz diferença, pais, quantas vezes vocês disserem a seus filhos "Você é esperto e atraente", se tudo o que eles ouvirem dos colegas for "Você é estúpido e feio", pois o que esses últimos disserem é o que será assimilado. Eles não acreditam em você. Você é tendencioso – e, além disso, você é "velho"! Você não irá anular os efeitos do bullying verbal apenas assegurando a seu filho que as palavras dos colegas não são verdadeiras. Algo precisará mudar dentro dele para fazê-lo começar a entender a mensagem: "Quem se importa com o que os bullies pensam? Eu sou ótimo. Sou especial. E é perfeitamente possível que gostem de mim pelo que sou".

Bullying relacional

A finalidade desse tipo de bullying, mais popular entre garotas, mas que também atinge proporções desmedidas entre os garotos, é a exclusão social. Pode manifestar-se por meio de fofocas, da exclusão de alguém de uma mesa de almoço, de um time, de um clube etc. Se praticada de modo contínuo, essa forma de bullying é provavelmente a mais nociva e causadora de maiores danos a longo prazo. As vítimas não se sentem agredidas apenas por uma pessoa, mas por todo o grupo. É uma forma muito sofisticada e manipulatória de bullying. Caracteriza-se também por atingir a garota exatamente em seu ponto mais vulnerável – sua capacidade de agradar as pessoas.

Mais ou menos após o quarto ano, a identidade e a autoestima das crianças está muito mais subordinada aos grupos sociais do que às suas famílias. Quando se sentem rejeitadas e excluídas por seus colegas, sua autoestima diminui significativamente e é como se não possuíssem mais nenhum "lugar seguro". É exatamente o contrário do que desejam nessa idade: a sensação de pertencer a algo. A fofoca, não importa se verdadeira ou não, costuma ser muito nociva e cresce desenfreadamente entre a população de adolescentes.

É possível que os antigos amigos não estabeleçam mais contato visual com a vítima quando passam por ela nos corredores, temendo ser associados a esse "pária social". Pode ser que a vítima ouça risadinhas quando passa, ou observe as pessoas afastando-se dela quando resolve sentar num banco, ou no ônibus escolar. A confiança em seus colegas é abalada, e é provável que se sinta muito sozinha e desprotegida.

Tal sensação é semelhante à da criança quando punida e colocada num canto para "pensar". Palavras são desnecessárias; a criança é levada a sentir-se mal por ser excluída da família ou das atividades grupais.

É o que acontece também quando alguém oferece uma festa de aniversário e convida todos da classe... exceto uma ou duas crianças. Isso é pura maldade, e encorajo vocês, como pais, a garantirem que seu filho não contribua para que alguém mais sofra por ser excluído. A regra que considero satisfatória é: metade ou todos, nada intermediário. A criança pode convidar todos os colegas da classe, ou metade deles (ou menos), mas nenhum número intermediário entre esses dois.

Como pais, vocês poderão dizer que isso é ridículo. "Por que devo convidar uma criança que pode vir a ser maldosa com meu filho?", dirão. Entretanto, prosseguir com a atitude de exclusão apenas ensinará seu filho a fazer o mesmo. Eles pensam: "Se meus pais permitem a exclusão, então ela é aceitável".

"Lembro que me senti uma perdedora quando todos da minha classe do sexto ano foram convidados para a festa de uma garota, exceto eu e outra menina", refere uma mulher chamada

Arisa. "Eu era nova na escola, mas depois de alguns meses ela já me conhecia. Passei o dia olhando ao redor da classe e pensando: 'Ela acha que todas as pessoas dessa classe são mais legais do que eu'. Todos souberam que ela beijou um garoto pela primeira vez lá, e, dessa forma, a festa foi um assunto muito comentado por vários meses. Eu me senti tão isolada! Era uma profecia que estava fadada a acontecer: quanto mais insegura me sentia sobre não fazer parte 'do grupo', menos achava que poderia fazer amigos, o que fez apenas com que eu ficasse cada vez mais solitária e me tornado um alvo ainda mais fácil às provocações".

O MAIOR DOS MEDOS

Em 2003, os institutos Harris Interactive e National Girl Scouts Research Institute conduziram uma pesquisa com 2.279 garotas, de oito a dezessete anos, para investigar seus medos e preocupações. Que tipo de medo você acreditaria ser o primeiro entre as pré-adolescentes e adolescentes? O terrorismo? As guerras? As doenças? Não...

As provocações.

Honestamente, essa foi a resposta que figurou no topo. "Ser provocada ou ser motivo de gozação" superou todos os outros medos, escolhida por 41% das pré-adolescentes e por 22% das adolescentes[7].

À medida que as garotas ficam mais velhas, apresentam medos mais físicos (serem atacadas com uma arma, serem forçadas a praticar alguma atividade sexual), mas as provocações e as fofocas ainda estão intensamente presentes em seus pensamentos.

A HISTÓRIA DE RITA

Tenho muita vergonha de admitir isso, mas pratiquei o bullying quando cursava o ensino fundamental I. Fui particularmente cruel com duas garotas mais gordas, e consegui fazer com que a maioria dos alunos da minha classe desse pequenos saltos que coincidiam com cada passo que as garotas davam.

Isso me atormentou por muito tempo, e tentei até entrar em contato com elas para me desculpar. Acredito plenamente que cada ação tenha uma intenção positiva e, dessa forma, passei um longo tempo pensando em que benefícios teria tido com esse bullying. Qual teria sido minha intenção positiva? É uma pergunta estranha para fazer a si mesmo, mas creio que a resposta seja que essas garotas mais gordas eram também as mais inteligentes. Eram elas que se destacavam em matemática e em ortografia.

Veja você, porque sou disléxica, minha ortografia é terrível, e eu escrevia os números na sequência errada quando os copiava do quadro (nunca acertei as respostas porque errava ao copiar as perguntas). Todas as quintas-feiras, passava a primeira metade do recreio reescrevendo todos os erros de ortografia que havia cometido (a lista inteira), e todas as sextas-feiras passava quase todo o recreio reescrevendo, na maioria das vezes de forma incorreta, o ditado inteiro, enquanto as "garotas gordas" podiam brincar.

Sob uma perspectiva adulta, acredito que as constantes punições pela ortografia eram, de certo modo, uma forma de bullying por parte dos professores. Talvez eu estivesse indo à forra e punindo as garotas gordas por não terem um bom desempenho nos esportes. Talvez minha prática de bullying fosse uma forma de tornar o mundo justo e imparcial. Eu me destacava na prática de esportes; ganhava todas as competições e fazia parte do time da escola em todas as modalidades esportivas que possuíamos. Eu tinha uma boa

> condição física e sabia disso. Elas não estavam sendo punidas por não se destacarem na área em que eu tinha um bom desempenho, mas eu estava sendo castigada por não ser boa nas áreas em que elas se sobressaíam. Gostaria de saber: será que meu bullying dizia respeito à justiça?
>
> Logo que ingressei no ensino médio, e não havia mais o teste semanal de ortografia, cessei de praticar o bullying.

ONDE RESIDE O PODER

As estatísticas revelam que, em qualquer dia específico de uma sala de aula, os agressores e as vítimas constituem 15% da população. Isso significa que os demais 85% das crianças funcionam como observadores na dinâmica do bullying. Interessante notar que tais observadores possivelmente são os atores mais poderosos no cenário do bullying, embora muito frequentemente seu poder seja passivo, na maioria das vezes expresso pela ausência de condenação ou intervenção. Estudos comprovaram que, se os espectadores agirem da forma "correta", poderão reduzir as ocorrências de bullying em, pelo menos, 50% ou mais.

Descobri que, na maioria dos casos, as crianças querem agir corretamente. Minhas observações também se repetem em uma pesquisa sobre estudantes de ensino fundamental II na Itália, na qual assistiam a vídeos que exibiam histórias de bullying: cenas nas quais uma pessoa, ou um grupo, praticava o bullying em uma vítima na escola. Após assistirem ao vídeo, os estudantes respondiam a questionários expressando sua opinião sobre as pessoas que dele participavam e sobre quem deveria ser responsabilizado pelo bullying. Os pesquisadores descobriram que as crianças manifestavam sentimentos positivos em relação às vítimas e, de maneira geral, não as responsabilizavam pelo que acontecia[8].

No entanto, mesmo quando estes observadores sentem compaixão pelas vítimas e não tomam nenhuma atitude, podem começar a fazer parte de um grupo que permite ou até encoraja o comportamento bullying, tornando possível a atuação dos agressores e se tornando cúmplices desse comportamento. Com o tempo, até mesmo as crianças que não culpam as vítimas passam a fazê-lo.

Aprender a Empatia

Rita, a ex-agressora, hoje é uma preparadora física que passa a maior parte de sua vida profissional ajudando pessoas acima do peso a entrar em forma. Ela foi uma espécie de combinação entre a "velha escola" de bullies e a mais nova, o tipo de bully popular. Tinha muita autoestima em determinadas áreas (sabia que era boa atleta, bonita e poderosa), porém não possuía, como ela diz, a "autoestima de sala de aula". Esteve por muito tempo envolvida naqueles testes de matemática e ortografia, e não se sentia bem do ponto de vista acadêmico; então, praticava o bullying para sentir-se melhor consigo mesma.

"Não percebia o sofrimento que estava causando às duas garotas; sabia apenas que agir de forma cruel com elas, de alguma maneira, fazia com que me sentisse bem", afirma ela. "Alguém deveria ter me chamado de lado e explicado como as garotas se sentiam diante de minhas atitudes, me perguntado se eu gostaria de me sentir daquela maneira e, quando eu concordasse que não gostaria, deveriam ter me pedido para não fazer mais aquilo".

Parte do problema de Rita era que ninguém parecia agir com ela demonstrando empatia por sua própria dificuldade. Sua mãe era uma jornalista que não tinha a menor ideia da razão pela qual a filha não conseguia simplesmente soletrar sílaba por sílaba das palavras em voz alta, e tentava suborná-la para que conseguisse melhores notas nas provas. Rita ficava irritada, pois não falhava por falta de tentativas. Sentia que estava sendo punida por algo além de seu controle, como punir um cego por não ser capaz de enxergar. Dessa forma, cresceu cada vez mais amarga e agressiva.

"Se o foco tivesse sido retirado dessa atividade que eu não conseguia executar e estava controlando minha vida, não teria sentido necessidade de punir as duas garotas que eram boas naquilo que eu não podia fazer e ruins no que eu fazia bem", afirma ela.

Teoria da Dominância Social

Segundo a Teoria da Dominância Social, existe uma hierarquia em todas as situações grupais. Alguém sempre estará no topo da escala social, enquanto algum outro indivíduo estará sempre em sua base.

É evidente que, nos dias atuais, ninguém quer estar na base e, por essa razão, desejam que algum *outro* esteja. Isso explica, em parte, os espectadores "passivos" e até os que participam do bullying, mesmo que isso pese em suas consciências. Enquanto marginalizam o outro, estão livres de receber o título de maior perdedor da escola – título que ninguém deseja reivindicar.

Um homem chamado Daniel afirma que seu filho, na época aluno do segundo ano, havia se tornado vítima do bully da classe, um garoto que tinha repetido o ano escolar por três vezes e era muito maior que seus colegas. Daniel aconselhou seu filho a ignorar o garoto. "Isso não funcionou para ele; porém, mais ou menos uma semana depois, enquanto sentávamos à mesa do jantar, meu filho comunicou com orgulho que tinha conseguido imaginar uma forma de lidar com o Henry: 'Disse ao Henry que, se parasse de bater em mim, eu o ajudaria a bater nas outras crianças!'. É obvio que rapidamente o comunicamos que essa não era uma opção".

O filho de Daniel foi capaz de persuadir o agressor para se ver livre da situação, e até argumentar com ele que deveria parar com isso agora, antes que chegasse ao ensino médio e não fosse mais o maior garoto da escola, e as pessoas estivessem esperando em fila para esmurrá-lo. Você pode observar, porém, a lógica contida em seu pensamento inicial: visando a autopreservação, estava disposto a ajudar o agressor a aterrorizar os outros para ficar livre do problema!

Apoiar alguém que esteja na base da escala implica em grande risco. Significa que você poderia tomar o lugar dela. Poderia parecer um idiota, poderiam rir de você, atormentá-lo e isolá-lo. Para que uma pessoa seja capaz de intervir e interromper o bullying sozinha, é preciso que esteja numa posição social distintamente superior. Entretanto, se um grupo de garotos toma uma posição firme, é menos provável que o agressor continue. Não parece tão interessante importunar uma vítima que tenha amigos ou aliados protetores.

Grupos de Amizade

O tratamento e a cura para a maioria dos casos de bullying é a amizade. Quando as crianças sentem-se tão marginalizadas a ponto de evitar o contato social, é porque um limite realmente perigoso foi ultrapassado. Algumas crianças, em função de necessidades especiais ou habilidades sociais insatisfatórias, demonstram enormes dificuldades para fazer amigos. Outras apenas não acreditam que alguém possa gostar delas, possivelmente porque já tenham sido vítimas de bullying e ninguém as tenha apoiado (fazendo-as, então, acreditar que todos as odeiem).

Quando uma criança desenvolve as habilidades sociais para que consiga ser "apta a atrair amigos", obtém uma importante defesa contra o agressor. Mesmo que os amigos da criança também sejam alvo de provocações, ainda possuirão o sentimento de pertencer ao grupo, e ainda poderão funcionar como atenuadores dos efeitos do bullying.

Muitas vezes há um efeito desencadeante quando as crianças entendem que são capazes de atrair amigos. Uma criança que não tenha amigos na escola pode encontrar amigos num acampamento de verão ou num clube. Nesse momento, percebe que é digna de amizade e tem capacidade para fazer amigos: "Ei, afinal de contas, não sou uma perdedora!". Dessa forma, é provável que no ano seguinte possa também fazer amigos na escola, ou que não aceite mais a crença de que é uma perdedora em qualquer situação.

CONSEQUÊNCIAS A LONGO PRAZO DO BULLYING

O bullying, até mesmo quando não resulta em ossos quebrados ou morte, pode ter consequências duradouras para todos os envolvidos, sejam a vítima, o agressor, os que os auxiliam ou os observadores.

Pode ser que você tenha assistido a programas de entrevista nos quais ex-vítimas apareceram para dizer "olhe para mim agora" aos seus antigos agressores. É muito triste que os bullies ainda estejam no pensamento desses adultos e ainda exerçam influência sobre eles. A maioria consegue relembrar cada humilhação, cada insulto, e mesmo vinte ou trinta anos depois ainda estão tentando estar à altura dos agressores e conquistar sua

> ## O QUE ACONTECE NO ENSINO MÉDIO?
>
> Julie Rusby e seus colaboradores do Oregon Research Institute acompanharam 223 estudantes do ensino fundamental II até que terminassem o ensino médio para descobrir os efeitos do assédio dos colegas em seu desenvolvimento. Em 2005, os pesquisadores publicaram seus resultados. Descobriram que aqueles que haviam tido experiências frequentes de assédio tinham mais propensão a apresentar comportamentos antissociais e agressivos, e que o assédio verbal durante o período do ensino fundamental II havia triplicado a probabilidade de uso de álcool pelos adolescentes do ensino médio[9].

aprovação. Em muitos casos, são mulheres que se submeteram à cirurgia plástica para "corrigir" um defeito que os agressores criticaram ou homens que se tornaram fisiculturistas em resposta aos golpes dos agressores, que os viam como fracos ou tímidos e impopulares.

"A infância é aquilo que você passa o resto da vida tentando superar", afirma Sandra Bullock no filme *Uma Nova Esperança*. Para muitas crianças vítimas de bullying é mais ou menos assim que acontece. Um estudo de três anos realizado pela instituição de apoio social Kidscape do Reino Unido revelou que adultos submetidos ao bullying na escola são até sete vezes mais propensos a tentar o suicídio do que aqueles que não passaram pela mesma experiência[10]. Também há maior probabilidade de que continuem a desempenhar o papel de vítima durante sua vida adulta, sofrendo bullying no ambiente de trabalho, em relações amorosas, em suas famílias e em sua vizinhança.

Podem também "romper", tornando-se agressores, agora que aprenderam que a violência concede poder às pessoas. O Serviço

Secreto dos Estados Unidos fez um levantamento sobre atacantes em 37 recentes tiroteios nas escolas, e descobriu que mais de dois terços deles acreditavam que tivessem sido vítimas de bullying[11]. O desejo de vingança, no entanto, não acaba quando os alunos deixam a escola: em 2003, no Japão, um homem 34 anos aprendeu a fazer uma bomba na internet e a colocou na casa de seu antigo bully, da época do ensino médio. Ficou gravemente queimado quando a bomba explodiu antes da hora, tendo sido posteriormente sentenciado a doze anos de detenção[12]. Aquela espécie de cólera esteve afligindo esse homem por quase *vinte anos* após ter sido vítima de bullying.

Quanto aos agressores, um estudo da University of British Columbia revelou que 60% das crianças identificadas como bullies, do sexto ao nono ano, acabaram apresentando registro de antecedentes criminais antes que atingissem a idade de 24 anos[13].

Há ainda aqueles que apoiaram os agressores mesmo indo contra seus verdadeiros sentimentos. Tais pessoas precisarão conviver com a culpa por toda a vida.

"Meu irmão mais velho, o Charlie, era deficiente mental e sempre um alvo do bullying", refere Jim Fox. "Mais ou menos quinze anos atrás, num telefonema tratando de negócios, um cliente reconheceu meu nome. Quis saber se eu era o Jim Fox que havia estudado no Downey High School, na cidade de Modesto. Sou eu. Quis saber também sobre o Charlie, e expliquei que ele havia falecido há alguns anos. O homem começou a chorar e pediu desculpas pela forma como havia tratado meu irmão há tantos anos. Explicou que seu próprio filho era portador da síndrome de Down, e que cada dia letivo representava para ele um tormento. Desculpou-se novamente dizendo que sempre sentiu pena do meu irmão, mas tinha continuado a insultá-lo para sentir-se adaptado ao grupo. Depois que desligou, percebi o poder do bullying e a enorme pressão exercida pelo grupo de colegas. Ele próprio passou pela experiência de ter vivido com um defeito de nascença (não possuía a mão direita) e, no entanto, praticou o bullying em meu irmão para que se sentisse 'adaptado'".

Nunca é tarde demais para nos aproximarmos e tentarmos reparar os erros cometidos no passado, pedindo desculpas. Embora fosse tarde demais para que esse homem pedisse desculpas diretamente a Charlie, foi ainda algo que seu irmão gostou de ouvir. Em muitos casos, poderá ajudar a curar uma vítima, até mesmo muitos anos depois.

A BOA NOTÍCIA

A boa notícia é que o bullying não precisa ter um fim traumático. Clay Aiken, um cantor, por várias vezes ganhador de discos de platina, que começou sua carreira no *American Idol*, afirma ter sido vítima de bullies, que o assediaram verbalmente na época do ensino fundamental II por causa de suas roupas, seu cabelo e seus óculos. Às vezes o bullying era também físico, com seus agressores sentindo um grande prazer em puxar suas roupas íntimas por trás e para cima, deixando-as entre as nádegas, e batendo nele com bolas de jogar queimada.

Felizmente para Clay sua experiência não se transformou em amargura, mas em empatia. Ele aprendeu a desenvolver sua autoestima baseando-se em seus talentos e no amor de seus amigos e de sua família. Antes que atingisse a fama, era um professor de educação especial que tentava incutir essa mesma autoestima nas crianças com as quais trabalhava. Hoje em dia, sua fundação beneficente ajuda famílias de crianças com deficiências do desenvolvimento, especialmente o autismo. Clay nunca se tornou um fisiculturista – na realidade, manteve quase todas as características que os agressores censuravam – mas seu estilo "geek chic*" não incomodou os milhões de fãs que hoje apoiam sua carreira.

Kate Winslet afirma ter sido vítima de um bullying tão perverso, em função de seu excesso de peso, que chegou a viver uma fase na qual desenvolveu uma perigosa anorexia. Hoje representa, porém, um modelo exemplar para as mulheres "normais" que ficam exultantes ao ver uma mulher curvilínea fazer um grande sucesso em Hollywood. Sandra Bullock teve tantos problemas envolvendo o bullying físico e verbal que uma orientadora educacional foi à sua casa conversar com sua mãe, pois ela simplesmente não sabia mais o que fazer para ajudar a filha. A cantora e atriz Brandy refere ter tentado "comprar" amizades com o dinheiro destinado ao seu lanche, depois que algumas garotas puxaram seu cabelo e a provocaram por ser muito magra e nem tão bela. É evidente que essas mulheres deixaram para trás o bullying em suas vidas – mas nenhuma delas o esqueceu.

Crianças que sofreram bullying tendem a ser pessoas sensíveis e afetuosas, muitas vezes criativas e originais. Se as crianças vitimadas pelo bullying receberem a ajuda necessária para que possam superar seus problemas, poderão, de fato, tornar-se mais compreensivas em relação às condições desfavoráveis alheias, mais autoconfiantes e com maior probabilidade de ensinar seus filhos, algum dia, a serem mais tolerantes. De fato, as mesmas crianças com tendência a sofrer bullying muitas vezes apresen-

---

* Os geeks, como são chamados na gíria, são pessoas um tanto excêntricas, viciadas em tecnologia e eletrônica, que se dedicam a atividades intelectuais complexas. O termo descreve alguém com inteligência acima da média, mas não muito atraente. Alguns os chamam também de nerds, apesar das diferenças entre os dois termos serem um tanto polêmicas. Há os que afirmem que os geeks seriam os nerds mais ativos ou modernos e não tão introvertidos e pouco sociáveis. (N.T.)

tam potencial para virem a ser excelentes líderes e pessoas altamente bem-sucedidas.

Para que cheguem lá, porém, precisarão primeiramente superar a crise e desenvolver amor-próprio e autoconfiança genuínos.

Não é uma Tragédia: É uma Oportunidade

Um aspecto fundamental que gostaria de salientar aos pais é que – por mais estranho que possa parecer agora – pode haver algo realmente positivo sobre o bullying.

Pense nas vezes em que você, de fato, esteve bem consigo mesmo. Vá em frente: pense em alguns exemplos de ocasiões em que sentiu orgulho de si mesmo.

Você entendeu?

A maioria das experiências que verdadeiramente constroem nossa segurança e autoestima não dizem respeito apenas a vitórias, mas sim a situações de estarmos no fundo do poço e encontrarmos uma maneira de sair dele. Será que isso se encaixa com seus exemplos? Talvez você tenha ficado orgulhoso de uma época em que superou um vício, ou passou num teste difícil, ou enfrentou um chefe que o aterrorizava, ou sobreviveu a uma situação que ameaçava sua vida.

Esse é, na íntegra, o segredo para desenvolver a verdadeira autoestima. Ela não significa cobrir alguém de elogios, mas diz respeito às fases em que as pessoas estiveram realmente deprimidas e conseguiram encontrar uma saída. Quando enfrentaram enormes desafios e perceberam ser suficientemente fortes, espertas, corajosas e capazes de superar obstáculos que pareciam intransponíveis.

Dessa forma, a primeira mudança de atitude que gostaria que vocês, enquanto pais ou cuidadores, adotassem, é que percebessem que a descoberta de que seu filho está sendo alvo de bullying, ou que é um bully, não é motivo para ficarem histéricos. Essa é a tendência: é claro que os pais não desejam ver os filhos sofrendo, e podem ficar seriamente exaltados quando descobrem que estão sendo vítimas de bullying. Conversei com centenas de pais cuja reação inicial foi chorar, gritar, tirar a criança da escola, ameaçar processar a instituição...

A verdade é que seu filho receberá as dicas de você. Se ficar muito agitado, seu filho também ficará (e isso é a última coisa que você deseja, pois só iria incentivar o agressor). Se você rapidamente assumir uma atitude protetora salvando a situação, ele aprenderá a ser indefeso. Nenhuma lição foi aprendida. Nenhuma oportunidade de crescimento.

Exceto em casos extremos, o objetivo deve sempre ser o de que a criança tenha controle sobre a solução. É evidente que os pais e os demais adultos podem e devem ajudá-la, mas sem assumir o comando e deixá-la de fora. É importante para a criança a sensação de que fez algo positivo para sair da situação.

Essa é a única razão pela qual posso continuar exercendo meu trabalho. Se só enxergasse o sofrimento e dominação da vítima, nunca poderia ser um especialista em bullying e continuar sendo uma pessoa feliz e capaz de executar minhas funções. Entretanto, em vez disso, vejo uma oportunidade. Estou certo de que, se puder ajudar as crianças a adquirirem as habilidades necessárias para deixarem de ser vítimas do bullying, elas ganharão autoconfiança, que as acompanhará pelo resto de suas vidas. Sentirão que passaram de perdedoras a vencedoras, e esse sentimento é o verdadeiro poder capaz de impulsioná-las a alçarem grandes voos.

Sim, é preciso levar o bullying a sério e não, não espero que você exclame "Viva!" quando descobrir que seu filho é uma vítima. Peço-lhe, porém, que olhe para isso como um desafio potencialmente gratificante. Ensinar resiliência a uma criança é o mesmo que dar a ela as chaves de um reino mágico. O mundo fica mais radiante, o impossível parece possível e futuros desafios não são percebidos como tão inatingíveis.

Assim sendo, vamos examinar essa oportunidade e utilizá--la para o nosso máximo proveito. Saiba que mesmo que a situação pareça penosa neste momento, existe uma possibilidade real de que seu filho cresça a partir dela, e que fique mais forte e mais feliz do que nunca. As maiores vitórias são aquelas que nos esforçamos para conquistar.

dois

Receita antibullying

A função do bullying é humilhar, e ele desempenha muito bem sua tarefa. Crianças vítimas de bullying muitas vezes ficam tão constrangidas que não querem nem mesmo contar a seus pais. Talvez fiquem com medo de que os pais não as deixem mais falar com a criança que pratica o bullying, de que gostem menos delas, tomem o partido dos agressores, não levem o problema a sério, de que tomem alguma atitude que possa humilhá-las no futuro, ou pior: de que não acreditem nelas. Então, como você pode descobrir o que está acontecendo?

A receita antibullying é composta por três etapas: Reconhecer, Agir e Preservar (RAP).

PRIMEIRA ETAPA: RECONHECER

Antes que possamos tentar resolver o problema do bullying, você precisará reconhecê-lo e descobrir exatamente o que está acontecendo. O verdadeiro desafio que os pais enfrentam na fase de crise – e, infelizmente, é provável que os eventos se desenvolvam dessa maneira – acontece quando seu filho, por vergonha, culpa, medo ou uma mistura dos três, não compartilha com você o que vem acontecendo, até que a crise fique tão séria a ponto de fazê-lo sentir-se completamente arrasado. Nesse momento, sua forma de reagir poderá causar um grande impacto.

Reconhecer o problema implica em discussões detalhadas com a criança e em reações adequadas, de forma que ela possa ter confiança de que você irá apoiá-la e será capaz de ajudá-la. Siga os passos seguintes:

1. Perceba os sinais para iniciar uma conversa.

É essencial escolher o momento certo para ter uma conversa franca. O momento para falar com seu filho sobre comportamentos relacionados ao bullying não é quando ele está assistindo a seu programa favorito na TV, jogando videogame ou tentando dormir. Teoricamente, você deverá saber a hora certa para conversar porque a criança virá até *você* e contará sobre o problema. Isso é mais comum em crianças mais jovens, mas, ainda assim, não acontece com frequência.

Não se precipite levando a questão para o lado pessoal se a criança não conversar com você sobre esses problemas. Pode ser que haja uma relação com o modo pelo qual você reagiu a outros problemas no passado, ou pode não ter nada a ver com você. Pode ser que, simplesmente, a criança esteja envergonhada, queira fingir que nada aconteceu, queira descobrir sozinha como lidar com a situação, esteja angustiada demais para falar nesse momento, ou uma série de outros motivos.

Se a criança estiver sentada sem fazer nada, parecendo triste, chegou a hora de abordá-la. Caso o sigilo não seja um problema (nenhum outro irmão sentado à mesa), a hora do jantar poderá ser um momento adequado. Um momento excelente é quando estiverem a caminho de casa, no carro, voltando da escola ou de alguma atividade. Se o momento perfeito não acontecer, crie um. Peça ao seu filho que o ajude a preparar o jantar, ou a arrumar a mesa. Solicite a ele que o acompanhe para pegarem a sobremesa.

2. Ajude a criança a desabafar.

Sempre inicie a conversa com um comentário positivo ou neutro que não esteja relacionado ao bullying. O mais importante é que você esteja relaxado. Se estiver tenso, não importa qual for a conversa que inicie, ela será sentida como um disfarce para outro propósito que você tenha. Algumas formas adequadas de iniciar uma conversa podem ser:

Você aprendeu alguma coisa interessante hoje na escola?
O que você fez no recreio hoje?
Você ouviu falar sobre (...) que ouvi no rádio ou vi na TV hoje?
Fez alguma coisa divertida com seus amigos hoje?
Qual foi a melhor coisa que fez hoje?

Você pode, gradativamente, abordar as questões mais difíceis, mas comece deixando que a criança perceba que está interessado, comprometido e preparado para ouvi-la, antes de precipitar-se em um território "arriscado". Depois disso, pode perguntar sobre suas experiências envolvendo o bullying.

Caso a criança diga: "Não quero falar sobre isso", respeite-a e peça-lhe que volte a conversar com você quando estiver pronta. Se ela não tocar mais no assunto, tente novamente após uma refeição, ou no dia seguinte. Não faça ameaças ou fique zangado sobre essa relutância em conversar. Se forçar a criança a falar, o tiro simplesmente sairá pela culatra.

3. Reaja calmamente.

Essa é uma das mais importantes parcelas de toda a equação: você precisa ficar calmo, não importa o que seu filho diga. A partir do momento em que ele começar a falar abertamente sobre a situação, você estará sendo testado. Terá que passar no teste, ou pode ser que não haja uma próxima vez. Um dos pontos mais importantes é que seu filho deseja perceber que você não ficará "fora de si". (Sabe-se que os pais encerram uma conversa quando ficam "fora de si".)

Não fique alarmado, irritado ou visivelmente ansioso. Não aparente estar temeroso ou apreensivo. Isso fará com que seu filho desenvolva uma percepção exacerbada da crise.

Essa criança o vê como uma pessoa muito alta e poderosa. Sua principal tarefa nesse momento é parecer compreensivo e escutar. Guarde suas emoções intensas para você ou espere até que se acalme. Respire profundamente por algumas vezes até que se sinta tranquilo. Se iniciar a conversa de forma muito intensa, poderá receber de volta muita intensidade. Já basta a seu filho sua própria dificuldade para desabafar, imagine se tiver que se preocupar com sua reação.

A maioria dos pais pensa que reagirá de forma tranquila, até que a situação, de fato, apareça. Então, o que acontece é, *na verdade,* algo parecido com o seguinte:

Pai/mãe: – E então, o que aconteceu?

Criança: – Aquele garoto chamado Bobby me chutou no ônibus hoje e eu caí e derrubei meu caderno. Aí, o amigo dele pegou o caderno, rasgou as páginas e jogou tudo pela janela. Aí, o Bobby falou que se eu contar alguma coisa, ele vai me bater depois da escola.

Pai/mãe: – *O que* foi que eles fizeram? Ele *chutou você?* O motorista do ônibus não disse nada? Quem são esses garotos? Eu quero o telefone dos pais deles. Como eles se atrevem? Não é o mesmo menino que rasgou a sua mochila no mês passado? Vou dar um jeito nele! ELE NÃO DEVERIA NEM FREQUENTAR A ESCOLA! AQUELE IDIOTA VAI PAGAR CARO POR ISSO!

Nesse instante, seu filho conclui que falar foi um grande erro, e jura jamais abrir a boca novamente. Em vez disso, você pode dizer apenas: "Você está machucado? Você está bem?". E então pode gritar no carro, sozinho, mais tarde.

4. Use técnicas de escuta ativa.
Uma das melhores formas de mostrar a uma criança que a está escutando e compreendendo é funcionar como um espelho, refletindo os sentimentos que ela expressa. Resista a todos os impulsos de interromper com perguntas que exijam respostas diretas, com conselhos ou censuras. Em vez disso, apenas sente-se, ouça-a e, de vez em quando, incline a cabeça em sinal de aprovação, interpretando os sentimentos que julgue estar expressando.

Por exemplo, se o seu filho disser: "Ninguém me chamou para brincar no recreio hoje", você poderia dizer: "Puxa filho, você deve ter se sentido sozinho". Se ele disser que alguém o fez tropeçar no corredor, você poderia falar: "Isso deve ter feito você sentir muita vergonha". Então, ele poderá concordar, e mostrar que você está acertando, ou discordar e corrigi-lo, revelando qual foi o seu verdadeiro sentimento: "Não senti solidão. Fiquei furioso!". Lembre-se que se você fizer um comentário sobre os sentimentos dele ou sobre o que pensa que sentiu, estará no caminho certo!

5. Faça pausas.

Você não precisa resolver tudo imediatamente. Mais uma vez, procure pelos sinais. Se o seu filho estiver demonstrando que quer terminar a conversa, repetindo o que fala, ficando emotivo demais, perdendo o foco, demonstrando frustração ou não conseguindo ouvir direito, faça uma pausa. Esse é um assunto opressivo para seu filho, e talvez ele seja capaz de administrar apenas um pouco de cada vez. Diga algo como: "Por que não damos um tempo e conversamos mais depois? Vamos pensar em um plano e encontrar, de alguma forma, um jeito de resolver". Sempre finalize com um comentário promissor.

DIFERENÇAS DE GÊNERO NAS CONVERSAS COM SEUS FILHOS

Os meninos são geralmente mais sensíveis que as meninas em relação a exporem sua fragilidade, e podem relutar em fazê-lo; então, antes de ter uma conversa particular com eles, certifique-se de ter deixado claro que não precisam ter medo de que, ao falarem, acabem envolvidos em confusão. Se abordar seu filho deixando transparecer algum traço de negativismo, é provável que ele se retraia. Mesmo que esteja sendo vítima, pode ser que se sinta culpado por não ser capaz de lidar com a situação sozinho, ou poderá ficar preocupado que você grite com ele por alguma atitude que tenha tomado até aquele momento (como por exemplo revidar quando apanhar ou xingar o agressor). Pode ser que se sinta inadequado e que tema que você o ridicularize por não conseguir resolver o problema. Talvez não queira contar a você que o professor gritou com ele e com o colega por brigarem – mesmo que ele fosse inocente. Garotos precisam saber que ainda que suspeite que estejam tendo problemas ou arranjado confusão, você confia neles e, mesmo que tenham se envolvido numa grande enrascada, tudo acabará bem. Os garotos não desejam mostrar sua vulnerabilidade e, sendo assim, pode ser que utilizem a raiva ou o mau comportamento para disfarçar sentimentos de frustração ou fragilidade.

As meninas precisam sentir-se valorizadas antes de falar sobre seus sentimentos, e a melhor maneira de demonstrar isso é comunicando a elas alguma qualidade que possuam e que ache admirável: que realmente aprecia a forma como sua filha pode dedicar-se a um amigo, ou ser gentil com a irmã, ou o irmão. Revele a ela que a valoriza e sabe que é uma boa pessoa. Quando o bullying é verbal ou relacional, as garotas geralmente não o chamam de "bullying" e podem não ter a expectativa de que você o leve a sério, mesmo quando esta situação estiver consumindo seus pensamentos. Talvez a exclusão e a maldade sejam parte do que consideram normal. Por isso é tão importante dizer à sua filha que você acredita nela, deseja ouvir suas experiências e as levará a sério. Quando fizer uma pergunta a uma garota, pode ser que ela evite respondê-la usando como saída o "escape", dizendo: "Eu não sei". Essa é, de fato, uma desculpa para evitar uma conversa, então, diga a ela: "Sei que se você pensar nisso por algum tempo poderá ter alguma ideia". Isso não deixará que ela se desvencilhe tão facilmente, e mostrará que você se importa com tais assuntos e não os evita.

6. Elogie.

Da mesma forma, você deverá encerrar cada conversa com reforços positivos para a criança:

Estou realmente orgulhoso de você por ter falado sobre isso.
Estou realmente orgulhoso de você por ser tão corajoso.
Estou realmente orgulhoso de você pela forma como se comportou.
Estou realmente orgulhoso de você por ser maduro.
Estou realmente orgulhoso de você por experimentar algo novo.
Estou realmente feliz por ter me contado, apesar de ser difícil falar sobre isso.

COMO CONVERSAR COM SEU FILHO SOBRE BULLYING

A forma pela qual você aborda o assunto será, assim, diferente se estiver falando com um garoto ou com uma garota, e dependerá também de sua idade. Nas seções a seguir, você identificará seu filho pelo sexo e pela idade, e também encontrará a abordagem específica mais eficaz para ele.

Até o Segundo Ano

Em se tratando de crianças mais jovens, você precisará assumir o controle em relação a como lidar com a situação. Caberá a você oferecer a seu filho as formas de comunicação: o que é mais adequado dizer ao agressor, ou os comportamentos mais pertinentes. Você também deverá falar com os professores, ou o diretor, caso o bullying continue. Não espere que seu filho elabore um plano nessa fase, ou que tenha muitas sugestões convenientes a respeito do que fazer sobre o problema.

Ele espera que você o tranquilize dizendo que tudo correrá bem e, se você reagir de forma exagerada, ele ficará assustado. Pense na criança que, ao começar a andar, cai, mas olha para um dos pais antes de reagir. Ela cai e, então, verifica o que o pai ou a mãe farão: se parecerem horrorizados e gritarem ou correrem para pegá-la, a criança chorará. Se sorrirem e disserem "Opa!" ou algo parecido, será menos provável que chore, e haverá maiores possibilidades de que se levante e continue andando. Nos dois casos, a criança não está realmente ferida, mas talvez apenas um pouco abalada, e não sabe o que sentir; então, tenta descobrir baseada no que *você* sente. Se você perder o controle, ela saberá que deve ficar aflita!

Do Terceiro ao Sexto Ano

Nessa fase há um enriquecimento do pensamento concreto e um aumento do desenvolvimento cognitivo, e as crianças têm mais condições de perceber seu próprio poder em relação aos demais. Sendo assim, esse é o momento de incluí-las em debates nos quais poderão criar um plano de abordagem do problema. É interessante perguntar: "O que você pensa sobre isso?", ou "Que tal se tentarmos aquilo?", ou ainda "Você tem alguma ideia sobre o que poderia dizer se ele o provocasse novamente?".

O sigilo é mais importante nessa etapa; dessa forma, se conversar com funcionários da escola, do acampamento ou das atividades esportivas, certifique-se de que estejam cientes de que não deverão informar ao agressor ou a qualquer outra pessoa que seu filho e você "delataram". "Relatar" problemas é uma palavra muito mais conveniente aqui, e está relacionada a inserir as crianças em uma situação que as faça sentir-se emocionalmente e/ou fisicamente seguras e fora de perigo.

Nessa idade a evasão escolar torna-se mais comum, e você precisará ter certeza de que está empenhado em ensinar seu filho a desenvolver habilidades de resiliência em relação aos bullies escolares, antes que os problemas se agravem. Se você simplesmente correr para a escola com a intenção de punir o bully, seu filho não aprenderá a lidar com o problema no futuro. Utilize técnicas de representação de papéis para interpretar muitas situações e dê vários exemplos de tipos de incidentes que seu filho poderá enfrentar, e como deverá reagir a eles.

Do Sétimo Ano em Diante

As crianças dessa idade observam as suas reações de forma muito cuidadosa – estão percebendo sua linguagem corporal, seu tom de voz, suas palavras e se há coerência entre tais aspectos. Caso sintam que você as está julgando de alguma forma, ou que não "captou" o que disseram, ou que esteja reagindo de forma exagerada, estará tudo acabado. Dessa forma, uma boa tática para ser usada inicialmente é a de mencionar suas próprias experiências com o bullying, para que seu filho entenda que você já passou por isso.

Você não precisará entrar em detalhes, mas tente pensar em uma situação semelhante, de sua própria juventude, na qual você ou alguém que considerasse importante tenha sido vítima de bullies. Dê ao seu filho a confirmação do que possa estar sentindo, relatando a ele seus próprios sentimentos daquela época: humilhação, medo, solidão, estupidez, ou tudo quanto possa ter sentido. Ajude seu filho a encarar a experiência com normalidade. Muitos adolescentes e pré-adolescentes já possuem um sentimento de rejeição; o fato de serem vítimas de bullies só agrava essa sensação. Se puder transmitir confiança a eles ao relacionar a situação a você, e fizer com que saibam que não são os únicos a passar por tais experiências e a sentir o que sentem, é muito mais provável que percebam em você alguém com quem poderão contar quando precisarem ter uma conversa.

Tenha sempre em mente que, nessa fase, as crianças atribuem mais importância ao que os colegas pensam do que ao que você pensa, e isso é normal, sob o ponto de vista do desenvolvimento.

No entanto, mesmo assim desejam seu apoio. Você terá que permanecer em uma posição de retaguarda, a menos que a situação tenha tomado proporções maiores e ofereça risco de segurança, mas esteja lá para conversar e ajudar a criança a descobrir o que fazer.

A última coisa que seu filho deseja nesse momento é que você o faça sentir como um perdedor totalmente incapaz, e é exatamente isso que vai acontecer caso seja precipitado e queira salvar a situação contra a vontade dele. Isso irá fazê-lo sentir que até você o acha fraco e indefeso. Se ele já sente que seus colegas não o respeitam, poderia ser muito deprimente acreditar que seus pais agem da mesma forma. Assim, mesmo que ele não consiga compreender de imediato como as coisas funcionam, uma estratégia mais conveniente é a de continuar apenas ouvindo e oferecendo sugestões, em vez de tentar resolver a situação por ele. E ainda, se nada que você disser puder ajudar, diga apenas: "Continuaremos tentando resolver isso até que você tenha uma ideia que possa ajudá-lo".

Perguntas a Fazer

Desenvolvi uma série de questões para ajudá-lo a criar uma conversa produtiva com seu filho. Em vez de tentar desarmá-lo para fazê-lo responder, faça perguntas que o levem a respostas mais profundas. Você poderá modificar essas questões dependendo da informação que queira obter de seu filho.

O QUE NÃO PERGUNTAR
Como foi seu dia na escola hoje?
O que você fez hoje?
Foi tudo bem?

Embora essa geralmente seja a primeira reação instintiva dos pais, tais questões não o levarão a lugar nenhum. Como você respondia quando seus pais lhe faziam tais perguntas? "Foi bom", "Nada", "Sim".

Perguntas Mais Adequadas

As perguntas a seguir foram formuladas com a intenção de ajudar os pais a descobrir comportamentos específicos, relacionados ao bullying, que seus filhos possam estar apresentando ou observando em outros. Fazendo perguntas sobre comportamentos específicos, formuladas sobre os lugares em que seu filho possa estar sendo vítima de bullying, poderá conseguir as informações que necessita para efetivamente combatê-lo.

Você poderá adaptar essas questões à sua situação particular. Boas perguntas são aquelas que abordam comportamentos específicos, e que não são indeterminadas. Tente considerar a informação que deseja obter. Talvez possa fazer uma série de questões gerais sobre a situação de cada segmento da vida social de seu filho.

Vamos exemplificar com uma situação relacionada à escola. Comece abordando a primeira parte do dia, quando as crianças vão para a escola. Se seu filho vai à escola de ônibus, você começará abordando aspectos específicos sobre o ônibus escolar. Caso exista um percurso feito de ônibus, será essencial indagar sobre ele, porque o bullying acontece quando a supervisão é insuficiente, e pode ser que não haja nenhuma supervisão no ônibus. Se a criança caminha até a escola, você deverá descobrir se ela encontra alguém ou se algumas vezes faz um caminho diferente para evitar alguém.

Pense a respeito dos locais em que seu filho possa ter menos supervisão e faça perguntas sobre tais áreas: recreio (brincando ou praticando esportes), almoço, ônibus, corredor, vestiário, banheiro, na fila, indo e voltando da escola ou esperando para ser levado para casa.

Pensando nesses lugares em que seu filho possa estar sem supervisão, você poderá começar a pensar em como abordar especificamente essas áreas. Essas talvez sejam as questões mais adequadas a serem feitas a seu filho, com a intenção de conseguir respostas e informações específicas que possam alertá-lo para um problema:

- Com quem você conversa no ônibus?
- Costuma sentar com a mesma criança todos os dias?
- Essa criança alguma vez já sentou com outra?
- E com quem você sentou nesse dia?
- Alguma vez já sentou sozinho?
- O que você faria se essa criança faltasse por estar doente, ou com quem você sentaria se tivesse que escolher outra criança?
- Alguém costuma ser importunado, ou insultado, ou provocado durante o percurso do ônibus?
- Isso acontece com você?
- Você costuma fazer isso com alguém?
- Às vezes alguém é arrancado de seu assento no ônibus?
- Isso já aconteceu com você?
- As crianças agem como se os assentos fossem determinados, e alguma vez alguém já contestou isso?
- Alguma vez alguém já ficou furioso com você por ter sentado em seu lugar? O que essa pessoa fez a você?
- Com quem você almoça todos os dias?
- Algumas vezes acontece de seu grupo não estar lá, e, nesse caso, com quem você almoça?
- Você tem alguém para brincar no recreio?

- Com quem você brincou no recreio hoje?
- Você repara se alguém está sendo provocado, importunado ou excluído no almoço ou no recreio?
- Alguém costuma ser excluído de um jogo no recreio? Ou não passam a bola para ele de propósito?
- Isso acontece com você?
- A quem você contaria se isso acontecesse com você?

Se a criança revelar que incidentes como esses, de fato, acontecem com ele...

- Seus amigos sabem?
- Alguma vez já pediu ajuda a eles?
- Já falou para alguém da escola sobre isso?
- Com quais adultos você se sente seguro na escola?
- Com quais crianças você se sente seguro na escola?
- Alguém que tenha visto isso contou a um adulto?
- Sua escola oferece alguma maneira para você informar isso sem que sinta que vai piorar a situação?

As questões iniciais sobre com quem ele senta no ônibus, com quem brinca no recreio etc. pretendem verificar se seu filho tem ou não amigos nos locais em que o bullying é mais intenso. A criança que possui amigos tem proteção. Se estiver sendo vítima de bullying apesar de ter amigos por perto, tais amigos talvez precisem de ajuda para entender como poderão auxiliá-lo.

A pergunta sobre se alguma vez seu filho já observou o bullying talvez seja mais fácil de ser respondida do que se você começar perguntando se ele já foi uma vítima. Uma vez que ele esteja falando sobre o assunto e perceba que sua reação é empática, e não crítica, talvez possa sentir-se menos constrangido em contar-lhe sobre suas próprias experiências.

A terceira série de questões estabelece o quanto seu filho e os colegas sentem-se confortáveis procurando a ajuda de outros. Pode ser que você descubra que ele já contou para um professor, ou que não sabia que deveria contar. Pode descobrir também que ele preferiria morrer a "dar com a língua nos dentes". Seu objetivo nessa fase não é o de fazer sermões a seu filho ou de convencê-lo sobre o que deveria fazer, mas simplesmente de coletar informações.

Pode ser que seu filho responda abertamente a algumas questões e não a outras. Não se esqueça de prestar atenção à sua expressão facial, ao seu tom de voz e a alterações emocionais quando fizer perguntas específicas. Evitar algumas questões ou hesitar quando as responde pode alertá-lo para um possível problema. Você não deseja praticar bullying em seu filho para que ele responda aquilo que não se sente confortável para responder, mas, por favor, preste atenção e remeta-se a qualquer pergunta ou resposta que pareça deixar seu filho pouco à vontade. Conseguirá as informações que estiver buscando somente por sua persistência e determinação, seu afeto e sua capacidade de chegar ao fim sem fraquejar. Talvez não as consiga na primeira tentativa.

Fazer tais perguntas regularmente também permitirá que verifique a fidedignidade das respostas de seu filho. Respostas vagas ou diferentes das que tenha fornecido anteriormente podem alertá-lo para um potencial problema, que pode estar deixando-o pouco confortável. Se suspeitar que algo não esteja correndo bem, tranquilize seu filho dizendo que você está ao seu lado e aberto para conversar quando ele estiver pronto. Isso fará com que confie em sua intuição e em você; assim, quando chegar o momento certo, você poderá ouvir o que precisa para encaixar as peças do quebra-cabeça.

Quando Você Não Poderá Esperar

Às vezes, não há como esperar que a criança conte a você. Se já possui evidências de que algo sério esteja acontecendo (por exemplo, se a criança chegar em casa com as roupas rasgadas, ou constantemente fingir que está doente, ou se você já tiver visto e-mails ameaçadores), uma atitude deverá ser tomada.

Você pode dizer: "Vejo que há um problema e não posso deixar que continue". Fale sobre as provas que tenha constatado e pergunte os detalhes, usando um tom não ameaçador.

Se permitir que meu filho continue voltando para casa com hematomas ou perdendo o dinheiro do lanche e não conversando comigo sobre isso, a mensagem que estarei transmitindo será a de que não estou disposto a apoiá-lo na resolução do problema. Mesmo se a criança não quiser falar, precisarei servir de exemplo para o comportamento apropriado – terei que mostrar a ela que o que está acontecendo não é aceitável e que me importo o suficiente para intervir. Se a criança tiver pelo menos dez anos, terei que me tornar um "chato educado" até conseguir descobrir o problema.

Você pode dizer: "Não vou desistir disso, porque me importo com você". Não vou fazer nada com o que me disser até que pensemos juntos em um plano, mas sei que existe um problema e te amo demais para ignorá-lo".

Se a criança não se abrir, faça uma pausa de dez minutos. Diga a ela que vá pensar no assunto e que você voltará para conversarem. Se ela ainda não estiver pronta para tratar disso, dê-lhe trinta minutos e, então, tente novamente. Deixe claro que não desistirá.

Para crianças menores de dez anos, talvez você tenha que conseguir informações em outro lugar – possivelmente na escola, ou com outros que possam ter observado o comportamento, ou com os pais dos amigos.

Para crianças mais velhas que permaneçam relutantes em falar, sugira um bilhete, se isso for mais fácil. Prometa que manterá o que escrever em segredo e até mesmo destruirá o bilhete após lê-lo, se a criança assim o desejar.

Se o seu Filho for uma Vítima

Se descobrir que seu filho é uma vítima, precisará criar um ambiente não ameaçador e seguro para ele. Consiga isso tendo em mente os seguintes passos:

- **Ouça quando ele estiver falando sobre seus sentimentos**, sem julgá-lo. Se você reagir manifestando uma intensa explosão emocional, pode ser que seu filho fique com medo de você, assim como teme o bully, retraindo-se. Tenha certeza de estar controlado quando for ouvi-lo, ou ele poderá notar uma intensidade excessiva em seus sentimentos e talvez não fale mais.
- **Tente recolher informações** sobre os detalhes do(s) incidente(s). A documentação torna-se uma ferramenta poderosa quando você tiver que tratar com a escola ou outros pais. Tente anotar os horários específicos em que os incidentes ocorreram e quem estava presente quando aconteceram (adultos e crianças).
- **Nunca culpe seu filho** por ser vítima de bullying, que é um comportamento que ninguém merece. Se o culpar, ele se sentirá diminuído como pessoa, assim como o bully o fez sentir. Mesmo que você acredite que seu filho tenha provocado esse

comportamento, não o culpe. Não sugira que é "sensível demais" ou "emotivo demais", ou qualquer outra característica que indique que você o ache fraco. No momento certo, terá que ajudar seu filho a administrar o próprio comportamento. A maneira de fazer isso será solucionarem problemas juntos, mesmo que ele não consiga pensar nas respostas. A variável decisiva é que, se as crianças esgotaram seus próprios recursos, talvez possam perceber que envolver um adulto com mais poder seja a solução mais próxima, até que possam encontrar sua própria maneira de administrar esses problemas.

- **Dê mais autonomia a seu filho** ajudando-o a elaborar um plano. Pergunte-lhe (geralmente do segundo ano em diante) de que forma poderia ajudá-lo. Você poderá representar papéis para demonstrar como crianças podem enfrentar um bully se estiverem seguras, como fazer um bom relato a um professor ou a um assistente, como atrair um amigo ou como evitar a situação do bully. Com crianças mais jovens, você poderá ter que ligar para a escola e falar com o professor, de forma que alguém que ocupe uma posição de poder possa estar atento a seu filho.
- **Não pratique bullying em seu filho**, forçando-o a fazer escolhas para as quais não esteja preparado. Por exemplo, se disser a ele para endireitar o corpo, olhar o agressor nos olhos e falar: "Pare, isso é bullying", antes que esteja pronto, isso poderá fazer com que se sinta ainda *menos* poderoso. Seu filho poderá sentir como se você estivesse lhe infligindo bullying. Tente encorajá-lo, mas num ritmo conveniente para ele. Lembre-se que nem todas as crianças conseguem fazer essa escolha, por seu próprio temperamento ou pela percepção do quanto se sentem confortáveis ao fazê-la. Algumas precisam de outros colegas ou adultos para ajudá-las, e não conseguem ser diretas com um colega de quem estejam com medo.

- **Recompense seu filho**, elogiando-o por falar com você. Elogios específicos do tipo: "Estou tão orgulhoso por você ter me contado sobre essa situação de bullying e por ter criado agora um plano de ação!" funcionam melhor, porque ele sabe exatamente o que fez para ganhar autonomia, e isso permite que sinta orgulho de seu próprio comportamento. Elogios pouco específicos, como "Bom trabalho", não oferecem suficiente clareza às crianças para que possam compreender que tipo de comportamento fará com que sejam elogiadas e obtenham o poder positivo no futuro.

Se o seu Filho for um Bully

Pode ser muito difícil ouvir que seu filho é um bully, e a maioria dos pais possui um instinto natural para negar o que ouviu: "Meu filho nunca faria isso". Tente estar consciente de suas próprias emoções e resistir ao impulso de encontrar outra pessoa para culpar, ou uma forma de justificar o comportamento de seu filho.

- **A negação não ajudará**. Se negar que seu filho é responsável pelo bullying, não será capaz de mudar a situação. Aceite que é possível que seu filho tenha feito algo para ferir alguém e aborde a situação da forma mais minuciosa que puder.
- **Leve o problema a sério**. Mesmo que aceitem que algo indesejável possa ter ocorrido, muitos pais tentam minimizar o problema. Fazer com que pareça um assunto sem muita importância, ou sugerir que outras pessoas estejam reagindo de forma exagerada ou sendo sensíveis demais, ensinará a seu filho que ferir os outros não representa um problema importante para você. Também poderá estar dando a ele mais motivos para desprezar os outros, pois poderá acrescentar a partir

de então "sensibilidade excessiva" à sua lista de razões para praticar bullying em alguém.
- **Contenha sua raiva**. Se você estiver zangado, seu filho ficará retraído. Converse com ele de maneira tranquila, em um momento no qual estiver emocionalmente centrado. Tente entender os detalhes de um incidente levando em consideração a perspectiva de seu filho, sem levantar a voz.
- **Mantenha seu filho focado em assumir a responsabilidade por seus atos**. Você poderá dizer: "Nesse momento, não quero saber o que a outra criança fez. Quero saber o que *você* fez. Independentemente do que pensa que aconteceu, como lidou com a situação? Quero que me ajude a entender o que fez para causar mal-estar a essa criança".
- **Encoraje a empatia**. Após coletar informações sobre o incidente, é hora de pedir a seu filho que inverta a situação, colocando-se na posição da outra criança: "Quando você fez isso, como aquela criança se sentiu? Como se sentiria se alguém fizesse isso com você?". Peça a ele que se coloque no lugar do outro.
- **Promova discussões sobre formas de reparação**. "Quando fez algo para ferir alguém, você tem que mostrar que está arrependido. O que poderia fazer para que essa criança percebesse que você sente muito e que sabe que cometeu um erro? Como poderia fazer com que ela se sentisse melhor?". Não basta apenas conversar sobre isso; seu filho precisa tomar alguma atitude positiva. Poderia escrever uma carta à vítima, ligar para ela, encontrá-la pessoalmente e/ou apoiá-la diante de outros que a estejam importunando.
- **Diminua a quantidade de agressividade na vida de seu filho**. Se seu filho tiver tendência a manifestar comportamentos de bullying, faça o que puder para descartar os maus

exemplos. Limite a violência da TV e dos videogames, certifique-se de discutir com seu parceiro, caso uma discussão seja necessária, sempre em particular, e preste atenção às letras das músicas que ele ouve.

- **Solicite um colega conselheiro**. Os bullies são, às vezes, pouco experientes em relação a como fazer amigos sem que precisem usar o bullying. Se julgar que possa ser útil, solicite a alguém em posição de autoridade para designar um colega conselheiro ou um estudante que tenha o perfil do "irmão/irmã mais velho(a)", que possa ajudar seu filho a descobrir melhores maneiras de socialização.

Esteja totalmente presente

Uma das maneiras confiáveis de saber que seu filho contará a você quando algo realmente sério estiver acontecendo será estar presente nos problemas de menor importância.

Como adultos, sabemos que a maioria dos "problemas" com os quais as crianças estão sempre se ocupando são... bom, digamos, realmente banais. E algumas delas são extraordinariamente prolixas e pequenas "rainhas do drama". Querem compartilhar cada pequeno detalhe de cada coisa insignificante que alguém disse ou fez. No entanto, o que realmente desejam é sua atenção (ou a atenção de alguém).

Todavia, aquilo não parece banal para seu filho naquele momento. Provavelmente ele ainda não tem ideia do que possam ser problemas "sérios", de forma que os pequenos lhe parecem, de fato, importantes. Se deixar transparecer que acha seus problemas tolos ou irrelevantes, estará transmitindo a mensagem de que não se importa com seus sentimentos, e as consequências do seu comportamento aparecerão para atrapalhar sua vida quando existir um *verdadeiro* problema, como o bullying.

Dessa forma, prometa a si mesmo que quando seu filho procurá-lo com um problema – não importa quão banal possa parecer – deixará tudo o que estiver fazendo e dará a ele total atenção. Você o escutará, será solidário, oferecerá sugestões, se houver necessidade, e tentará ao máximo não fazer afirmações críticas que minimizem ou subestimem seus sentimentos. Poderá tentar ajudar seu filho a avaliar o grau de importância dos problemas, mas faça isso sem dar um sorriso forçado, revirar os olhos, lançar seus braços para o ar, interrompê-lo e assim por diante.

Uma garota, que cursava o quarto ano, tinha uma amiga na vizinhança que brigava por qualquer motivo. Essas duas garotas eram amigas de verdade, mas estavam constantemente brigando por nada em particular, e sua mãe tinha que ouvir sobre as brigas diariamente. "Ela disse isso", "ela disse aquilo", e "ela me chamou disso", poderiam durar até vinte minutos por dia, e nada disso importava por mais de um dia, pois até o dia seguinte já estariam brigando por uma nova série de besteiras.

A mãe propôs, então, uma "regra" para que cumprissem: seria permitido brigarem somente às quartas-feiras.

O mais estranho é que isso realmente funcionou para elas. As duas garotas concordaram em acumular suas desavenças e resolvê-las, efetivamente, todas as quartas-feiras. No começo, algumas vezes a mãe as ouvia brigando lá fora e gritava: "Garotas... ainda não é quarta-feira". Isso, de fato, punha um ponto final à briga. Logo depois disso, começaram a dizer o mesmo uma à outra, até que finalmente tornou-se uma piada entre elas. Quando a quarta-feira chegava, nenhuma delas jamais se lembrava das coisas que gostariam de ter discutido durante o resto da semana. As garotas criaram juntas alguns limites.

Produzindo "capital suor"* por ter ouvido todas aquelas tolices e ajudado sua filha a resolver um problema de menor importância, essa mãe ganhou sua confiança e aumentou muito mais a probabilidade de ser solicitada caso a filha viesse a ter um problema mais sério futuramente – com bullies ou quaisquer outras questões.

Se você já fez a besteira

Se seu filho costumava conversar com você, mas agora fica retraído quando falam sobre questões emocionais, pode muito bem ser apenas consequência das "dores do crescimento" (crianças mais novas falam abertamente com seus pais, muito mais do que pré-adolescentes e adolescentes). Pode ser também que esteja humilhado em relação a algo, ou pode ser ainda que você tenha reagido mal no passado ou fornecido a ele, sem intenção, dicas equivocadas.

Tente lembrar como lidou com tais problemas anteriormente. Agora, tente ver suas reações sob o ponto de vista de uma criança:

- **Raiva**. Com toda certeza, você está zangado com o bully, a escola, o acampamento, o motorista do ônibus, as crianças que não disseram nada... Provavelmente está zangado com todos, exceto com seu filho. O problema é que as crianças mais novas não conseguem diferenciar muito bem as situações. Observam a raiva e pensam: "Fiz com que ele ficasse bravo". E não querem que você fique com raiva.
- **Culpa**. A partir do momento que começar a perguntar coisas do tipo: "O que você fez para provocar isso?" ou "Você fez al-

---

* Capital suor é a porcentagem extra do capital de uma empresa, reservada para a equipe gestora e que funciona como uma motivação adicional ao trabalho árduo desempenhado por essa equipe. (N.T.)

guma coisa para que ele perdesse o controle?", você já estará "do lado" do bully, na concepção de seu filho. Você levantou dúvidas sobre a confiança que deposita em seu filho e o colocou na defensiva. Existem maneiras de perguntar sobre o comportamento da criança sem apresentar nenhuma espécie de atribuição de culpa.

- **Quebra de sigilo**. Será difícil recuperar a confiança de seu filho se anteriormente ignorou seus desejos, procurando o professor, o diretor, os pais do bully etc. para relatar as preocupações que ele gostaria de ter mantido em segredo. É pouco provável que ele compartilhe informações confidenciais com você novamente, sabendo que poderia piorar a situação.
- **Preocupação excessiva**. Alguns pais podem ficar tão preocupados sobre uma situação de bullying que chegam a fazer a criança sentir-se ainda pior em relação ao problema. Mesmo após a crise ter passado, os pais podem continuar batendo na mesma tecla e fazendo a criança pensar que existam fundamentos para suas preocupações. Mimo excessivo pode fazer com que a criança tenha uma sensação de desamparo ainda maior do que antes.

Se você agora percebe que agiu assim no passado, é tempo de reparar o erro. As crianças apreciam quando os pais admitem que agiram de forma equivocada. Uma boa ideia é ir até seu filho e dizer: "Sabe, deixei que minhas emoções me dominassem. Estava aflito porque não quero que você sofra nunca, e acho que reagi de forma exagerada. Não quis dar a impressão de estar tão zangado. Farei melhor da próxima vez que você queira conversar".

Esteja atento não apenas às suas palavras, mas também ao seu tom de voz e à sua linguagem corporal. Aqui estão as sugestões do que deverá observar cuidadosamente em si mesmo:

Positivo	Negativo
• Manter os braços e pernas descruzados • Sentar ou deitar no mesmo nível que seu filho • Estabelecer contato visual • Acenar afirmativamente com a cabeça • Apresentar expressão serena • Às vezes colocar a mão no ombro ou no braço de seu filho de forma afetuosa • Inclinar-se para frente	• Manter os braços cruzados • Ficar em pé diante da criança • Desviar frequentemente o olhar • Balançar a cabeça negativamente • Franzir as sobrancelhas • Bater o pé no chão • Apontar o dedo para a criança • Revirar os olhos • Cobrir a boca com as mãos • Andar de um lado para o outro • Chorar

Você não perceberá que está apresentando tais comportamentos a não ser que volte sua atenção a si mesmo no momento; sendo assim, a próxima vez que estiver ouvindo seu filho falar sobre algo preocupante, deixe que sua mente pare por um instante e "olhe" para si mesmo. Se esse fosse um filme sem som, o que você poderia perceber aqui? Você pareceria estar zangado, aborrecido, impaciente? Ou calmo e compreensivo?

Conheça seus Objetivos

Certifique-se de que você e seu filho estejam falando a mesma língua: o objetivo em qualquer cenário onde o bullying esteja presente não é punir o bully, mas resolver o problema.

Tal problema poderá ser finalizado de inúmeras formas: seu filho poderá tornar-se tão resiliente que as palavras ou ações do agressor não sejam mais importantes, o agressor poderá eleger uma nova vítima, o agressor talvez seja retirado do círculo de relacionamentos de seu filho, os dois poderão ser amigos para sempre e sair saltitando juntos por campos repletos de margaridas...

Por mais que você possa pensar que o que deseja nesse momento é ver essa criança detestável ser expulsa da escola e jogada em uma ilha para crianças más, muito más, isso não resolveria nada a longo prazo, se seu filho não tivesse aprendido com a experiência. Existirão outros agressores para tomar o lugar do primeiro. O mundo está repleto de bullies, prontos para deitar suas garras sobre uma vítima tentadora. O objetivo final nesses tipos de situação é tirar seu filho da crise e livrá-lo de riscos físicos e emocionais. Deixe a "punição" para os outros.

SEGUNDA ETAPA: AGIR DE ACORDO COM UM PLANO

A seguir, teremos que elaborar um plano que atenderá às necessidades da criança durante o período de crise. Um período de crise é definido como aquele no qual os recursos de superação foram esgotados e a pessoa não consegue mais agir como conseguia anteriormente. É uma fase carregada de intensas emoções, medos e desesperança, pois não existem soluções à vista. Quase sempre, parece que nada vai funcionar.

Essa fase de crise, que tem geralmente a duração de um a quatorze dias, pode ser considerada finalizada quando a criança sentir que poderá retomar a rotina de sua vida da forma como era antes que a crise fosse iniciada. A intensidade e a duração do período de crise são determinadas pela proporção do sofrimento sentido por seu filho, que, em alguns aspectos, dependerá da maneira pela qual você reagir. A crise durará até que um plano possa ser concebido e colocado em prática.

Não existe um plano para interromper o bullying que possa ser adequado a todas as situações. É mais ou menos como se fosse um fluxograma, no qual você deverá considerar primeiramente as soluções mais simples e diretas e, caso não funcionem ou a criança não as aceite, você passará a considerar as soluções mais complexas.

Guia para deter o bully: hora de checar

Uma vez que você tenha estabelecido que determinado acontecimento surgira uma situação de bullying, é hora da criança fazer uma pequena estimativa para descobrir se será preciso que alguma atitude seja tomada e, se for o caso, como fazê-lo. As questões seguintes podem ser respondidas por seu filho enquanto vivencia uma situação de bullying e posteriormente, quando for analisá-la:

1. Isso já aconteceu comigo antes?
Eventos que ocorrem uma única vez nem sempre requerem uma ação. As crianças frequentemente experimentam o comportamento bullying sem que o transformem em hábito. Se uma criança disse algo desagradável, empurrou seu filho, tirou um brinquedo dele etc., mas nunca havia feito nada semelhante no passado – ou era amiga de seu filho anteriormente – você poderá considerar isso apenas como um dia ruim que possam ter tido.

As crianças não têm muito controle sobre suas emoções, e às vezes sua lealdade a alguém não dura mais do que cinco minutos. Aquele com quem estavam brigando pela manhã poderá ser seu melhor amigo à tarde. Se não existir nenhuma questão urgente de segurança e nenhum padrão estabelecido de bullying, prefira uma abordagem do tipo "esperar para ver".

2. Será que o bully sabe que me feriu? Será que isso importa para ele? Precisamos estabelecer se a outra criança está realmente praticando o bullying, se está só experimentando-o ou se não está nem mesmo consciente de seus comportamentos nocivos.

Jorge e Owen eram dois garotos que haviam frequentado a escola juntos desde o primeiro ano até o final do ensino médio. Jorge era uma espécie de comediante da classe e Owen, que estava acima do peso e era um tanto desajeitado, acabava sendo, quase sempre, alvo de suas piadas. Jorge, porém, pensava que os dois fossem amigos. Ele nunca realmente teve intenção de ferir Owen e nunca percebeu que isso acontecia – considerava aquilo uma provocação amigável. E Owen sempre ria junto com ele.

Foi somente no final do ensino médio que Owen teve um ataque: "Você me agride desde que éramos crianças! Você destruiu a minha vida! Pra mim chega!".

Jorge ficou chocado, e bastante chateado. Se Owen alguma vez tivesse contado a ele que as provocações o faziam sofrer e que não estava exatamente "rindo junto" com ele, teria parado muito antes que isso passasse a ser uma questão tão dolorosa. Ele tinha empatia e não pretendia ser um bully. Alguns membros de sua família muitas vezes provocavam um ao outro em forma de brincadeira, lançando insultos de forma suave, sem de fato terem a intenção de ofender.

Se a outra criança tinha consciência de que seu filho foi ferido (física ou emocionalmente), como ela reagiu? Pediu desculpas ou tentou ajudá-lo de alguma maneira? Em caso afirmativo, isso é também sinal de empatia, e talvez de que a criança esteja simplesmente "experimentando" o bullying e não seja um verdadeiro bully... Pelo menos não ainda.

3. É possível que, de alguma forma, eu venha a rir disso tudo?
Responder a essa questão é difícil para uma criança sensível. Quase sempre a resposta inicial seria negativa. Entretanto, quanto mais ela aprender a rir com os agressores em vez de ficar aborrecida, maior será a probabilidade de que desistam de tentar irritá-la.

Tente desenvolver com seu filho uma escala, de forma que ele avalie a si mesmo e determine quão ruim é, de fato, esse evento específico. Em uma escala de 1 a 10, na qual 10 representa o pior, quão constrangedor é esse evento? Quão ofensivo é o comentário? Caso seja menor que 8, poderá, provavelmente, com um pouco de prática, deixar de ter tanta importância e virar motivo de piada.

4. Estou correndo algum risco físico?
Se a resposta for afirmativa, não haverá tempo para "esperar para ver". Alguma providência terá que ser tomada agora mesmo, e isso provavelmente não poderá ser feito de forma isolada. Precisará ser realizado com a compreensão e o consentimento da criança – precipitar-se e tomar o controle da situação não é o mais interessante nem para você, nem para seu filho.

Se a situação da criança a fizer se sentir fisicamente ameaçada, ela precisará ter "saídas de emergência" e medidas de segurança planejadas. Onde poderá ir, e com quem poderá conversar? Poderá entrar na sala do orientador, ou na sala dos professores, ou na lanchonete? Poderá entrar na secretaria e iniciar uma conversa com um secretário da escola, com um professor amistoso, ou com um treinador? Ela não precisará conversar com eles sobre a situação de bullying, e poderá inventar qualquer desculpa que quiser: perguntas sobre o dever de casa, conversas superficiais sobre o tempo, qualquer coisa que desejar. O adulto estar ciente de que a criança poderá vir a fazer isso, e também de seus motivos para fazê-lo, pode ser um fator de ajuda, mas a criança não precisará fornecer tais explicações toda vez que isso acontecer. Você até poderá criar um código antecipadamente que será usado entre seu filho e uma pessoa "segura" da administração, por exemplo. Todas as vezes em que seu filho chegar e falar sobre o mau tempo, a pessoa poderá levá-lo a um local mais seguro.

5. Será que me sinto forte o suficiente para confrontar o bully sozinho?
Se a resposta for sim, será apenas uma questão de estipular hora e local, a linguagem corporal e as palavras a serem utilizadas. Talvez seu filho não se sinta forte o suficiente para confrontar o bully na frente das pessoas; porém, estaria disposto a tentar se pudesse encontrar uma maneira de chamá-lo de lado e conversar em particular. Poderia pedir que caminhasse com ele no recreio, longe dos demais, ou poderia abordá-lo após a aula.

6. Será que posso contar com a ajuda de outras pessoas?
É possível que seu filho tenha amigos leais que não saibam o que está acontecendo, ou como ajudar. Talvez precisem ouvir especificamente o que fazer: em que momento seu filho precisará de alguém para dar uma volta com ele, que palavras dizer se seu filho estiver sendo molestado, quando chamar um professor, e assim por diante.

Talvez seu filho sinta-se forte o suficiente para confrontar o agressor se seus amigos estiverem lá para apoiá-lo.

Ao utilizar essas questões, juntamente com outros instrumentos, as crianças poderão, por algum tempo, minar a força dos eventos do *playground* ou da sala de aula e criar uma oportunidade para avaliar o risco que estejam correndo, bem como escolher uma estratégia para ajudá-los a administrar a situação, caso venha a ocorrer novamente. Tais questões os auxiliam ainda a diferenciar o verdadeiro bullying das brigas de ocorrência única.

Essas orientações também ajudam as crianças a começarem a pensar sobre o poder do bully em relação a elas mesmas, e se podem ou não agir de forma segura, ou contar com outros (amigos ou adultos) para ajudá-las. Às vezes, a solução será simplesmente desenvolver a autoconfiança da criança o suficiente para que possa dizer ao agressor: "Pare com isso e me deixe em paz". Talvez seja tão simples quanto endireitar o corpo e olhar para o bully fazendo um sinal com as mãos que sugira: "Ei, o que está acontecendo?". Outras vezes, a criança precisará de mais apoio.

Em geral, esse plano é elaborado na primeira etapa, utilizando a informação reunida durante as conversas com seu filho, visando preparar e executar os passos específicos que ajudarão a resolver o problema imediato.

Interpretar Papéis com a Criança

É importante que você explore detalhadamente possíveis situações com seu filho, de forma a ajudá-lo a ensaiar o que dizer e fazer quando o problema surgir.

Não considere a possibilidade de insultar ou ameaçar o agressor.

Não diga a seu filho: "Simplesmente o ignore".

É difícil pensar em respostas imediatas e "espirituosas", mas essa estratégia será possível, caso seu filho sinta-se confortável com ela. Tais respostas envolvem um alto risco, e podem dar a impressão de que seu filho foi excessivamente atingido pelas palavras e atitudes do agressor. Até mesmo "ignorá-lo" geralmente é uma reação. A atitude da criança em fingir claramente que não está vendo ou escutando funciona como um desafio divertido para o agressor, que passa a falar mais alto e a ficar mais abusivo. É divertido para o bully ter conseguido atingir a vítima a ponto de ela sentir que *precisa* fingir não estar escutando. Além disso, na maioria dos casos, a criança não consegue ignorá-lo de forma satisfatória. Geralmente existe bastante linguagem corporal sinalizando ao agressor que seu mau comportamento está dando resultado.

Dessa forma, o mais importante é incutir na criança a compreensão de que o comportamento ou os comentários do bully verdadeiramente não importam. Assim, não é necessário fingir que não está ouvindo ou vendo, não é preciso brigar ou chorar; ela poderá apenas dar uma risadinha e responder: "Pode falar o que quiser" e deixar por isso mesmo, ou até – imagine! – concordar com o agressor, caso a provocação não seja tão séria.

Pense em quantos comediantes que se apoiam no humor autodepreciativo são adorados na América. Jay Leno não se sente ofendido quando as pessoas lhe dizem que possui um queixo grande. Concorda com elas e até exagera tal característica para fazer piadas sobre si mesmo. Rodney Dangerfield construiu sua carreira insultando a si próprio – provavelmente para usar comentários que as crianças haviam feito sobre ele no passado em benefício próprio.

Se seu filho for confrontar o agressor, qualquer coisa que ele escolher dizer deverá ser dita com o mínimo de emoção possível. Os bullies simplesmente adoram ver uma criança espumando pela boca, ofegante, chorando, gritando, batendo os pés, o que praticamente garante que o assédio terá continuidade. Treine o tom de voz com seu filho. Se ele tiver uma celebridade favorita que ache "legal", talvez o ajude se fingir que é essa celebridade enquanto fala.

Trabalhe com seu filho a forma de representar a autoconfiança: em pé, com o corpo ereto, olhando as pessoas nos olhos, falando calma e firmemente.

Aqui estão algumas frases apropriadas que seu filho poderá usar, dependendo do quanto se sinta confortável e de sua resiliência:

- Diga o que quiser sobre mim.
- Talvez você esteja certo.
- Não importa o que disser, não ligo.
- Obrigado!

Caso seu filho se sinta um pouco mais forte e consiga usar a linguagem corporal para ficar de pé, com o corpo reto, diante dos agressores, olhando-os nos olhos, será possível fornecer respostas mais incisivas:

- Basta.
- Não estou interessado em briga.
- Por favor, pare já.
- Não acho isso engraçado.
- Chega.

Diga a seu filho para *não* utilizar as palavras seguintes, pois transmitem excessivamente as emoções ou são ameaçadoras demais, e provavelmente produzirão um resultado oposto ao desejado:

- Cale a boca!
- Você é estúpido.
- Você é um imbecil.
- Isso não é verdade!
- Não sou.
- Vou contar isso para os outros.

- Meu irmão mais velho/meu pai/vizinho/amigo poderia dar uma surra em você.
- Mentiroso!
- Saia de perto de mim.
- Odeio você.

Não Seja tão Sentimental

Crianças sensíveis esperam que as outras também sejam. Quando isso não acontece, muitas vezes elas desejam dizer ao bully como se sentem, especialmente quando são muito novas e vítimas de bullying verbal. ("Você me magoou."; "Não gosto quando você fala isso!"; "Pare, você está me deixando triste.")

Alguns pais também incentivam esse comportamento acreditando que, se o bully entendesse que suas palavras ou comportamentos estão sendo prejudiciais, ele parariam.

A HISTÓRIA DE JORDAN

Dois garotos mais velhos estavam perturbando meu filho na escola; não o deixavam passar pelo corredor. Ele só tinha seis anos na época. Disse a ele para fazer um caminho alternativo ou andar com um amigo, e não sozinho. Também disse a ele para tentar rir com os bullies e dizer "Que a paz esteja com vocês" caso os encontrasse novamente (somos muçulmanos e essa é a nossa saudação). Foi o que ele fez, e funcionou, talvez porque fosse tão inesperado.

Trata-se de uma ilusão, e funciona apenas quando não estamos lidando com um verdadeiro bully, pois os legítimos agressores não possuem empatia – pelo menos não por seu filho. Eles não se importam se o magoaram. Na verdade, isso é exatamente o que desejam. Dessa forma, seu filho expressar que ficou magoado é tão bom quanto dizer ao bully: "Parabéns! Você está conseguindo o que queria. Por favor, continue assim! Posso ter uma crise a qualquer momento! Pegue a pipoca!".

É extremamente difícil para pessoas boas acreditarem que alguém possa ter um coração tão mau, especialmente crianças. Queremos acreditar que, simplesmente conversando para ajudá-las a entender os efeitos de seu comportamento, poderemos transformá-las totalmente. Algumas podem e certamente aprenderão a ter empatia. Outras nunca o farão. Não caberá a seu filho, porém, a responsabilidade de ensinar isso ao agressor se, após a primeira vez, continuar a ficar triste pelo comportamento bullying.

Esse conselho não se aplica se seu filho for um amigo regular da pessoa que esteja praticando o bullying nesse momento (ou alguma vez tenha sido amigo dessa pessoa): nesse caso, talvez a amizade possa ser retomada e o comportamento bullying possa parar se as crianças sentarem e conversarem sobre o que está acontecendo. Entretanto, se você estiver lidando com uma criança que não conheça, ou alguém que nunca tenha sido gentil com seu filho no passado, talvez seja melhor que ele deliberadamente *não* deixe o bully saber que o magoou.

Lidando com o Bullying Relacional

Lidar com fofocas e boatos pode ser enlouquecedor, pois as crianças desejam ardentemente esclarecer o mal-entendido, defendendo-se das alegações. Porém, seus protestos são como tiros que saem pela culatra, alimentando a fofoca.

Sendo assim, há uma forma muito simples para que, por exemplo, sua filha reaja, com firmeza, quando alguém chamar sua atenção levantando rumores. Aqui está:

FOFOQUEIRO: Ouvi dizer que você beijou o Martin, aquele babaca.
SUA FILHA: Você acredita que fiz isso?

Nesse momento, o fofoqueiro poderá dizer não. Nesse caso, sua filha poderá responder: "Que bom. Então não tem importância". Se ele responder à sua filha que acredita que ela tenha feito aquilo ou "Não sei", sua filha poderá dizer: "Você pode acreditar no que quiser. Não me importo". De um modo ou de outro, isso é o máximo que deveria acontecer. Não deve haver protestos emocionais para satisfazer quem quer que tenha iniciado o boato. Imagine como sua filha ficará confiante quando conseguir responder de forma a interromper os comentários negativos.

Lidar com a atitude do silêncio pode ser até mais doloroso. Quando uma criança é marginalizada por seu grupo habitual – seja porque deixam de falar com ela, deixam de estabelecer contato visual, reviram os olhos e sussurram quando passa, não permitem que se junte a eles no almoço etc. – pode facilmente cair em depressão.

Em alguns casos as amizades serão reparadas, mas se isso acontecer mais de uma vez, provavelmente seria melhor que sua filha não dependesse desse grupo para a sua afirmação social. Nesse momento você pode estar pensando que essas garotas são muito importantes para sua filha, e que seria impraticável para ela mudar de grupo. Bem, é isso que você pensa ou o que sua filha pensa? Algumas crianças precisam compreender o valor da amizade, da importância de estarem abertas a outros amigos, e da diversidade. Encoraje sua filha a fazer amizades em outros grupos, aproximando-se das pessoas que não sejam todas pertencentes à mesma "panelinha". É arriscado para uma criança ter amigos que façam parte somente de um grupo: é preocupante se todos os amigos dela estão no time de voleibol, ou se todos cantam no coral, ou se são as mesmas quatro ou cinco garotas que saem juntas todo final de semana. Existe muita dependência nessas amizades; se a garota mais poderosa do grupo decidir que sua filha não é mais "legal" ou achar que ela fez algo que não aprove, sua filha poderá ficar totalmente sem rumo. Quanto antes seus filhos entenderem que ter amigos em outros lugares faz com que se sintam realmente mais fortes, mais fácil será evitar a reação do "tudo ou nada" quando algo der errado em seu grupo social.

Em vez de gastar seu tempo tentando fazer com que o antigo grupo a aceite novamente, ou de ficar obcecada em relação a essas garotas, estimule sua filha a participar de uma nova atividade fora da escola e a conversar com crianças em outros círculos sociais. Ou ainda, se um dia a estiverem insultando, faça com que ela saiba reagir ensaiando a atitude do "Eu realmente não me importo", que trará as demais crianças de volta porque não poderão compreender o porquê de sua filha não se importar.

TERCEIRA ETAPA: PRESERVAR
Uma vez que a crise esteja resolvida, passaremos ao terceiro estágio, que chamo de fase de preservação.

Entenda que algumas crianças atravessarão várias crises antes que descubram uma forma definitiva de defesa contra o bullying. Assim, você deverá repetir o processo de acordo com seus altos e baixos.

O ponto mais importante para a preservação dessa forma de defesa é a comunicação. Incentivo os pais a tornarem as discussões profundas com seus filhos uma rotina mensal, não somente um evento casual. Se conversar com seus filhos regularmente sobre suas interações sociais e sobre a dinâmica do bullying que estejam vivenciando (que poderá mudar à medida que eles próprios mudam), você desenvolverá um vínculo mais próximo e mais duradouro com eles, e criará oportunidades reais para que possam contar a você quando algo errado acontecer. Uma vez mais o provérbio "melhor prevenir do que remediar" demonstra o seu valor.

Entretanto (e esse é um considerável "entretanto!"), até mesmo algo bom pode ser prejudicial quando em excesso. Se a crise passou, *deixe as coisas como estão*. Não pergunte sobre isso diariamente. Não insista em obter relatórios frequentes de seu filho e da escola se tudo parecer ter entrado nos eixos. Se o seu filho voltar da escola feliz, não faça nada. Não seja insistente procurando problemas em cada pormenor, ou ele aprenderá a fazer o mesmo: procurar por problemas onde, de fato, não existem.

Se ele for uma vítima, é provável que precise aprender como dar *menos* importância aos agressores, a pensar menos neles. Pensar neles o tempo todo confere aos bullies mais poder sobre a vida da criança. Assim, é bom que você cheque uma vez por semana, casualmente ("Está tudo funcionando de acordo com o plano que criamos?"; "Você teve uma semana melhor na escola?"), mas não há necessidade de ir a fundo, a menos que a criança continue sinalizando que algo não vai bem. Conversar profundamente uma vez por mês é suficiente durante a etapa de preservação.

TRABALHAR AS AMIZADES
A partir do momento que a crise imediata estiver sob controle, a próxima etapa em ordem de importância será fazer novas amizades, ou fortalecer as já existentes. Não há melhor defesa contra o bullying do que a amizade dos colegas.

Pobres Amigos
Muitas vezes, crianças vítimas de bullying têm apenas um ou dois amigos íntimos, que também tendem a ser vítimas dos bullies. Infelizmente, elas podem acabar alimentando o sofrimento mútuo. Podem ser amigas apenas em função dessa experiência compartilhada, de serem atormentadas e ridicularizadas. Talvez fiquem juntas precisamente para reclamar das crianças desprezíveis que conhecem, e fugir para o seu próprio mundo.

Se você perceber que isso está acontecendo, *não* tente separar a amizade. Em primeiro lugar, é mais provável que isso faça com que as crianças se sintam até menos compreendidas e aceitas, querendo, por essa razão, apegar-se de forma mais intensa umas às outras. Em segundo lugar, isso poderia arruinar a única proteção de seu filho. E em terceiro lugar, isso poderia tornar ainda menos provável que seu filho algum dia buscasse outros amigos potenciais.

Em vez disso, faça o que estiver ao seu alcance para ajudar seu filho a fazer outros amigos *além* daquele "pobre companheiro". E caso você surpreenda os pobres amigos chafurdando na lama juntos, faça o que puder para envolvê-los em atividades positivas, levando-os ao boliche ou a uma aula de artes, indo a um parque, fazendo um bolo juntos, e assim por diante. Tente ajudá-los a desenvolver uma relação positiva que não gire em torno da experiência compartilhada do bullying, o que poderá aprofundar sua amizade.

Estimule a Busca de Companhia

Pergunte a seu filho o que o faria sentir-se estimulado a convidar crianças para brincar em sua casa. Faça com que sinta que seu quarto é "especial", e que possui alguns brinquedos ou jogos interessantes, ou ainda atividades que outras crianças poderiam gostar de fazer com ele.

Embora os colegas que estejam nos locais onde o bullying ocorre sejam mais "desejáveis", qualquer amizade será benéfica. Talvez haja uma prima que sua filha veja somente nas férias; convide-a para passar o final de semana com vocês, ou pergunte à sua filha se gostaria de visitá-la.

"Vocês têm a mesma idade... Conversem"

É engraçado que, se fizermos um esforço para voltar ao passado, poderemos provavelmente lembrar que odiávamos quando nossos pais faziam isso conosco e, no entanto, ainda fazemos o mesmo aos nossos filhos: supor que deveriam ser capazes de começar a conversar com qualquer um que tivesse a "sua idade".

Você está em uma festa na vizinhança e vê um garoto que parece ter a mesma idade de seu filho, e então diz a ele: "Parece que ele tem a sua idade. Vá conversar com ele".

Para uma criança cuja autoconfiança já tenha sido arruinada por estar sendo o alvo final desse abuso que é o bullying, ouvir de você "Vá e converse com ele" soará mais ou menos como "Vá tomar uma injeção na testa". As crianças não são muito boas com "falas preliminares". Precisam de atividades para realizar conjuntamente. Em vez de colocar duas crianças juntas e dizer "A mãe do Joe me contou que ele gosta de futebol. Você também gosta. Por que vocês não conversam?", tente envolvê-las em um jogo ou um projeto.

Coloque-as em uma situação na qual precisarão trabalhar juntas. Faça com que sejam parte do mesmo time em um jogo de tabuleiro ou charadas, peça para que desenhem juntas uma faixa de aniversário, ou para que o ajudem a tirar a mesa. Se você souber que uma criança desconhecida virá à sua casa para uma visita, prepare uma atividade divertida, como uma caça ao tesouro, que as crianças possam fazer juntas enquanto os adultos conversam.

GANHANDO CONFIANÇA SOCIAL

A verdadeira vitória será alcançada quando a criança sentir-se capaz de atrair amigos e confiante o suficiente para saber que, não importando o que um bully diga, ela ainda estará bem. A verdadeira autoestima não é abalada quando alguém a chama de "nariguda". Ninguém gosta de ser insultado, mas será mais fácil superar isso se, para começar, sua autoestima não estiver ameaçada.

ONDE ENCONTRAR AMIGOS PARA SEU FILHO

- Organizações Religiosas
- Aulas de Dança
- Centros de Convivência Juvenil
- Acampamentos
- Atividades Voluntárias
- Grupos de Teatro
- Grupos Esportivos
- Aulas de Arte
- Grupos de Escoteiros
- Grupos de Bibliotecas

Seu filho desenvolverá confiança social à medida que repetir pequenos sucessos. Se descobrir que pode fazer outras crianças rirem, ou fazer amigos, ou que pode ter um bom desempenho em determinadas atividades (karatê, música, ginástica etc.), ou que as pessoas acham suas festas de aniversário divertidas, cada um desses sucessos construirá, pouco a pouco, sua confiança social.

Aulas de Defesa Pessoal

As artes marciais ou outras aulas de defesa pessoal podem ajudar, e muito, a desenvolver a autoconfiança e até a melhorar a expressão corporal da criança, ajudando-a a não ter mais a aparência de uma vítima. As posturas de arte marcial são fortes, opostas à postura de insegurança, com as costas arqueadas e a cabeça baixa, que muitas crianças vítimas de bullying exibem ao longo do dia.

Jed é hoje um instrutor de karatê na Irlanda, mas em sua infância já foi vítima de bullying. Quando cursava o equivalente ao ensino fundamental I, nos intervalos das aulas costumava ser empurrado pelos corredores, esmurrado e chutado pelos colegas de classe, que caçoavam dele por sua magreza e também por seu nome. Ele não se esquece de um episódio horrível em sua classe, quando as crianças fizeram um círculo enorme, revezando-se para esmurrá-lo e chutá-lo, enquanto o xingavam.

Ele também estava sendo abusado física e verbalmente em casa, e sua mãe havia morrido quando tinha cinco anos. Ele acredita que isso o tenha levado a ser um alvo fácil e uma criança muito introvertida. No entanto, a situação mudou para ele quando começou a praticar o karatê. A princípio, começou a ter aulas sem que ninguém soubesse, pois acreditava que seu pai fosse puni-lo por estar aprendendo a lutar para poder revidar às agressões que sofria. Entretanto, quando tinha onze anos, a família mudou-se da Inglaterra para a Irlanda, e ele se tornou um membro de um clube de karatê, participando de competições e ganhando algumas. Tal fato não apenas aumentou sua autoconfiança, mas também chegou até os ouvidos de seus novos colegas de classe. Um deles viu Jed lutar em uma competição e espalhou aos demais que não deveriam mexer com ele.

Jed acha graça disso, porque estava ainda mais propenso a ser alvo de bullying na nova escola, já que não somente era um aluno novo, mas também tinha um sotaque inglês numa escola irlandesa, uma característica pela qual outra criança da classe, também da Inglaterra, estava sendo ridicularizada. Ele, porém, projetava agora uma imagem diferente. Sentia-se mais forte e bem consigo mesmo.

Às vezes os pais ficam preocupados por achar que as artes marciais deixarão seus filhos violentos e farão com que se tornem bullies. Entretanto, essa suposição não é de modo algum verdadeira. A maioria dos instrutores ensina, de forma empática, que as habilidades aprendidas não deverão ser utilizadas por motivo de raiva ou agressão, mas somente no contexto das aulas (ou nas competições), ou em situações de autodefesa que envolvam riscos físicos. A ideia é reduzir o medo incutido pelos bullies, e não se transformar em um matador.

A coautora deste livro teve aulas de jiu-jitsu quando estava no início do ensino médio; recorda-se do que seu mestre costumava dizer: "A melhor sensação é a de sair de uma briga sabendo o que poderia ter sido feito, mas não se precisou fazer". É esse o sentido do verdadeiro poder.

Terei que me Acovardar para me Adaptar?
Uma das principais razões pelas quais os agressores importunam as vítimas é o fato de apresentarem alguma característica incomum: um corte de cabelo ou roupas fora de moda, sobrancelhas juntas, óculos com lentes muito grossas etc.

Uma jovem adolescente era comumente provocada por causa de seu "bigode" – ela possuía uma penugem escura sobre o lábio superior. Horrível? Não, mas perceptível quando vista de perto. Ela desejava, ardentemente, livrar-se daquilo, mas sua mãe não permitia que usasse cera ou nenhuma outra técnica depilatória. Em sua opinião, não havia nada de "errado" com tal penugem, a garota era jovem demais para se preocupar com isso e o problema era das outras crianças, não da sua filha.

Ora, tudo isso pode ser verdade, em condições ideais. Teoricamente, todos nós deveríamos estar confortáveis com nossas características, entender que os comentários depreciativos dos outros não exercem qualquer influência sobre quem realmente somos, e nunca deveríamos nos preocupar com detalhes triviais como alguns pelos na face. Nesse caso, porém, a mãe estava colocando uma responsabilidade excessiva na jovem garota, querendo que ela fosse um "modelo de conduta moral". Ela estava deixando que a garota saísse por aí carregando uma placa de "venha me provocar" em seu lábio superior, quando isso poderia ser facilmente corrigido.

Como consequência da queda brusca de sua autoestima, a garota tornou-se cada vez mais retraída, não namorou durante o ensino médio e ficou deprimida. Será que isso valeu a pena para que sua mãe pudesse provar que tinha razão? Tratava-se de uma mãe afetuosa que estava tentando ensinar à filha uma lição de vida importante: não se preocupe com o que as pessoas achem de sua aparência. Todavia, em um determinado momento, deveria ter percebido que aquela maneira de ensiná-la não estava funcionando, e que era hora de fazer algo para ajudar a aliviar o sofrimento de sua filha.

Algumas crianças possuem força interior para resistir às provocações e ainda assim estarem bem consigo mesmas. Se essa adolescente tivesse uma personalidade diferente, poderia ter conseguido dizer a si mesma: "Certo, eu tenho mesmo essa penugem no rosto. Muitas mulheres europeias também têm. Isso não me deixa feia, é algo sem importância; então, se eles querem me provocar, eu não ligo. Isso mostra apenas que são pessoas superficiais, mas que eu não sou".

Algumas crianças podem estar realmente querendo dizer isso; outras podem dizê-lo, mas não exatamente convencer a si mesmas; algumas outras podem ter essa atitude em alguns momentos, mas não conseguir mantê-la em outros; e há aquelas que não conseguem nem ao menos fingir que pretendem dizer isso.

Quando profissionais da área de saúde mental trabalham com pessoas portadoras da síndrome do pânico, geralmente procedem da seguinte maneira: em primeiro lugar, medicam o paciente para bloquear os ataques de pânico; *depois* trabalham para que a pessoa mude seus pensamentos, crenças e comportamentos. Muitas vezes, é difícil demais conseguir algum progresso real quando a pessoa ainda está tendo que lidar com ataques severos de pânico que podem acontecer a qualquer momento. Dessa forma, a ideia é remover a crise imediata e, então, trabalhar nas mudanças de vida que tornarão menos provável que a doença retorne ou que tenha continuidade.

Tal situação assemelha-se ao que estou afirmando nesse caso. Se o seu filho está sendo provocado por algo que possa ser mudado ou evitado (roupas, dentes salientes, higiene, corte de cabelo etc.), costuma ser melhor para a criança que esse aspecto seja primeiramente alterado e, *depois* disso, que se trabalhe no desenvolvimento de sua resiliência. Uma criança que se ache "legal" terá muito mais facilidade em agir de forma "legal". Uma criança constantemente inibida, que assume uma postura defensiva, apenas aguardando o próximo comentário ofensivo, terá maior dificuldade em manter a cabeça erguida e ser autoconfiante. E quanto mais você chamar atenção para a diferença entre o que a criança sente e o que você pensa que *deveria* sentir, maior será sua sensação de fracasso.

Provavelmente foi necessário a você muito tempo para que se sentisse seguro de seus valores, aqueles que agora, como adulto, lhe são caros. Não espere que seus filhos entrem no ensino fundamental II possuindo valores completamente formados e um entendimento consistente do que seja importante na vida. Se precisam das roupas modernas, de gel no cabelo e de lentes de contato para que se sintam bem consigo mesmos por enquanto, que assim seja. Não se trata de deixar de fazer algo por covardia; trata-se da sobrevivência emocional de seus filhos durante anos muito difíceis, nos quais adaptar-se (e portanto "misturar-se" ao grupo) será de fundamental importância. Isso também ajudará as crianças a perceberem que você as ouve, que se preocupa com elas e que consegue entendê-las. Tais percepções são importantes para a continuidade de um relacionamento positivo.

A Aprovação dos Colegas

Mil desculpas, mamãe e papai, mas suas palavras de elogio simplesmente não são mais tão significativas quanto as dos colegas de seu filho. À medida que a criança vai ficando mais velha, começa a entender que os pais *precisam* muito dizer coisas agradáveis (vocês são tendenciosos!), e que o que vocês dizem nem sempre é compatível com a forma como o resto do mundo pensa. As crianças contam com os colegas para que recebam uma avaliação honesta de si mesmos.

Você deverá ajudar seu filho a cultivar habilidades que outras crianças acham especiais ou legais. Tais habilidades podem referir-se a grandes talentos (como cantar, praticar um esporte etc.), ou pequenas coisas, que podem ser peculiares. Uma garota que estava sendo provocada no sexto ano aprendeu a fazer "pulseiras da amizade", que eram a última moda na época. Ela as oferecia às crianças que gostava, e não demorou muito para que estivesse aceitando "encomendas", até mesmo das crianças que a provocavam. Algumas vezes trabalhava nelas durante o horário de almoço ou do recreio, mas normalmente as confeccionava em casa. Havia outro garoto que era um ótimo caricaturista e, um dia, rabiscou uma caricatura muito engraçada de seu professor. Uma criança sentada ao lado dele reparou no desenho e pediu que o passasse para que os demais o vissem na hora do almoço. Dentro de pouco tempo, estava desenhando caricaturas de qualquer um que desejasse. Mais uma vez, podemos notar que isso proporcionou a ele uma habilidade considerada "legal", aumentando sua popularidade.

Da mesma forma, pequenas habilidades peculiares, como fazer malabarismo, jogar hacky-sack* ou fazer imitações engraçadas das pessoas, podem significar conseguir a atenção positiva dos colegas. Tal atenção positiva, mesmo por algo que seja aparentemente insignificante, pode preparar o terreno para a melhora da autoconfiança.

Como Funciona

Os detalhes de sua abordagem e de seu plano vão variar dependendo do contexto do comportamento bullying. A maioria dos

---

* Hacky-sack é a marca registrada de um tipo de bola denominado *footbag*, que é também o termo utilizado para descrever o esporte jogado com essa bola, no qual ela é mantida no ar por meio de chutes. Esse esporte, parecido com a "embaixadinha", foi inventado nos EUA no início dos anos 1970. (N.T.)

incidentes ocorre em locais previsíveis: primeiramente na escola, no acampamento e nas atividades esportivas. Então, vamos examinar primeiro seu papel como pai/mãe e que tipo de ensinamentos sobre o bullying você está transmitindo a seus filhos; depois disso, vamos abordar os detalhes de como executar um plano para defender seu filho do bullying, baseado no local em que esteja acontecendo.

três

Como os pais podem interromper o ciclo do bullying

Se você estivesse em uma sala repleta de pais e perguntasse a todos eles, provavelmente nenhum iria responder: "Sim, praticamos o bullying em nossa casa", ou "Encorajamos nossos filhos a serem vítimas". Porém, todos estamos muito certos de que *outros* pais procedem dessa maneira.

É interessante notar que bullies e vítimas frequentemente crescem em lares com características muito semelhantes.

UMA TÍPICA FAMÍLIA DE BULLIES/VÍTIMAS

Bullies e vítimas geralmente são criados em famílias nas quais um dos pais é autoritário, e o outro permissivo. Observe se os seguintes exemplos qualificam sua família:

- Um dos pais quase sempre consegue o que pretende.
- Um dos pais concorda o tempo todo com o outro porque é mais fácil do que discutir.
- Um dos pais estabelece as regras e é rígido em relação a elas.

- Um dos pais pede desculpas às pessoas pelo comportamento do outro.
- Um dos pais dá ultimatos ou faz ameaças para conseguir o que deseja.
- Um dos pais tende a gritar/insultar/reclamar aos encarregados de caixa, garçons e garçonetes, e funcionários de atendimento ao cliente.

Mesmo que nem todos os exemplos refiram-se à sua situação, mas apenas alguns deles, você pode estar reproduzindo (sem intenção) a dinâmica do bullying para seus filhos.

QUATRO ESTILOS PARENTAIS

As pesquisas da psicóloga Diane Baumrind sobre estilos parentais são muito respeitadas na área de saúde mental. Ela define quatro tipos de criação:

- **Autoritária.** Uma pessoa autoritária não é muito hábil em demonstrar seus sentimentos, é rígida em relação às regras e está determinada a continuar exercendo o controle sobre a vida dos filhos. A obediência é altamente valorizada e as crianças não são encorajadas a participar das decisões.
- **Autoritativa*.** A criação autoritativa, por outro lado, é também estruturada, mas permite que as crianças sejam mais assertivas e expressem sua individualidade. Pais autoritativos estabelecem regras claras, mas estimulam as crianças a fazerem parte das tomadas de decisão e estão atentos aos

---

* O termo autoritativo, do inglês *authoritative*, é de difícil tradução, e por isso grande parte dos pesquisadores brasileiros optaram por mantê-lo dessa forma. (N.T.)

seus sentimentos, com o objetivo de incentivar e apoiar suas necessidades. A educação autoritativa foi associada positivamente à redução da probabilidade de ocorrência de tabagismo na adolescência[14], de comportamento sexual de risco, bem como de outras atividades de alto risco[15]. Em várias estimativas sobre a competência social infantil[16], comprovou-se ser este o estilo parental mais eficaz na educação.

- **Permissiva/Passiva.** A educação permissiva é caracterizada pela ausência de regras, por um alto nível de independência concedido às crianças e pela aceitação de praticamente todos os tipos de comportamento. Não é, no entanto, resultante da falta de atenção. Pais permissivos importam-se com seus filhos, mas não os criam com disciplina nem desejam "reprimi-los".
- **Negligente.** Pais negligentes não oferecem nem esperam muito de seus filhos. Fazem parte desse grupo os pais descuidados, desatentos ou emocionalmente ausentes. Crianças educadas por pais negligentes tendem a apresentar as menores taxas em estudos que avaliam o desempenho escolar, as habilidades sociais e muitas outras áreas.

APRIMORAR SEU ESTILO PARENTAL

Em condições ideais, você deseja criar uma situação em que ambos, pai e mãe, correspondam ao estilo autoritativo. Se você admite que isso não esteja acontecendo em sua família, empenhe-se da melhor forma que puder para conquistar esse objetivo.

Pessoas autoritárias são geralmente resistentes à mudança. Algumas conseguem aceitar melhor as críticas do que outras; se seu parceiro(a) é do tipo autoritário(a), tente perguntar a ele/ela: "Que tipo de exemplo você deseja transmitir?", e veja se consegue ter uma conversa produtiva. Talvez precisem da intermediação de um terapeuta que possa contribuir com uma visão menos parcial em relação a seus papéis parentais.

É importante que não discutam sobre os estilos de educação na frente das crianças e que elas percebam que estão unidos. Regras, punições, privilégios etc. deverão ser negociados entre os pais em particular, que poderão dizer à criança: "Precisamos de alguns minutos sozinhos para conversar sobre isso. Voltaremos e diremos a você o que foi decidido".

Durante esse tempo, tente pensar em soluções que estabeleçam limites claros, sem tirar a capacidade da criança de contribuir nas decisões. Mesmo se decidir discordar do que ela deseja, ainda assim você deverá admitir que ouviu suas opiniões e as levou em consideração e, a seguir, explicar as razões pelas quais tomou sua decisão.

Vocês também poderão criar sinais específicos entre si para indicar quando um dos dois estiver sendo rígido ou passivo demais. Alguns pais conseguem comunicar-se muito bem por meio de olhares secretos. Outros possuem palavras de sinalização, utilizadas quando percebem que um deles está passando dos limites, sendo muito permissivo, ou explicitamente deixando de dar atenção à criança.

Se você não conseguir fazer um pai/mãe autoritário(a) mudar, certifique-se de que seu filho tenha contato com outras pessoas que possam servir de exemplo, para que consiga equilibrar seus pontos de vista.

Pais permissivos talvez precisem ser lembrados de que as regras não representam um mal, não indicam falta de amor nem que não sejam pais "legais". As crianças podem ficar muito confusas quando um dos pais estabelecer as regras e o outro não as reforçar, ou, efetivamente, atrapalhar sua aplicação. Os pais precisam chegar a um acordo sobre como irão lidar com situações disciplinares, aprendendo a não sabotar um ao outro depois de terem tomado as decisões.

O QUE PERGUNTAR A SI MESMO
Quando faço palestras aos pais sobre bullying, minha primeira providência é distribuir um questionário e solicitar que o preencham. Veja aqui um exemplo:

1. Nos últimos 90 dias, você <u>foi vítima de</u>:
a. Provocações. Sim____ Não____
b. Ofensas. Sim ____ Não ____
c. Ameaças verbais. Sim ____ Não ____
d. Fofocas ou rumores. Sim ____ Não ____
e. Exclusões ou "panelinhas". Sim ____ Não ____
f. Constrangimento na frente de outras pessoas.
   Sim ____ Não ____
g. Comportamento rude ou mal-educado. Sim ____ Não ____

2. Isso ocorreu:
No ambiente de trabalho?
Em um restaurante?
Em casa?
Na internet?
Enquanto fazia compras?
Pelas roupas que estava usando?
Em um evento esportivo?
No carro?
Por algum outro motivo relacionado à sua aparência?

3. Quem praticou o bullying?
Um chefe?
Um amigo/conhecido?
Um dos pais?
Um colega de trabalho?
O cônjuge?
Uma criança?
Outros (quem)?

4. Nos últimos 90 dias, você <u>observou</u>:
a. Provocações. Sim_____ Não_____
b. Ofensas. Sim _____ Não _____
c. Ameaças verbais. Sim _____ Não _____
d. Fofocas ou rumores. Sim _____ Não _____
e. Exclusões ou "panelinhas". Sim _____ Não _____
f. Constrangimento na frente de outras pessoas.
    Sim _____ Não _____
g. Comportamento rude ou mal-educado. Sim _____ Não _____

5. Isso ocorreu:
No ambiente de trabalho?
Em um restaurante?
Em casa?
Na internet?
Enquanto fazia compras?
Pelas roupas que estava usando?
Em um evento esportivo?
No carro?
Por algum outro motivo relacionado à aparência de alguém?

6. *Quem praticou o bullying?*
Um chefe?
Um amigo/conhecido?
Um dos pais?
Um colega de trabalho?
O cônjuge?
Uma criança?
Outros (quem)?

7. *Nos últimos 90 dias, você <u>participou de</u>:*
a. Provocações. Sim____ Não____
b. Ofensas. Sim ____ Não ____
c. Ameaças verbais. Sim ____ Não ____
d. Fofocas ou rumores. Sim ____ Não ____
e. Exclusões ou "panelinhas". Sim ____ Não ____
f. Constrangimento na frente de outras pessoas.
   Sim ____ Não ____
g. Comportamento rude ou mal-educado. Sim ____ Não ____

8. *Isso ocorreu:*
No ambiente de trabalho?
Em um restaurante?
Em casa?
Na internet?
Enquanto fazia compras?
Pelas roupas que alguém estava usando?
Em um evento esportivo?
No carro?
Por algum outro motivo relacionado à aparência de alguém?

9. Quando praticou o bullying, que posição ocupava?
Um chefe?
Um amigo/conhecido?
Um dos pais?
Um colega de trabalho?
O cônjuge?
Uma criança?
Outros (quem)?

10. O que primeiro vem à sua mente quando pensa no pior incidente que observou nos últimos 90 dias?

11. O que primeiro vem à sua mente como uma "ocorrência de bullying" particularmente memorável de sua infância? Ou na idade adulta?

O Que suas Respostas ao Questionário Revelam

Esse questionário de autoavaliação foi elaborado para ajudá-lo a refletir sobre o papel que o bullying desempenha em sua vida, seja como vítima, participante, observador ou todos os três. Raramente pensamos em nós mesmos, especialmente como adultos, como tendo alguma relação com o bullying. Pensamos que acontece com os outros. A realidade, porém, é que todos estamos envolvidos no problema do bullying até certo ponto, alguns de nós mais do que outros.

Observe quantas respostas positivas você marcaria nas questões de *a* a *g*. Se pensar cuidadosamente sobre essas situações, ficará surpreso em perceber quão frequentemente lida com tais problemas. De qualquer forma, mais importante que isso é a frequência à qual as crianças são expostas a tais comportamentos, não em seu relacionamento com os colegas, mas pelos adultos que fazem parte de suas vidas e fornecem modelos de tais condutas sem que percebam que são comportamentos bullying.

As crianças não necessariamente avaliam ou são capazes de discernir quando observam os pais envolvidos em fofocas ("Você sabia que o filho de fulano foi preso? Sempre soube que ele era problemático..."), apresentando comportamentos de exclusão (deixar de convidar um vizinho ou um primo para uma festa), insultando (mesmo em particular, nunca é adequado fazer comentários racistas, sexistas, de caráter discriminatório aos homossexuais, ou outros igualmente detestáveis; as crianças assimilam isso de forma excepcionalmente notável), ou quando o bullying se revela nos gritos com o funcionário do serviço de atendimento ao cliente ou do telemarketing. Tudo o que observam é que os pais comportam-se dessa maneira e, assim, devem considerar tais comportamentos aceitáveis. Mesmo que os pais ajam assim somente em particular, as crianças transferirão tais comportamentos para a escola, o acampamento, as atividades esportivas e outros locais.

Embora tendamos a achar que o bullying seja apenas um problema da infância, sabemos que, definitivamente, não é. Talvez deixemos de nomeá-lo de maneira conveniente, mas os adultos instigam e passam por experiências de bullying com frequência. O questionário é geralmente um alerta para os pais que relatam não terem consciência da quantidade de comportamentos bullying que ainda observam e de que participam como adultos. A fofoca do colega de trabalho pode gerar tanta exclusão quanto a fofoca na lanchonete da escola; o chefe grosseiro pode fazer com que o adulto se sinta tão desprezível quanto o bully fazia no pátio da escola. Também o instinto de observador não sofre muitas alterações: pode ser que façamos muito pouco quando testemunhamos situações de bullying na vida adulta justamente por não querermos ser a próxima vítima.

Recentemente, vivi uma situação de tensão com várias pessoas quando estávamos em uma fila, numa lanchonete. Um homem ofendeu e gritou com a jovem que estava atrás do balcão até que ela começasse a chorar. Foi ridículo. Foi uma situação de bullying. E teria sido absolutamente perigoso para qualquer um de nós que tentasse interrompê-lo naquele momento. Pensei rápido: "O que fazer?". Alguém chamou o gerente, que pediu ao homem que se retirasse e, assim que ele saiu, nós da fila consolamos a moça, dizendo que tinha lidado com a situação maravilhosamente bem e que o homem tinha sido muito inadequado.

Às vezes, isso é o melhor que se poderá fazer. O objetivo não é sempre o de ser um herói e saltar em frente a balas de revólver para salvar estranhos. Nenhum de nós sabia se o homem tinha usado drogas ou se portava uma arma, e da mesma forma como desejávamos tirar aquela pobre jovem do caminho daquele senhor furioso, estávamos com muito medo de irritá-lo ainda mais e fazer com que se voltasse contra nós. Assim, o objetivo era reduzir os danos posteriormente, mostrando à moça que todos sabíamos que o comportamento dele havia sido infundado, e termos certeza de que ela estava bem, fazendo com que soubesse que, apesar de ter sentido que estava só quando aquilo aconteceu, todos estávamos a seu favor. Isso é muito similar ao que nossos filhos necessitam que seus colegas também façam.

Alguns dos piores bullies de nossa juventude acabaram na prisão ou arrumando empregos de baixa remuneração, enquanto outros são hoje diretores de corporações gigantescas. Será que após o término da escola eles desenvolveram repentinamente sua empatia? Provavelmente não.

Sendo assim, talvez não seja má ideia refletirmos sobre nossas próprias experiências com o bullying, tanto as atuais quanto as de nossa juventude, para que possamos ter parâmetros para avaliá-las.

Um dos aspectos mais importantes a serem observados é o papel que desempenhamos em nossa vida adulta: você costuma ser a vítima, o agressor ou o espectador? Dê uma olhada na(s) resposta(s) que marcou no questionário e veja se consegue detectar uma tendência. Se desempenha o papel de vítima na vida adulta, não podemos estranhar que seu filho também o faça. Talvez vocês dois possam aprender juntos como se libertar desse papel!

É igualmente problemático se você ou o(a) seu(sua) parceiro(a) desempenham o papel do bully. Pais que praticam o bullying, mesmo sem intenção, tendem a criar filhos que se tornam bullies ou vítimas.

Usando o Questionário para Aumentar a Autoconsciência

Uma das atitudes mais benéficas que poderá tomar será refletir sobre o questionário durante aproximadamente uma semana, para continuar seu processo de autoavaliação e verificar se suas respostas foram precisas. É espantoso o quanto poderá se flagrar fazendo algo quando estiver consciente do que deve observar em você. Da próxima vez que estiver ao telefone com sua irmã, ou seu melhor amigo, e seu filho estiver na sala, observe-se cuidadosamente. Está falando negativamente sobre outras pessoas? Quando reclama das pessoas que trabalham com você, costuma xingá-las ou dar a elas apelidos grosseiros? Às vezes costuma intimidar seu(sua) parceiro(a) para que faça algo, ou deixa que ele(a) aja da mesma forma com você?

Caso você surpreenda a si mesmo tomando tais atitudes, talvez a melhor coisa a fazer – e isso é poderoso – seja admitir seu erro e assumir para seu filho que fez uma bobagem.

Você poderá dizer: "Sabe, eu não deveria ter falado aquilo. Estava fazendo uma fofoca naquele momento e isso não é algo que eu aprove. Às vezes preciso lembrar de dizer aos outros que não me sinto bem falando pelas costas de alguém. Eu não gostaria que fizessem fofocas a meu respeito. E você?".

Todas as crianças farão bobagens de tempos em tempos, da mesma forma que os adultos. Admitindo que também é falível, poderá ensinar a seu filho uma valiosa lição: que o mais importante não é ser "perfeito" o tempo todo, mas admitir os erros e aprender com eles. Isso também estimula seus filhos a serem honestos com você quando cometerem suas falhas. Se não admitir seus erros, será menos provável que seus filhos assumam a responsabilidade pelo próprio comportamento.

Como Fragilizar seu Filho

Se você quiser fazer seu filho sentir-se frágil e diminuído, utilize as seguintes frases:

- Não chore, ou vou dar motivo para você chorar.
- Faça o que estou mandando, ou rua.
- Faça isso mais uma vez e vou humilhar você na frente dos seus amigos.
- Não me interessa o que você quer, o pai/a mãe aqui sou eu.
- Se fizer isso de novo, mato você.
- Trouxe você ao mundo e posso te tirar dele.
- Faça o que eu digo, ou você vai ver o que acontece.
- Se continuar fazendo isso, vou mandar você embora.

- Se você não me ouvir, vai ficar de castigo para sempre.
- Espere até que seu pai/mãe chegue em casa.
- Você não merece fazer parte desta família.

Os pais fazem inúmeras "ameaças" sem que ao menos pensem sobre o que estão fazendo, pois obviamente não estão falando sério ao realizarem tais afirmações. Quando a maioria dos pais fala "Vou matar você!", é claro que não estão realmente querendo dizer que vão assassinar o filho. As crianças, porém, observam a raiva e ouvem a ameaça; aprendem que ameaçar as pessoas significa ter poder, e que é melhor fazerem o que você quer.

O que definirá se as crianças serão bullies ou vítimas dependerá, em grande parte, com qual dos pais se identificarem. Ou decidirão que desejam o poder que observam em um deles, e então praticarão o bullying em seus colegas, ou desenvolverão empatia com o outro e imitarão seus maneirismos "frágeis", tornando-se possíveis vítimas.

Insultos

Em minha prática profissional, fico impressionado com a quantidade de insultos que pais amorosos lançam a seus filhos quando perdem o controle. Já ouvi pais dizerem aos filhos "estúpido", "idiota", "anta", "fedelho", e fazerem muitas outras críticas. Será que os pais realmente querem dizer isso? Não, estão com raiva de algo e essa é a maneira pela qual expressam a seus filhos o que estão sentindo. De qualquer forma, é uma péssima maneira de agir, pois já existe uma desigualdade de poder inerente à natureza da relação entre pais e filhos. Insultos fazem com que a criança o veja como um agressor. Tente prestar atenção às palavras que utiliza quando estiver com raiva.

Existe uma forma de ter plena certeza de que seu filho nunca mais revelará seus sentimentos a você: use as ocorrências de bullying contra ele. Ou seja, quando a criança estiver irritando você, diga algo como "Não é por acaso que você está sendo vítima de bullying! Veja como está sendo irritante!", ou "Se você é tão chorão na escola, dá para entender por que estão te atormentando".

Existe uma maneira amorosa de discutir o comportamento da criança que possa estar estimulando o bullying, e existe uma forma de culpá-la, apontando-lhe o dedo, o que apenas fará com que ela perca ainda mais o controle. Se desejar que seu filho confie em você, não poderá utilizar contra ele posteriormente as confissões que lhe fizer.

Fofocas, intrigas, mexericos

Em minhas conversas com os pais, uma das perguntas que faço sempre os deixa admirados – e também os alerta: "Você faz muita fofoca?".

A maioria das pessoas acha que não faz fofoca, mas se realmente começar a observar seu comportamento, pode ter uma surpresa. Você conversa com sua irmã ao telefone e conta a ela sobre o divórcio da tia Cristina? Conversa com seu vizinho sobre outros vizinhos? Conta à sua mãe as coisas estúpidas que os parentes de seu marido fazem ou ao seu marido sobre seu colega de trabalho que gostaria que fosse despedido?

Todos agimos assim, até certo ponto. Faz parte de uma conversa normal. O que estamos ensinando realmente aos nossos filhos quando fazemos isso é que dizer coisas desagradáveis pelas costas dos outros é perfeitamente aceitável. Crianças pequenas não conseguem discernir e entender que você não deveria dizer determinadas coisas na frente das pessoas, e isso explica os momentos sempre desconcertantes que ocorrem quando uma criança deixa escapar algo impróprio, que você tenha dito anteriormente, para alguém que convidou para o jantar.

No bairro onde moro, uma criança disse à outra: "Meu pai falou que o seu é um néscio". Todos passamos aproximadamente os dez minutos seguintes tentando descobrir o significado de "néscio", até que o segundo garoto contou ao pai do que tinha sido chamado e pediu uma explicação sobre a palavra.

As "provocações" ofensivas das crianças podem realmente ser uma imitação do tipo de fofoca que o observam fazer. Se você entretém seu marido contando a ele como aquele funcionário do caixa foi estúpido hoje, não fique chocada quando seu filho começar a chamar outras crianças de "estúpidas" e a acreditar que as crianças que não sejam tão espertas quanto as demais mereçam ser humilhadas. As crianças pequenas que conhecem palavrões e os utilizam para referir-se à outras pessoas não os aprenderam nos livros infantis. Então, fique alerta: provavelmente estão aprendendo tais palavras em casa.

Quando visitei uma amiga há alguns meses, ela interrompeu nossa conversa para atender uma ligação. Parecia que estava falando com um parente muito querido: "Como vai? Que bom que você ligou!". Era a doçura em pessoa. No exato momento em que desligou o telefone, na minha frente e também na da sua filha e das demais pessoas que estavam na sala, comentou: "Não suporto essa cadela". Que lição acabou de transmitir à sua filha? A de que é correto ser hipócrita.

Quando as crianças chegam aos anos da pré-adolescência e da adolescência, encaram a fofoca sob um novo ângulo. É muito difícil ensiná-las (especialmente às garotas) a não fazer fofocas quando observam seus pais agindo dessa forma em relação a parentes, amigos e vizinhos. Normalmente os pais não julgam ser fofoca o que fazem, mas a partir do momento que começam a falar algo sobre uma pessoa e não gostariam que ela ouvisse essa conversa, trata-se provavelmente de fofoca. Isso inclui aquele tipo de comentário: "E aí, quanto tempo você acha que vai durar?", feito no casamento de alguém, e ainda "Como será que o fulano conseguiu aquela promoção?", realizado no ambiente de trabalho, e assim por diante.

Perceba com que frequência participa de conversas como essas e quantas vezes seus filhos estão próximos o suficiente para ouvi-las. Em nossa vida, sofremos um constante desafio ao falarmos dos outros e, mesmo sem intenção de magoá-los, acabamos revelando informações que provavelmente foram ditas sem que tivessem conhecimento.

As garotas, em particular, são desde cedo condicionadas a não falarem diretamente. São ensinadas a serem boazinhas e doces, a reprimirem sentimentos geradores de conflito e a mascararem sua agressividade; dessa forma, já aos três anos muitas vezes evidenciam sinais de bullying relacional. É socialmente mais "feminino" para elas ignorar, falar baixinho e revirar os olhos do que abordar alguém de verdade e discutir sobre um problema. Tenha em mente essa tendência e certifique-se de estar ensinando a suas filhas o que seria uma comunicação saudável. A questão é: você está utilizando uma forma de comunicação saudável em seus próprios relacionamentos?

A comunicação saudável está relacionada a ensinar aos filhos como estabelecer conversações diretas entre si. Tente exemplificar esse comportamento em sua própria vida com aqueles adultos que necessitam que você seja claro ou direto. Seja um instrumento de aprendizado para seus filhos. Estimulá-los a falar diretamente entre si, quando se sentirem magoados, ensinará a eles uma habilidade muito valiosa.

PROMOVA A FOFOCA POSITIVA

Estimule seus filhos a começarem a fazer a "fofoca positiva". Em vez de comentários negativos sobre as pessoas sem que elas saibam, poderão achar divertido espalhar boatos positivos, tais como: "Você sabe que ela é uma amiga maravilhosa?", ou "Todos podem contar com ela, pois sempre cumpre o que promete", ou "Você pode confiar a ele seus problemas, pois jamais o envergonharia diante de outras pessoas".

Quando um amigo ou conhecido começa a falar de alguém, pode ser difícil para uma criança dizer: "Não quero participar de sua fofoca negativa". Talvez o silêncio possa ser uma resposta mais fácil e é também bastante eficaz; se você não aderir à fofoca, as pessoas em geral entendem que não a aprova. Então, a criança pode tornar bem clara sua mensagem encontrando desculpas para promover a fofoca positiva. Poderá ser qualquer desculpa, desde "Eu adorei a roupa dela" até "Aposto que um dia ele vai ser um músico famoso". O objetivo é apenas que, se você for falar de alguém pelas costas, faça com que seja algo agradável.

Por exemplo, se descobrir que uma amiga fez alguma fofoca sobre você, considere a possibilidade de ligar para ela e dizer que ficou sabendo que falou de você pelas costas. Diga-lhe o que ouviu, e que isso a fez ficar magoada. Só então poderá começar a servir de exemplo, para sua filha, dos tipos adequados de comunicação aberta e direta.

Se perceber que ela está fazendo comentários maldosos ou prejudiciais sobre outra garota, repreenda-a. Diga-lhe que fez comentários muito desagradáveis, e que, se tais coisas fossem ditas sobre você, teriam ferido seus sentimentos. Se prestar atenção à maldade ou à mediocridade que pode ser percebida em você e nas palavras de seus filhos, poderá começar a transformar o comportamento bullying, tão prejudicial aos relacionamentos.

Aproveite esse tempo para compartilhar com seus filhos suas próprias histórias sobre fofocas e boatos, e quanto elas talvez tenham magoado você ou causado sofrimento a alguém. As histórias pessoais dos pais são muito mais significativas porque os tornam seres reais, e isso permite que se vinculem mais intensamente às crianças quando surgirem tais situações. Além do mais, acredite em mim: é o fato de a fofoca ser tão comum entre os adultos que a torna algo extremamente corriqueiro entre as crianças.

Lições na Starbucks

Lá estava eu na cafeteria mais próxima, em meio a uma longa conversa com um colega referente a uma apresentação sobre bullying. Uma mulher na mesa ao lado escutou nossa conversa e a interrompeu, dizendo: " Posso fazer uma pergunta?". "É claro", respondi. Ela me contou que estava tendo problemas com sua filha, que havia ganhado fama de fofoqueira, e suas amigas não queriam mais falar com ela. Conversamos sobre fofocas por quase meia hora, e fiz sugestões sobre o que sua filha poderia fazer tanto para conseguir novas amizades como para tentar recuperar algumas antigas. Comentamos sobre o fato de as garotas não serem diretas entre si, e de como elas consideram mais fácil evitar os sentimentos de rivalidade, inveja, raiva e deslealdade.

Assim que viu suas amigas chegando, ela, então, me agradeceu. Caminhou até o grupo de mulheres... e imediatamente começou a fofocar sobre uma vizinha: "Você acredita que ela fez isso hoje? Não posso acreditar que alguém goste dela...".

Fiquei chocado. Foi tão cômico que quase não acreditei no que estava testemunhando. Havia uma cisão total – a mulher tinha escutado com atenção tudo o que eu havia dito, mas somente em um nível estritamente intelectual. Não tinha feito nenhuma conexão emocional com o que disse a ela; não estabeleceu absolutamente nenhuma relação com sua própria vida.

Sendo assim, fiquei numa situação desagradável. Não sabia se deveria esquecer o assunto ou dizer algo a ela. O que você teria feito?

Considerei a questão e percebi que se tratava de uma situação de perfeita exemplificação do papel do observador, e teria que colocar em prática aquilo que recomendava. Como espectador, poderia ter permitido que ela continuasse com a fofoca ou poderia ter tentado fazer algo a respeito. Sabendo que ela tinha me procurado para pedir conselhos sobre sua filha, teria cometido um erro se esquecesse o assunto sem sinalizar a ela como seu próprio comportamento podia influenciar sua filha; dessa forma, foi o que fiz.

Poderia tê-la deixado constrangida diante das outras mulheres, mas essa não teria sido uma conduta correta. Em vez disso, bati gentilmente em seu ombro e perguntei se poderíamos conversar por um momento. Quando tínhamos nos afastado do grupo, disse-lhe o que havia acabado de observar: "Preciso dizer algo a você. Acabamos de conversar por um longo tempo sobre o fato de sua filha fazer fofocas. Não sei se tem consciência disso, mas assim que suas amigas chegaram, você começou imediatamente a fazer fofoca sobre uma vizinha".

A mulher ficou extremamente ruborizada. Apenas murmurou: "Está bem, obrigada", e afastou-se. No que me diz respeito, pode ser que tenha começado a fazer fofocas sobre mim logo que saí. Sabia, porém, pelo constrangimento que demonstrou em sua reação, que tinha ao menos feito a associação para ela, pois havia reconhecido a verdade em minhas palavras. Sua decisão sobre o que fazer com a informação a partir desse momento não estava sob meu controle, mas isso certamente fez com que entendesse onde sua filha havia aprendido que tal comportamento era aceitável.

DISCIPLINAR SEM FAZER USO DO BULLYING
Como consequência da desigualdade de poder inerente à relação entre pais e filhos, pode parecer que qualquer forma de disciplina precise necessariamente possuir a dinâmica do bullying. Como dizer a uma criança o que fazer, e o que não fazer, sem ser um bully?

Disciplinar é estruturar. As crianças precisam conhecer os limites em relação a quais comportamentos são aceitáveis ou não. Converse com seus filhos, quando estiverem na idade de iniciar o ensino fundamental, sobre quais são os comportamentos aceitáveis em sua casa e fora dela, e faça o mesmo para os comportamentos inaceitáveis. Não suponha que a criança naturalmente entenda, por exemplo, que pode pular em seu sofá, mas não no das outras pessoas. Converse novamente com eles quando as regras precisarem ser revisadas, conforme forem crescendo.

É importante que haja consistência. Mostre a seus filhos que encara com seriedade as regras da casa e não somente as imporá ao acaso, quando estiver mal-humorado. Seja claro e explique detalhadamente o que pensa de comportamentos como falar palavrões (tudo bem dizer "que se dane"?), brigar, namorar, do horário que eles devem voltar para casa, de como tratar os professores e assim por diante.

Na escola, as crianças devem viver de acordo com uma série de regras. Sabem o que se espera delas e quais serão as consequências se chegarem atrasadas à escola, perderem aulas, responderem a um professor, não fizerem a lição de casa, entre outros. Sabem que perderão dez pontos na nota se o trabalho final for entregue com um dia de atraso. Estão cientes de que ficarão retidas até mais tarde se não cumprirem o horário. As regras importantes para sua família, em sua casa, poderão ser tão diretas quanto as da escola. As crianças precisam dessa estrutura para ajudá-las a aprender sobre os limites e sobre o que é certo ou errado. Ensiná-las a obedecer regras as ajuda a sentir que são parte de uma comunidade, que funciona em conjunto. Se for permitido que criem suas próprias regras, ou se elas perceberem que você não é consistente em relação a elas, como aprenderão a viver em sociedade, a respeitar os outros e a acreditar que exista algum propósito para as leis que orientam a vida de todos nós?

Para as crianças pequenas, você terá que especificar as consequências do mau comportamento. É mais aconselhável que dê a elas uma ideia antecipada do que acontecerá caso desobedeçam às regras. Quando, porém, as crianças crescem um pouco e chegam à pré-adolescência, podem elaborar as consequências juntamente com você. Uma conversa poderia começar mais ou menos assim: "Você sabe que a regra de não falar palavrões é algo que levamos a sério, é importante para nossa família. Assim, se você falar um palavrão para a sua irmã, qual seria, em sua opinião, uma consequência justa?".

Então, você poderá negociar com seus filhos. Vocês poderão percorrer juntos toda a lista de comportamentos potencialmente inaceitáveis e programar as consequências que seriam mais adequadas. Dessa forma, quando a punição acontecer, não será realizada com raiva. Eles entenderão que ultrapassaram um limite e que escolheram desobedecer a uma regra. Estarão envolvidos no processo, apropriando-se dele, o que os ajudará a compreender sobre a capacidade de regularem o próprio comportamento. Sei que isso pode parecer diferente das regras que nossos pais nos ensinaram, as quais nunca podíamos questionar. No entanto, as crianças, em especial os adolescentes, terão mais domínio sobre o próprio comportamento se sentirem que não estão sendo submetidos a sermões; para que se sintam respeitados, desejam que você demonstre que os respeita.

Assim, existe o lado positivo da disciplina: quando as crianças crescem, seu maior desejo é ganhar mais liberdade. Dessa forma, dependendo do quanto conseguirem obedecer às regras, certifique-se de estar dando a elas a oportunidade de obterem essa liberdade. Controlá-las de forma muito rígida desconsidera aquilo que necessitam. Conforme vão ficando mais velhas, podem assumir mais responsabilidade por seus comportamentos e precisarão de pais flexíveis, que façam algumas alterações no esquema para acomodar suas novas responsabilidades e necessidades. Veja por exemplo a regra que estabelece que seu filho deverá sempre vir direto da escola para casa e fazer a lição de casa antes de poder "brincar". Será que um estudante do nono ano precisa realmente dessa estrutura autoritária, ou poderá ser confiada a ele a possibilidade de criar seu próprio planejamento para as lições de casa? Deixe que seu filho conquiste esse direito mostrando a você que (quase) sempre termina sua lição de casa na hora certa. Caso não consiga, então será preciso dar a ele mais estrutura e organização, até que prove ser capaz de executar suas tarefas. Faça com que as crianças assumam a responsabilidade!

Quanto mais você conseguir dissociar a emoção da disciplina, mais competente será. As consequências não devem ser decididas na hora da raiva. Tanto quanto possível, deverão ser esclarecidas antecipadamente.

> ## E QUANTO ÀS CRISES DE BIRRA?
>
> Poderá ser extremamente difícil manter a calma no momento em que seu filho estiver apresentando uma crise de birra. Como informar a ele que tal comportamento é inaceitável sem gritar, quando não consegue encontrar ao menos uma chance de falar com ele?
>
> Deixe que a criança expresse sua birra até que se acalme e, se desejar, saia da sala: "Até que pare de se comportar dessa maneira não vou ficar aqui para assistir. Estou saindo".
>
> Vá ao banheiro, tranque a porta e dê um tempo. Seu filho não poderá ouvir efetivamente em meio a uma crise, e você não poderá discipliná-lo de fato se tiver que gritar com ele. Não entre em uma competição para ver quem grita mais. Apenas espere que ele se aquiete.

Caso seja muito tarde para qualquer esclarecimento, apenas lembre-se de manter o controle, respire e faça uma pausa antes que decida sobre a punição. Poderá dar um tempo de algumas horas, se necessário, para que possa relaxar e ser racional. Quando estiver dominado pelas emoções, haverá uma grande chance de que perca as estribeiras e assuste seu filho com sua voz ou suas palavras. Se sua intenção for fazê-lo sentir-se inútil, então estará abusando do poder.

A situação de permitir que suas emoções assumam o controle, dando um castigo maior que o erro cometido por seu filho, acaba desviando-se para a esfera do bullying. Isso estabelece uma situação inadequada, na qual a criança tem medo de você e deixa de estabelecer uma comunicação. Seu objetivo não é que seu filho deixe de confiar em você e coloque uma barreira que os separe, mas não haverá uma abertura até que você esteja emocionalmente preparado para mostrar a ele que recuperou o autocontrole.

Se apenas um dos cônjuges tiver tendência a manifestar explosões de raiva, considere a possibilidade de criarem um sinal entre vocês, uma palavra secreta ou um gesto que signifique "Você está indo longe demais. Acalme-se".

As crianças não se abrem com pais que lhes provocam medo. Se desejar ser informado quando uma criança estiver em perigo, ou sendo atormentada por bullies, ou tiver testemunhado um incidente terrível de bullying, você não poderá deixar que perceba *seu* comportamento como exatamente igual ao dos bullies.

SEUS FILHOS NÃO SÃO PERFEITOS, E É BOM QUE ELES SAIBAM DISSO

O instinto natural dos pais é negar, negar, negar tudo o que os agressores dizem e ensinar a seus filhos que são lindos, brilhantes, talentosos, ou seja, os pequenos perfeitos. Quando as crianças são muito novas, costumam comprar a ideia e concordam que sejam perfeitos. No entanto, logo as outras crianças as arrancam de seu pedestal e começam a apontar todas as suas imperfeições. Às vezes estão apenas sendo antipáticos e inventando coisas porque seu filho está reagindo emocionalmente da forma que desejam, mas às vezes existe um fundo de verdade no que dizem.

Talvez seu filho esteja sendo provocado por ser um nerd, ou por ser narigudo. E sabe de uma coisa? Talvez seu filho seja um pouco nerd e tenha mesmo um nariz avantajado. Em vez de fingir que isso não é verdade, e agir como se estivesse horrorizado por essas crianças cruéis estarem espalhando mentiras tão terríveis, use essa oportunidade para dizer: "E daí?". Conte a ele sobre pessoas famosas que já foram consideradas nerds ou geeks quando jovens, como as atrizes Jennifer Garner e Sarah Michelle Gellar. Saliente as características mais atraentes de seu filho.

Uma criança ensinada a acreditar que seja perfeita terá mais dificuldade quando tiver que aceitar os fatos reais do que outra que possua uma autoimagem mais realista. Certifique-se de que seus filhos compreendam que todos temos pequenas características que desejaríamos que fossem diferentes, ou das quais não gostamos muito, mas que, na maioria das vezes, percebemos não serem importantes. Às vezes aprendemos até mesmo a gostar daquilo que nos fez diferentes, ou estranhos, quando jovens. Isso é resiliência.

Negar uma característica que seu filho *realmente* possui faz com que esta característica pareça ser, de fato, má. Se disser: "Oh, Meu Deus! Você não é um nerd! Essas crianças são loucas!", seus filhos saberão que pensa que os nerds são maus e que é ofensivo ser chamado dessa maneira. Será, porém, tão ruim ter algum "orgulho nerd"? Talvez seja melhor ensinar seu filho a dar um pouco menos de importância e a achar graça em si mesmo, o que acaba por tirar o veneno dessas palavras quando ditas por outras pessoas.

Você costuma fazer provocações em sua casa?

Antes que se sinta culpado, espere um pouco: isso é uma coisa boa! As provocações em tom de brincadeira são saudáveis e positivas. Ensinam seus filhos a não levarem a si mesmos tão a sério e a não ficarem extremamente ofendidos por cada pequeno comentário. Lembro-me de ter deixado que meus filhos fizessem brincadeiras sobre as minhas imperfeições, de uma forma bem descontraída, durante nosso jantar. Isso promove, de fato, a descontração e a oportunidade para que possamos rir uns com os outros, o que é muito diferente de rir uns dos outros. Sentir segurança ao reconhecermos nossas imperfeições permite que possamos desenvolver uma autoimagem mais realista.

Talvez possa avaliar como seu filho reage às provocações dos colegas observando como ele reage quando você o provoca. Se ele resmungar, gritar ou chorar, você saberá que precisará trabalhar sua sensibilidade excessiva. Converse com ele sobre a diferença entre a provocação nociva e as brincadeiras. Explique-lhe que as provocações em tom de brincadeira podem ser um sinal de afeto, e que quando as pessoas realmente gostam umas das outras, podem fazer piadas entre si sem terem a intenção de ofender. Use, então, um exemplo e ria de si mesmo. Mostre a seu filho que não se importa por não ser perfeito.

Entretanto, preste atenção também à forma como outros membros da família reagem. Será que a mamãe faz beicinho cada vez que o papai faz piada sobre ser uma má cozinheira? Será que a irmã mais velha fica chateada quando a mamãe faz um comentário irônico sobre quanto tempo ela passa arrumando o cabelo? Se estiver tentando ensinar uma criança a não reagir de forma tão intensa às provocações, tenha certeza de que os demais membros da família estejam exemplificando o comportamento adequado. Uma atmosfera positiva é criada quando os membros de uma família podem fazer brincadeiras entre si sem que existam verdadeiras mágoas ou ressentimentos.

Subestimar e Exagerar

Digamos que seu filho tenha reclamado a você sobre estar sendo importunado por outras crianças. Após ouvi-lo por algum tempo, você conclui que não existe nenhum perigo real e que os incidentes não parecem demasiadamente terríveis. Ele, porém, os repete incessantemente, desabafando sobre todas as injustiças, insultos e comportamentos que não o agradaram naquele dia.

Uma das coisas que nossos filhos buscam em nós é uma indicação sobre como reagir. Em parte, aprendem sobre o quanto devem levar os fatos a sério baseados no quanto *nós* os levamos. Dessa forma, se os incidentes de bullying não forem muito graves, será importante não deixar que seu filho concentre sua atenção neles mais do que já esteja fazendo.

Tenho uma amiga que conta a história de um garoto, que hoje cursa o ensino médio, cuja mãe costumava demonstrar uma "superempatia" cada vez que reclamava de algo, e ele acabou adquirindo o hábito de encontrar uma desculpa para tudo. Não poderá participar da aula de ginástica de hoje porque se cortou com uma folha de papel. Não poderá ir à escola porque bateu o dedo do pé. Deveria ser dispensado da prova porque esqueceu a combinação da fechadura do armário e não conseguiu levar os livros para casa. Não poderá estudar piano porque comeu muitos salgadinhos.

O problema é que sua mãe deu uma importância tão exagerada a todas as suas dores e dificuldades que ele acabou acreditando que todas eram legítimas e dignas de preocupação. Não é à toa que esteja sendo muito provocado na escola e que tenha poucos amigos. Sua mãe também está extremamente preocupada por causa disso.

Ela, porém, o ensinou a ser indefeso e a assumir o papel de vítima, e também a dar importância a cada pequeno problema; em sua vida, ele não deveria sofrer nenhuma espécie de incômodo. É evidente que suas intenções eram boas: ela gostaria que seu filho fosse perfeitamente feliz e nunca pressionado, de nenhuma forma. No entanto, ele iniciará a faculdade dentro de alguns meses e ainda tem a sensação de que o mundo deveria parar todas as vezes que as coisas não acontecem exatamente como gostaria.

Ele representa a típica vítima dos bullies, mesmo em uma idade na qual o bullying é menos frequente. Além do mais, transforma cada gesto, que interpreta como ofensivo, em um grande problema. Isso não é surpreendente, já que observava sua mãe ficar fora de si sempre que contava histórias de conversas normais entre crianças. Ela teria feito um bem muito maior a ele se o tivesse ajudado a avaliar a correta dimensão dos fatos. Nem todos os incidentes de provocação são emocionalmente devastadores, a menos que você decida que sejam. Porém, quando as crianças detectam alguém que se comporta como um "bebê" a cada pequeno comentário, aquelas propensas ao bullying irão criticar essa pessoa de forma destrutiva, sendo que, em outras circunstâncias, poderiam não tê-la notado.

Por que Algumas Crianças Obesas são Populares

Muitas pessoas acreditam que seus filhos sejam vítimas de bullying em razão de características específicas, normalmente físicas, como estar acima do peso, usar óculos, aparelho nos dentes, ser magro demais etc. Embora seja verdade que qualquer delas possa tornar uma criança mais vulnerável às provocações, quase sempre a história não é bem essa. Caso contrário, como poderíamos explicar a existência de crianças que são populares, mas não se parecem com pequenos modelos da Calvin Klein?

Existem algumas crianças que simplesmente transcendem as características que poderiam levá-las a ser alvo de provocações. Uma colega recorda-se que, quando cursava o ensino médio, havia um garoto nitidamente homossexual; dançava balé, cantava no coral da escola, e sua fala e gestos afetados eram bastante afeminados. É quase certo que, em algum momento, os outros rapazes o tenham chamado de "bicha" ou o insultado por sua (aparente) homossexualidade. No entanto, ninguém diria isso, pois quando chegou ao ensino médio estava muito seguro de quem era e muito confiante de que quase todos gostavam dele, inclusive os garotos considerados "legais".

Os rapazes atléticos não saíram com ele, mas também não se davam ao trabalho de tentar ridicularizá-lo: que graça teria? Ele era um rapaz feliz, com senso de humor e muitos amigos. Não era do tipo que aparentasse estar na iminência de ter um colapso e, dessa forma, não tinha serventia para os bullies. Eles não estão interessados em importunar pessoas que pareçam bem ajustadas. Querem as que estejam com os nervos à flor da pele.

Esse rapaz "assumiu" sua homossexualidade após o ensino médio, o que não causou surpresa a ninguém. Pouco tempo depois, fazia piadas sobre isso: "Comprei uma calça de couro. Eu sei, tão gay!". E foi essa sua defesa ao bullying, o fato de que simplesmente não teria se incomodado caso os garotos tivessem tentado tirar vantagem de sua "vulnerabilidade". Ele sabia que sua sexualidade fugia à norma, que era afeminado, e não ligava para isso. Seus pais o ajudaram a aceitar-se como era, e ele interiorizou a crença de que realmente poderia ser aceito.

Da mesma forma, existem as crianças obesas, ou em cadeiras de rodas, ou que tenham deficiências de fala, que conseguem atravessar os anos da juventude com uma aparente naturalidade em suas relações sociais, pois simplesmente não permitem que tais motivos de provocação transformem-se em grandes problemas. A criança resiliente, em vez de fazer cara feia ou ficar furiosa quando alguém a chama de gorda, dirá com um sorriso largo: "Sou gorda, sim. E daí?".

A DISPUTA PELO PODER: MANTENHA OS PINOS EM PÉ

Se seu filho estiver sendo vítima de bullying, vou lhe revelar o conceito mais importante que você poderá ensiná-lo. O bullying é uma disputa com uma trajetória previsível. A disputa é: a pessoa que aparentar mais tranquilidade, no final, vencerá. O que essa pessoa ganhará? O poder.

O bully começa com uma vantagem, pois inicia a disputa e, propositadamente, tenta pegar a vítima desprevenida.

Dessa forma, aqui estão eles, o agressor e a vítima, em um grande torneio de boliche. (Torneio de boliche? Sim, foi o que eu disse. Acompanhe-me por um minuto!)

Esse, porém, não é um jogo normal. Não se trata de um jogador de boliche competindo com o outro. O jogador está disputando com os pinos. O bully é o jogador e as reações da vítima são os pinos.

O bully prepara-se e arremessa a bola ao longo da pista. Ele quer derrubar todos os pinos. Como saberá se conseguiu derrubar todos eles? Porque sua vítima reagirá de maneira intensa. Seu sistema de pontos será mais ou menos assim: Se a vítima...

Franzir as sobrancelhas: 1 pino
Revirar os olhos: 2 pinos
Cruzar os braços: 3 pinos
Não conseguir fingir que não está ouvindo: 3 pinos
Fizer careta: 4 pinos
Ficar perturbada: 4 pinos
Resmungar ou suspirar: 5 pinos
Tentar dar uma resposta espirituosa imediata, mas falhar: 6 pinos
Gritar: 6 pinos
Fugir: 7 pinos
Contar aos outros o que está acontecendo: 8 pinos
Cobrir os ouvidos com as mãos: 9 pinos
Tropeçar, derrubar comida, ou outra ação desajeitada: 9 pinos

Chorar, ficar com raiva, perder o controle emocional: Todos os pinos! *Strike!*

É claro que a vítima talvez venha a apresentar mais do que um desses comportamentos de uma só vez, por exemplo, resmungar e cruzar os braços; dessa forma, os pontos para cada comportamento deverão ser somados. Qualquer número igual ou superior a dez corresponde a um *strike*. Números abaixo de dez, mas maiores que zero, estarão incentivando o agressor a tentar derrubar os pinos restantes na segunda rodada.

Nesse momento, porém, vocês podem estar curiosos: será que alguma vez os pinos poderão vencer o torneio de boliche?

Bem, nesse tipo específico de disputa, o vencedor será aquele que aparentar maior tranquilidade no final, certo? Se o jogador conseguir uma pontuação impressionante no final – muitos *strikes*, alguns *spares*[*] – então parecerá mais calmo. As pessoas desejarão saudá-lo. Ele ridicularizou aqueles pinos.

Entretanto, caso sua pontuação seja constrangedoramente baixa, parecerá tenso por não ter conseguido derrubar mais pinos. Eles permanecerão em pé, e o jogador terá que sair envergonhado. Os pinos aparentarão mais tranquilidade. A vítima será vencedora.

Para atingir esse objetivo, os pinos precisarão permanecer firmes, altivos e resistentes aos golpes. Os pinos ficam um pouco mais fortes quando a criança demonstra as seguintes reações:

- Sorri frente às adversidades.
- Dá pouca importância às críticas.
- Faz um novo amigo.

---

[*] *Spare*: quando o jogador derruba, no boliche, todos os pinos em duas tentativas. (N.T.)

- Defende-se sem lamentar, gritar, chorar, ou tentar responder ao bully com insultos.
- Diz ao bully que poderá dizer o que quiser, pois não tem importância.
- Não expressa reações emocionais ou comportamentais ao bullying.

É evidente que "não expressa emoções" não significa que "não sente emoções". O comportamento satisfatório acontecerá quando a criança conseguir manter a cabeça erguida, um sorriso no rosto, mesmo quando estiver sendo provocada, encarando o bully. A criança poderá ter que aprender a exercitar bastante o autocontrole para não demonstrar sua raiva, medo ou tristeza. No entanto, a boa notícia é que não terá que fingir por muito tempo; logo que o agressor descubra não ser mais tão fácil atingir uma determinada vítima, acabará desistindo. Fará alguns testes, com certeza, especialmente se a vítima tiver sido um alvo fácil anteriormente. Os bullies não gostam de deixar as pistas de boliche nas quais conseguiram tantos *strikes*. Pode demorar um pouco para que se convençam de que os pinos estão agora pregados ao chão e simplesmente não irão cair, não importa o que aconteça.

Existe, porém, um velho ditado: de tanto fingir, você vai conseguir. Sim, parece uma tarefa árdua manter aqueles pinos em pé nas primeiras vezes em que a bola vier rolando violenta e rapidamente pela pista. No entanto, algo engraçado acontece na maioria dos casos: não somente o jogador de boliche desiste quando percebe que está perdendo o torneio como também os pinos deixam de temê-lo em demasia.

Crianças vítimas de bullies são supostamente aquelas que parecerão estúpidas ao final de um incidente de bullying. São aquelas que supostamente ficarão aflitas e perderão o controle.

O engraçado, porém, é que esse papel poderá ser revertido se a vítima puder aprender a mostrar que realmente não se importa com a opinião do bully.

Precisa ocorrer uma mudança na mente da vítima: "Quem por acaso é *você* para zombar de mim?". Se essa mudança for alcançada, a disputa poderá ser revertida e a vítima estará em vantagem. O jogador terá que fazer um esforço além de seus limites para tentar um *strike*, e simplesmente terminará frustrado, com as bolas voltando, sem marcar pontos.

Sendo assim, oriente seus filhos sobre essa disputa.

Ensine-os que não se trata de algo pessoal, mas de conseguir a vitória. Os agressores falarão o que puderem, para qualquer um, a fim de aumentar sua pontuação. Diga a seu filho que se não for ele, será outra pessoa, e que, dessa forma, não deverá jogar com eles; que seu poder será sua habilidade de frustrar esse jogo.

A HISTÓRIA DE SHERRYL CLARK

Quando minha filha tinha por volta de dez anos, o filho do nosso vizinho, um garoto de doze anos, começou a brigar com ela na escola. Começou com empurrões e, depois, passou a cuspir nela. Ela era pequena demais para revidar, e não queria que eu contasse aos professores. Dessa forma, passei a refletir demoradamente sobre o assunto. Propus a seguinte solução, dizendo a ela: "A próxima vez em que ele cuspir em você, dê um sorriso bem grande e diga, alegremente: Muito obrigada". Ela pensou que eu estivesse louco, mas decidiu fazer uma tentativa. Após agir dessa maneira por duas vezes, ele parou completamente de importuná-la!

Não podíamos acreditar que tivesse funcionado tão rápido, mas foi o que aconteceu. Não posso garantir que vá funcionar em todas as situações, mas fiquei feliz que tenha dado certo dessa vez.

Os agressores desejam acumular mais troféus de boliche, e estão apenas em busca de pinos instáveis. Ensine seus filhos a vencerem simplesmente mantendo-se altivos, e a não deixarem que seus pinos caiam, expressando suas reações. Você poderá pedir que literalmente mantenham a pontuação em mente – que contem os pinos que foram derrubados ao final de um incidente envolvendo o bullying, e que vejam o que precisam fazer para melhorar nessa disputa. Se nenhum pino for derrubado, o bully não marcará ponto algum.

Se a vítima conseguir ficar calma, ganhará mais poder.

Seu filho precisa parar de aceitar a derrota e dizer a si mesmo: "Posso vencer". Essa disputa talvez requeira algum treino e prática, mas é uma das que merecem ser vencidas!

LEGITIMAR SEUS SENTIMENTOS

Um dos desafios de ensinar seus filhos a serem mais resistentes é não menosprezar seus sentimentos durante o processo.

É claro que o bullying causa sofrimento, e seu filho não deveria ter que mentir e dizer o contrário... Porém, não é disso que estamos tratando exatamente aqui. Estamos falando sobre vencer uma competição. Fingir que o bullying não magoa é apenas uma habilidade a ser utilizada com o objetivo de tornar-se um melhor competidor para essa determinada disputa. Não há problema em revelar os verdadeiros sentimentos a pessoas "seguras", a amigos e familiares que o escutarão. Entretanto, posso dizer que, com a prática, seus filhos que hoje são vítimas poderão sentir-se como verdadeiros vencedores, e isso não demorará muito a acontecer.

No processo de escuta, você precisará transmitir a ele duas coisas: "Posso entender o que sente", e ainda "Agora, vamos descobrir o que deveríamos fazer em relação a isso". É fácil demais para uma criança ater-se à primeira parte, aquela do "Ai, isso me magoou; ele é tão mau". Tais sentimentos precisam ser desabafados, mas isso não resolverá o problema. Parte de seu trabalho será fazer com que a conversa progrida.

Uma forma de conseguir isso é pedir que seu filho tente colocar a situação em perspectiva, perguntando a ele: "Foi muito ruim? Fez com que se sentisse muito mal? Você ficou muito aflito quando isso aconteceu?".

Se as respostas não forem tão exageradas, tente redirecionar a conversa: "Certo, existe algo que possamos fazer a respeito hoje ou amanhã? O que você fará se isso acontecer de novo?".

Tente, então, mudar o assunto para algo positivo. Caso a situação seja extrema, uma conversa mais extensa será necessária. Porém, tente ainda fazer com que a conversa evolua para os planos de ação, em vez de ficar presa à dor, ao constrangimento e à raiva. Recomende a seu filho que se concentre na pontuação: quanto menor for o número de pinos que os bullies conseguirem derrubar, maior será a sua quantidade de pontos, e mais divertido ficará esse jogo.

ENSINAR A FAZER AMIGOS

Como pais, ficamos às vezes um tanto agoniados quando desejamos que nossos filhos façam novos amigos. Em minha infância, meu pai tentava ajudar, mas acabava fazendo com que me sentisse humilhado. No primeiro dia, quando saíamos de férias, ele tinha a missão de me *fazer* entrar em contato e conhecer outras crianças. Na piscina, ele caminhava até um garoto e dizia: "Este é meu filho, Joel. Como você se chama?". E o garoto dizia o nome dele... E então meu pai ia embora e me deixava lá.

Eu me sentia um incapaz! Queria morrer.

Eu não sabia quantos outros pais faziam coisas desse tipo. Uma amiga me contou que sua mãe sempre dizia: "Aquelas garotas parecem ter a sua idade. Vá conversar com elas". Se ela não fosse, sua mãe caminharia até elas e tentaria bancar a "casamenteira de amigas", fazendo com que se sentisse ridícula. Essa atitude transmitia a mensagem às outras garotas que essa menina era tão patética que sua mãe tinha que encontrar amigas para ela. E se elas não tivessem nada em comum? Que situação constrangedora a de ficarem lá paradas, tentando encontrar assunto e perceberem que eram completamente incompatíveis.

Uma vez, sua mãe fez isso até com algumas garotas que não falavam a língua dela! A mãe ouviu duas irmãs pequenas conversando em francês enquanto construíam um castelo de areia na praia, achou que eram engraçadinhas e avançou até elas arrastando sua filha, fazendo gestos para perguntar se brincariam com ela. As garotas aparentemente disseram sim, apesar de um pouco confusas, e sua filha passou a hora seguinte tentando descobrir uma maneira de sair daquela situação absurda, ao lado de duas irmãs que não estavam nem um pouco interessadas em ficar com uma estranha com quem não podiam nem se comunicar.

Humilhar nossos filhos fazendo com que conversem com outras pessoas geralmente traz consequências opostas às que desejamos. Em vez disso, interprete papéis com eles em casa. Com exceção das crianças muito pequenas, você não precisará ensinar a elas exatamente o "texto" que deverão usar para que se apresentem e conversem; porém, poderá orientá-las sobre que espécie de assunto poderão levantar e como descobrir se possuem afinidades, como de quais esportes gostam, a quais programas de TV assistem, quais cantores apreciam, o que jogam no computador, se têm irmãos ou irmãs, e assim por diante.

A linguagem social muda a cada geração, e por isso é arriscado para os pais tentarem orientá-los em demasia. Na maioria das vezes, o que você deseja transmitir a eles é que podem divertir-se muito com outras crianças, que tais crianças podem achá-los muito interessantes, e que podem encontrar amigos se forem um pouco receptivos.

Lembre-se de servir de exemplo também em relação à capacidade de fazer amigos. Se seus filhos observarem que você tem uma ótima relação com seus próprios amigos, será mais provável que assimilem habilidades positivas para desenvolver amizades. Se perceberem que você evita ligações telefônicas, resmunga cada vez que o fulano diz que vai fazer uma visita rápida, ou faz fofoca sobre seus amigos, não entenderão por que é tão bom ter amigos, ou como tratá-los de forma apropriada.

A VISITA DE UM BULLY

Você poderá vivenciar uma situação na qual o bullying ocorra em sua casa, entre os amigos ou conhecidos de seu filho. Muitas vezes, trata-se de uma situação de bullying onde dois estão contra um, em que três crianças estão brincando juntas e duas começam a investir contra a terceira.

Quando as crianças estiverem sob sua supervisão, precisarão cumprir as regras que são aceitas por sua família. É seu direito e sua obrigação dizer às crianças quando seu comportamento for inaceitável, mesmo que os pais delas não façam comentários sobre aquele mesmo comportamento. Você é o substituto dos pais durante aquele dia em que estão brincando juntas.

Tenho uma amiga que lida com tais situações de forma interessante; quando vê que uma criança está sendo má para outra em sua casa, diz à criança que está praticando o bullying: "Você vai tomar conta dessa criança agora. Se acontecer alguma outra coisa que a deixe chateada ou a faça chorar, a responsabilidade será sua. Faça o possível para que ela se sinta bem ou voltará para sua casa".

Agindo dessa forma, ela comunica ao bully que está de olho nele, e que a falta de empatia trará consequências negativas.

OS PAIS SÃO IMPORTANTES

Psicólogos canadenses iniciaram investigações com o objetivo de descobrir quais estilos parentais incentivariam as crianças a tornarem-se adultos empáticos. Concluíram que, de todos os fatores estudados, o mais importante para o estabelecimento de um prognóstico da empatia em crianças seria o envolvimento paterno nos cuidados com os filhos. Outros fatores considerados importantes para o estabelecimento desse prognóstico foram: "tolerância materna ao comportamento dependente, inibição materna da agressividade da criança e satisfação materna com o papel de mãe"[17].

O risco desse comportamento é o de que alguns bullies manipuladores possam chamar a vítima de lado e ameaçá-la: "Não chore mais ou vou descontar em você na escola amanhã!". Dessa forma, é recomendável que os pais abordem também essa possibilidade, dizendo ao bully: "Se essa criança ficar aflita, eu saberei; então, não diga a ela para não reagir se alguma coisa ruim acontecer".

Você não terá que dizer como vai ficar sabendo se isso acontecer. Você apenas saberá. Os pais são mágicos!

AUTOAVALIAÇÃO

Nem sempre é fácil reconhecer e admitir as atitudes que tomamos como pais, capazes de fornecer modelos para os comportamentos de bully e vítima. No momento em que estiver lendo essas palavras, talvez você acredite que seu exemplo de conduta parental é perfeito. Fique, porém, atento nas próximas semanas. Tenha mais cautela em relação ao que seu filho possa estar observando.

É claro que nem todo bully ou vítima assume esse comportamento em função dos modelos parentais inadequados. A questão aqui não é procurar um culpado, mas fazer com que a situação melhore, para que a criança possa ser ajudada a perceber onde deverá concentrar seus esforços. Como pais, vocês exercem uma influência muito significativa na maneira pela qual seu filho descobre como tratar as pessoas e como reagir quando os outros fazem coisas que não apreciam.

Esteja ciente de suas próprias interações com as pessoas, desde seu cônjuge até os parentes dele, garçons e garçonetes em restaurantes, credores, seu chefe e seus vizinhos. A maneira como fala com eles, e sobre eles, diante de seus filhos é relevante. Faça com que percebam que você não aprova o bullying ou a fofoca, e que não se envolve nem é vítima deles em sua própria vida. Pense sobre aquele questionário do início do capítulo, responda-o novamente, e reflita sobre seus papéis como adulto: você é uma vítima, um observador ou um participante dos mesmos comportamentos que deseja que seus filhos saibam administrar? Tudo bem se perceber que, de fato, está envolvido: use isso como uma oportunidade para tentar com mais empenho não fazer fofocas ou ser tão agressivo. Ou ainda tente falar abertamente da próxima vez que se sentir magoado. Quando conseguir agir dessa maneira, admitindo não ser perfeito, estará ensinando seus filhos, uma vez mais, a serem resilientes. Bom trabalho!

quatro

O BULLYING NA ESCOLA:
LER, ESCREVER E SER RESILIENTE

Todas as escolas, desde a pré-escola até a pós-graduação, possuem bullies, vítimas, e observadores. Se o funcionário de uma escola disser "Não temos esse problema aqui", não acredite. Algumas escolas lidam com o problema bem melhor do que outras, mas onde quer que existam crianças, o bullying estará presente.

Aproximadamente 20% das crianças (algumas pesquisas indicam números muito mais elevados) passam por experiências de bullying que interferem intensamente em sua experiência escolar.

O bullying pode afetar a capacidade de aprendizagem de seu filho de diversas formas, algumas delas relacionadas à depressão, à ansiedade e ao sofrimento emocional e mental que as vítimas dos bullies normalmente sofrem. A escola já impõe desafios suficientes à maioria de nossas crianças – imagine só tentarem dominar a álgebra ao mesmo tempo em que são menosprezadas e vitimadas pelo bullying!

GARY NÃO VAI VOLTAR PARA A ESCOLA

Numa noite de domingo, recebi uma ligação da Linda, mais ou menos às 21h30. Não trabalhávamos juntos com frequência – a organização de pais à qual ela pertencia tinha feito um convite para que eu ministrasse uma palestra há alguns meses –, mas a mistura de raiva, medo e ansiedade em sua voz seria evidente até para uma pessoa totalmente estranha. Ela queria conversar sobre seu filho Gary.

Uma hora atrás, ele havia chocado a família quando anunciou: "Não vou à escola amanhã e nunca mais! Todo mundo me odeia e me provoca. Caçoam de mim no ônibus, me expulsam do lugar onde estou sentado, pegam e jogam meu boné e meus livros".

Embora Linda tentasse ouvir seu filho, logo foi dominada por sentimentos de ultraje e indignação. Quem eram esses garotos que ousaram aterrorizar seu filho? Como se chamavam? Será que conhecia seus pais? Ficou com raiva dessas crianças, pois tinham feito seu filho sofrer.

No entanto, em vez de assegurá-lo de que seus agressores seriam punidos, o ultraje da Linda parecia apenas deixar Gary mais aflito. Chorando desconsoladamente, retirou-se para o seu quarto, recusando-se a falar com ela. Gary já estava profundamente envergonhado por estar sendo vítima de bullying e, muito provavelmente, ficou aflito pela explosão da Linda, por achar que estava brava com ele.

Sentindo-se sozinho e confuso, retraiu-se ainda mais; quando a mãe tentou acalmá-lo, colocou as cobertas cobrindo os ouvidos e recusou-se a conversar. Ela não conseguiu aproximar-se dele sozinha e, como seu marido estava fora da cidade, não pôde localizá-lo. Desesperada para aliviar o sofrimento de seu filho e seus próprios sentimentos de impotência, lembrou-se de ter assistido à minha palestra alguns meses atrás, achou meu número e ligou.

Gary havia sido provocado algumas vezes no passado, mas agora que estava no quinto ano um grupo de garotos havia começado a aterrorizá-lo, cada vez mais frequentemente e de forma mais maldosa. Muitas vezes, ia para a enfermaria com fortes dores de estômago. Cada vez mais faltava às aulas, pois era acometido várias vezes por uma indisposição inexplicável, e começou até a ficar em casa nos finais de semana em vez de sair para brincar com os amigos. Basicamente, ele estava protegendo a si mesmo da melhor maneira que podia, afastando-se de situações sociais que o deixavam ansioso e inseguro.

Quando Linda ligou para mim, a tensão sentida pelo filho havia atingido tamanha intensidade que ele estava prolongando sua rotina de ir para cama nas noites de domingo o máximo possível, com a esperança de retardar o término do final de semana (e o início da semana na escola). Isso inevitavelmente o levava a dormir tarde, e muitas vezes a estar cansado demais e sem disposição para chegar à escola na hora certa. Gary evidenciava, em todos os aspectos, os sinais clássicos do bullying severo: rebaixamento da autoestima, desamparo, depressão, e a ansiedade e o temor crônicos resultantes de viver sob a ameaça quase constante de um ataque arbitrário. Seu sofrimento passou a interferir em todos os aspectos de sua vida, incluindo seu desenvolvimento mental, social e emocional. Por exemplo, seu prazer em ir à escola e sua capacidade de aprendizagem estavam extremamente comprometidos, já que se preocupava mais com o próximo ataque do que com seus estudos.

Assim como muitas outras crianças vitimadas pelo bullying, recolheu-se em uma concha em resposta à sua prolongada sujeição pelo terror. Infelizmente, essa espécie de autoexílio apenas exacerba o problema. A única maneira pela qual Gary sentiu que poderia controlar o que acontecia foi esquivando-se das situações, até que se propôs a evitar a maior ameaça de todas: a escola. Linda, por outro lado, sentiu-se desamparada e culpada por sua incapacidade de proteger seu filho do sofrimento e das ameaças.

Assim como muitos pais que passam pela mesma situação, ela descobriu que sentir raiva a deixava mais segura do que sentir impotência ou perder o controle.

A primeira providência que tentei tomar foi proporcionar espaço para que Linda expressasse a raiva e a frustração e pudesse superá-las. Como pais, vocês talvez precisem fazer o mesmo com alguém, que não necessariamente terá que ser um profissional da área de psicologia. Qualquer amigo fiel que possa ouvi-los será bastante benéfico. Desabafem sua raiva e seus medos com outro adulto, em vez de permitir que estes sentimentos atinjam seus filhos.

Após levar Linda a um maior equilíbrio e reflexão, ofereci a ela alguns recursos simples e algumas estratégias para solução de problemas, com o propósito de ajudá-la a comunicar-se com o filho. Começamos com uma "pausa" emocional, meia hora de intervalo para que as emoções intensas (dos dois) fossem suficientemente dissipadas, a fim de que pudessem dialogar. Muitas vezes, nessas situações, o que a criança mais precisa é de alguém que transmita força e tranquilidade.

Linda foi, então, capaz de reaproximar-se do filho utilizando técnicas de escuta ativa, dessa vez adotando um tom mais calmo para fazê-lo perceber que estava pronta para ouvir o que tinha a dizer e, o que é mais importante, que não estava brava com ele.

Ela disse ao filho: "Sinto muito, fiquei nervosa. Eu te amo e parece que você está passando por um período muito difícil agora. Poderia me contar mais sobre o que está acontecendo entre você e essas crianças? Você não merece ser tratado dessa maneira e podemos pensar em uma solução juntos".

Crianças como Gary quase sempre estão apenas esperando por uma oportunidade como essa, e não demorou para que todos os seus sentimentos contidos por muitos meses acabassem sendo extravasados, numa torrente de raiva, frustração e medo.

Tão logo Gary admitiu a angústia que estava vivendo recentemente, a mãe percebeu que toda essa experiência estava sendo para ele até pior do que poderia ter sido, pois enquanto não falava sobre seus sentimentos e seus medos tentando abafá-los, seu silêncio havia permitido que se multiplicassem até subjugá-lo por completo. Ela o ajudou a perceber que sempre os mesmos garotos – e não um número desmedido de crianças – eram os responsáveis pelos incidentes. Não era verdade que "todos o odiavam", como tinha começado a pensar. Isso o ajudou a controlar suas emoções e permitiu que acreditasse que, assim que ambos descobrissem como deter esse pequeno grupo de garotos, ele não se sentiria mais odiado.

Sua mãe fez as perguntas recomendadas na "receita antibullying". "Será que me sinto forte o suficiente para confrontar o bully sozinho?": não, ele não se sentia. Estava exasperado e, nesse momento, não confiava mais em suas habilidades sociais. Tinha certeza absoluta de que as crianças zombariam dele ainda mais se tentasse pedir a elas que parassem com aquele comportamento. "É possível que, de alguma forma, eu venha a rir disso tudo?": não naquele momento. Tinha sido demais para ele, por um tempo também demasiadamente longo, e seu senso de humor estava seriamente comprometido.

"Será que posso contar com a ajuda de outras pessoas?": bem, havia uma possibilidade. Ele não tinha pensado nessa solução, e isso fez com que ficasse um pouco esperançoso – talvez outros garotos estivessem dispostos a defendê-lo e a ficar do seu lado se soubessem quanto isso o incomodava. Talvez existissem adultos que pudessem estar atentos a ele se soubessem que esse era o seu desejo. Não havia ocorrido a ele que talvez os adultos não tivessem interferido porque não soubessem o que estava acontecendo, e que seria bom contar a eles, em vez de tentar resolver o problema sozinho. Estava percebendo agora que sua mãe podia escutá-lo, e, assim, talvez outros adultos pudessem também ajudar. Isso não significaria ser um perdedor, como havia pensado.

A primeira providência seria abordar a insegurança de Gary na escola; dessa forma, marcamos uma reunião com seu professor e com o diretor, para que esse objetivo fosse atingido. Ele não estava disposto a voltar para um ambiente que considerava perigoso. Esse comportamento, que alguns pais até consideram covardia ou submissão, é, na verdade, uma resposta adaptativa saudável. Linda trabalhou com o professor e o diretor da escola de Gary no sentido de criar "zonas de segurança", e a identificar pessoas que pudessem oferecer essa segurança no ambiente escolar, uma medida temporária para ajudá-lo a sentir-se protegido enquanto começávamos a estabelecer a próxima etapa.

As "zonas de segurança" seriam pessoas e locais destinados a ajudá-lo, escolhidos pelo diretor e pelo professor (a sala dos professores, o gabinete do diretor, ou estar próximo de algum assistente com quem se sentisse seguro), aos quais ele poderia ir durante o recreio e na hora do almoço para obter proteção. Ele também sabia que o diretor iria procurá-lo todos os dias para verificar se estava tudo bem. Se algo não estivesse, o diretor informaria o professor e diria aos agressores que vários outros relatos haviam sido feitos sobre seu comportamento bullying. Dessa forma, Gary não se sentiria ainda mais estigmatizado como "dedo-duro". Com uma maior documentação desses incidentes, o diretor também teria informações suficientes para entrar em contato com os pais dos agressores e solicitar seu envolvimento.

A próxima solução seria Gary pedir às crianças com as quais tivesse liberdade que fossem seus "verdadeiros amigos" e caminhassem a seu lado, pois assim o ajudariam a sentir-se seguro. Ensinou a eles como poderiam ser úteis: se não conseguissem ajudá-lo a repelir as provocações, ele saberia que procurariam um professor ou um adulto. Tais conexões sociais funcionam como o elemento mais importante de defesa contra o bullying para qualquer criança.

Assim que Gary saiu da fase de crise, trabalhou para que desse a impressão aos outros e tivesse a sensação de ser menos vulnerável emocionalmente. Isso proporcionou a ele algum poder para evitar que se sentisse uma vítima. O mais importante é que, sabendo que poderia superar sua adversidade, ele começou a desenvolver genuinamente a autoestima e a resiliência, tornando-se um alvo menos provável aos bullies.

PASSOS A SEGUIR

Uma vez que o problema tenha sido detectado, você terá que descobrir sua gravidade e se a criança tem capacidade para lidar com ele sem ajuda externa.

A ordem hierárquica das soluções é mais ou menos a seguinte:

1. Trabalhe com a criança para que ela possa resolver o problema por si mesma.
2. Trabalhe com ela para que possa recrutar amigos para ajudá-la.
3. Peça ajuda ao professor ou a um assistente.
4. Ligue para o diretor da escola.
5. Solicite a intervenção de um psicólogo escolar ou de um orientador.
6. Converse com outros pais de crianças vítimas de bullying e aborde novamente o diretor, caso não tenha recebido a ajuda necessária em relação à segurança física e emocional da criança.
7. Aborde o superintendente.

8. Exija a aplicação da lei caso sinta que seu filho esteja em perigo e a escola não tenha sido capaz de garantir sua segurança física e emocional.
9. Utilize o sistema jurídico, se nada mais der resultado.

A CRIANÇA PODERÁ RESOLVER O PROBLEMA?

É claro que o modo mais simples de agir é somente trabalhar com a criança para que ela própria responda e reaja de forma apropriada. Nesse ponto, você utilizará a interpretação de papéis para descobrir como a criança normalmente reage e o que está fazendo de errado. Pergunte a ela como o agressor geralmente age e então, desempenhe o papel do bully (não com *demasiada* agressividade, é claro!).

Lembre-se da "disputa pelo poder". A primeira providência é fazer com que a criança não apresente nenhuma forma de reação intensa. Que não chore, grite, cruze os braços ou olhe para baixo. Pode ser que você deseje desempenhar primeiramente o papel da vítima e demonstrar a seu filho como seria reagir ou não reagir de forma intensa. Pergunte a ele em qual das duas representações a vítima parecia ser mais forte.

Somente isso já fez uma diferença muito grande para Anita, uma garota de dezessete anos com quem trabalhei. Era apenas uma garota muito tímida, um pouco acima do peso, que não se sentia confortável em situações sociais e tinha sido tratada com brutalidade por muitos anos. As garotas mais populares a tinham tornado o assunto principal de suas piadas, e embora fosse uma aluna excepcional, sentia-se insignificante em qualquer área de sua vida exceto nos estudos. Até mesmo algumas garotas que tinham sido suas amigas há alguns anos agora a provocavam, pois Anita estava na camada inferior da hierarquia social e ninguém desejava tomar o seu lugar.

Quando ela me procurou, seus pais e eu concordamos que, se a situação chegasse a atingir níveis excessivos, sempre haveria a possibilidade de transferi-la para outra escola. Dessa forma, não teria a sensação de estar presa a uma situação desesperadora. Tentei convencê-los a não considerarem essa opção em primeiro lugar, pois ela provavelmente encontraria problemas semelhantes se ainda não tivesse desenvolvido as habilidades apropriadas.

Rapidamente percebi que, quando um grupo de garotas a provocava, Anita muitas vezes chorava, como fazia em meu consultório sempre que falava sobre a situação. Elas conseguiam levá-la às lágrimas simplesmente quando a olhavam de cara feia e com os comentários à meia voz que faziam quando passava. Às vezes, seu corpo todo tremia; era essa a intensidade de seu medo e de sua humilhação. Sendo assim, nosso primeiro trabalho foi conseguir que deixasse de reagir dessa forma.

Conseguimos isso utilizando a técnica de interpretação de papéis. Repetidas vezes experimentamos situações em que as garotas populares diriam algo terrível ou ririam dela e, em vez de chorar, Anita apenas aprenderia a ficar firme. Não precisaria dizer nada ou revidar. Poderia ir embora, mas teria que caminhar com dignidade. Isso significava que teria que aprender a olhar as garotas nos olhos, mesmo quando a estivessem provocando, a manter a cabeça erguida e mostrar que não a estavam incomodando – mesmo que estivessem. Conversamos sobre aquele jogo de boliche da disputa de poder; ela gostou do jogo e concentrou-se em manter os pinos firmes e estáveis.

Essa técnica não funcionou imediatamente, pois Anita estava emocionalmente tão defendida que tinha até chegado ao ponto de querer mudar de escola cada vez que ficava chateada. Entretanto, algumas semanas depois, decidiu permanecer onde estava quando percebeu que os contínuos ataques abusivos estavam diminuindo, e as garotas tinham começado a relaxar em suas investidas. Com o tempo, as garotas desistiram. Demorou um pouco para que acreditassem que não iria perder o controle novamente, e, quando se convenceram, ela passou a não ser mais um brinquedo que as divertisse. Bastou apenas estabelecer uma comunicação não verbal consistente.

Respostas Espirituosas

As respostas espirituosas podem ser arriscadas se seu filho não for hábil em expressá-las. É melhor fornecer respostas bem simples, e não demasiadamente exageradas. Se você precisar usar um dicionário de sinônimos para ajudar seu filho a pensar em uma réplica, isso não é um bom sinal.

Tais respostas podem, no entanto, fazer maravilhas. Foi o que aconteceu com Kevin, um garoto de doze anos com quem trabalhei. Era um menino com inclinações artísticas, que praticava uma série de atividades atípicas para garotos, especialmente a dança e o canto. É quase certo que os garotos que se dedicam ao teatro musical sejam provocados por serem "gays", quando estiverem cursando o ensino fundamental II e o ensino médio. Algumas crianças não dão importância a isso e riem com a situação, mas outras acabam encontrando dificuldades. Kevin não estava conseguindo desconsiderar o problema porque ficava com muita raiva. Três *strikes* sucessivos para os bullies.

Na verdade, ele já havia mudado de escola por três anos consecutivos antes que nos encontrássemos. Seus pais tinham conversado com os diretores, mas nenhuma mudança significativa havia ocorrido. Os garotos mais ligados aos esportes e a outras "atividades masculinas" ainda o atormentavam. Kevin, no entanto, adorava o que fazia e não queria desistir de apresentar-se artisticamente apenas porque outros garotos não aprovavam tais atividades. Precisávamos, então, encontrar uma maneira para que ele pudesse fazer o que amava e não fosse agredido por isso.

Ele era um ator. Assim, teve que se ligar à ideia de atuar. Nos corredores, quando os garotos o provocavam, tinha que "atuar" de forma que parecesse calmo e natural. Tinha que reverter a situação. E o que funcionou para ele foram algumas séries de respostas espirituosas.

Quando os garotos diziam: "Você gosta de dançar... Você é *tão* gay", o Kevin replicava: "Você pensa que sou gay? Foi você que falou essa palavra. Será que é *você* que está preocupado, achando que é gay?".

Para outro garoto que o estava seguindo o tempo todo, Kevin falou: "Acho ótimo que você me dê tanta atenção. Nunca tive tanta atenção de alguém que gostasse tanto de mim". Quando o garoto começou a irritá-lo novamente, disse: "Quando eu fizer sucesso, você vai ser meu empresário? Porque parece que você quer estar perto de mim o tempo todo".

Esse jeito de responder deixou os garotos completamente desconcertados. Não sabiam mais o que dizer, somente balbuciavam algumas palavras. Depois disso, afastaram-se completamente dele.

Uma das razões responsáveis pelo sucesso dessa estratégia foi o fato de ele nunca ter ficado perturbado ou reclamado daquilo que falavam. Não era preciso dizer: "Não sou gay!". Fazer tal afirmação, fosse ou não verdadeira, apenas mostraria que realmente não desejava que dissessem que era gay. Em vez disso, fazer piadas e desconsiderar seus comentários deixou claro que não ficaria incomodado se pensassem ou não que era homossexual. Isso não seria um problema para ele.

Pelo fato de ter sido forte, conseguido rir da situação e desenvolvido habilidades para aproximar-se das pessoas, Kevin ganhou mais prestígio na escola. Sua mãe também combinou com o diretor que ele teria algum tempo livre, durante o período das aulas, para que pudesse encontrar outras crianças que se dedicassem às mesmas atividades. Ele descobriu um grupo de crianças que podia frequentar, e que o ajudaram a ficar mais confiante e a sentir que não estava sozinho.

A HISTÓRIA DE GAIL LYNCH

Quando meu filho estava cursando o ensino fundamental I, há muitos anos, voltou um dia da escola dizendo que um colega havia tentado bater nele no banheiro. É claro que fiquei preocupada, e perguntei o que tinha feito em sua defesa. "Ah, foi fácil", afirmou ele, "eu apenas falei: 'é melhor você me deixar em paz. Minha mãe é a Presidente da APM (Associação de Pais e Mestres)'.".

Eu sabia que ser Presidente da APM não era exatamente um cargo que me conferisse autoridade. Meu filho, no entanto, não sabia bem disso, nem tampouco a outra criança. Acho que o bullying terminou pelo fato de ele acreditar que se tratava de um cargo importante, e de ter transmitido a ideia à outra criança. É menos provável que as pessoas mexam com você quando diz algo com convicção.

Uma mulher chamada Maria Ayres recorda que, quando tinha quatorze anos, estava sendo importunada por uma garota na escola, e isso já vinha acontecendo há seis meses. Maria não tinha a menor ideia da razão pela qual estivesse sendo atormentada. A princípio lidou com a situação ignorando a garota e esquivando-se dela, mas não obteve sucesso. Um dia, decidiu não continuar mais em silêncio. Abriu o seu armário e, como sempre, a garota veio e bateu a porta, fechando-a com força.

"Eu suspirei e olhei para ela, mas antes que fizesse alguma coisa, falei:

– Quero te agradecer.

Então, todos caíram na risada.

– Agradecer? Agradecer por quê? – perguntou ela.

– Por ter me ensinado a ser paciente – respondi.

Bom, todos pararam de rir. Ela olhou para mim como se eu fosse um ser de outro planeta e disse:

– Que diabos você está falando?

– Você está me ensinando a esperar até que seu lado bom vença, e você aja de acordo com a pessoa que é de verdade.

Então, esperei pela bofetada que achei que fosse receber. Ela simplesmente foi embora e nunca mais me incomodou. Tal incidente só ocorreu uma única vez e não sei qual a razão de seu sucesso, mas, desde então, prefiro falar a ficar calada".

A HISTÓRIA DE TRACEY ROLFE

Quando eu estava no primeiro ano do ensino fundamental, uma das garotas mais velhas da classe começou a me importunar. Minha mãe costumava dar alguns trocados por dia para que gastasse na cantina da escola, mas, em vez de gastar o dinheiro, eu preferia colocá-lo dentro da minha meia e levá-lo de volta para casa, para economizar e poder comprar livros. De qualquer forma, Geraldine descobriu e ameaçou que mandaria sua irmã mais velha bater em mim se não desse o dinheiro a ela todos os dias, ou se contasse a alguém que estava fazendo isso comigo. A princípio, obedeci, pois estava com medo.

Isso aconteceu por várias semanas; então, fiquei cansada e decidi colocá-la à prova. No entanto, infelizmente para mim, não era um blefe. De fato, um dia, sua irmã (um ano mais velha que nós) e outra garota me esmurraram na hora do almoço.

Depois disso, fiquei assustada demais para voltar à escola, ou para contar a alguém sobre o que estava acontecendo. Disse à minha mãe que estava doente. Ela pareceu surpresa, mas aceitou minha desculpa no primeiro dia. Porém, no segundo dia, sentou comigo e perguntou o que estava errado. Disse estar doente, mas ela falou que sabia que eu estava mentindo. Perguntou o que estava acontecendo na escola para que eu, de repente, não quisesse mais ir. Então contei a ela, que prometeu cuidar do assunto. Fiquei ainda mais assustada, e ainda não queria ir para a escola, mas ela mandou que eu fosse.

Por acaso, naquela época aconteciam entrevistas entre pais e professores, e minha mãe conhecia vagamente a mãe da minha agressora. Assim, foi me arrastando até Geraldine e disse a ela: "Sei o que você tem feito à Tracey e vou contar tudo para sua mãe".

Então, saiu para falar com a mãe de Geraldine e nos deixou ali, juntas. Fiquei paralisada. Aposto que naquele momento Geraldine estava tão assustada quanto eu. Mais tarde, minha mãe afirmou ter conversado com a mãe dela sobre assuntos gerais: o tempo, a escola, qualquer coisa. Não fez uma menção sequer sobre a situação de bullying, mas seu artifício deu certo. Geraldine nunca mais me incomodou.

INTERVINDO COMO PAIS

Em se tratando de bullying em crianças mais jovens, às vezes uma solução eficaz para os pais das vítimas é a conversa direta com o agressor. O que os bullies desejam, particularmente, é que as vítimas guardem segredo sobre o seu comportamento;

anseiam pelo silêncio da vítima, pois assim o bullying poderá ter continuidade sem que enfrentem nenhuma consequência. Porém, antes do segundo ano, a maioria das crianças tem tanto medo de que seu mau comportamento seja descoberto pelos adultos que os pais podem interromper o bullying diretamente.

Também é possível conversar sobre o problema com os pais do bully, *se* você os conhecer e tiver liberdade com eles. Não tente abordar pais com quem nunca tenha conversado para trazer à tona um problema relacionado ao bullying, essa alternativa raramente acaba bem. A maioria deles ficará numa posição defensiva, e alguns serão agressivos.

A história de Tracey é um excelente exemplo das muitas facetas do comportamento bullying, e de como reagir a ele. Primeiramente, repare que, mesmo cursando o primeiro ano, ela não queria contar à mãe o que estava acontecendo. Mesmo após a garota ter roubado seu dinheiro diariamente por várias semanas, e mesmo após as duas garotas a terem agredido fisicamente, ela não estava admitindo a situação à mãe. Em vez disso, inventou uma doença para evitar ser punida pelos bullies.

Felizmente, no segundo dia em que tentava evitar a situação, a mãe foi suficientemente astuta para perceber que algo errado estava acontecendo, persuadindo sua filha a revelar o ocorrido, e começando a tomar providências. O único problema nessa equação é o fato de Tracey ter ficado muito amedrontada em relação ao plano de sua mãe. Ela poderia muito bem ter incluído a filha no processo de tomada de decisão, aliviado suas preocupações e feito com que ficasse mais tranquila, ou ainda tê-la deixado com um grupo diferente de garotas em vez de deixá-la com Geraldine durante aquele encontro tenso. A solução desse caso foi bastante positiva, mas provavelmente não teria sido da mesma forma se Geraldine fosse mais velha, mais estabelecida como bully e/ou se pertencesse a um "grupo de bullies" mais bem consolidado, pronto para comandar o trabalho sujo em seu lugar. Porém, nos casos em que exista apenas um único e jovem agressor como esse, os pais poderão ser bem-sucedidos ao confrontá-lo diretamente ou mesmo falar com seus pais, caso os conheçam, e solicitar ajuda.

Se você não deseja blefar como a mãe da Tracey, poderá dizer: "Se isso algum dia voltar a acontecer, vou contar aos seus pais (ou ao professor, ou ao diretor)".

PEDINDO AJUDA AOS PROFESSORES E DIRETORES

Quando as crianças são muito jovens, é mais provável que contem aos pais e aos professores sobre terem vivido uma experiência de bullying. À medida que vão ficando mais velhas, geralmente pensam (e estão certas) que se "derem com a língua nos dentes" só piorarão o problema. Os bullies poderão tirar proveito disso apenas como mais um sinal de fragilidade da vítima, tão "fraquinha" que teve que correr para a mamãe e para o professor para que resolvessem o problema por ela. Mesmo que as autoridades consigam manter o agressor afastado de seu filho no ambiente escolar, seus amigos poderão continuar com o bullying por ele, e ninguém poderá dizer o que acontecerá no momento em que o agressor estiver fora do território da escola. Nos dias atuais, as escolas tentam ensinar às crianças a diferença entre delatar e relatar: delatar é causar problemas a uma criança, e relatar é proporcionar segurança a uma criança e tirá-la de uma situação perigosa. O principal é encontrar uma forma de ajudar seu filho a não se sentir sozinho em sua dificuldade, e tentar auxiliá-lo a encontrar uma solução.

Tente não pressupor que saiba mais do que seu filho, e não se precipite para salvar a situação. Seu trabalho, claro, é ajudá-lo na solução do problema e oferecer alternativas que ele possa não ter considerado, mas lembre que o agressor já proporcionou uma sensação de fragilidade a seu filho; se insistir em tomar uma atitude contrária aos seus desejos, fará apenas com que se sinta ainda mais incapaz.

Em vez de dizer a seu filho que é para "o seu próprio bem", ouça-o atentamente e envolva-o na criação de um plano. Supondo que ele não se sinta capaz de confrontar o bully sozinho, ou que tenha tentado sem conseguir, talvez envolver um professor ou um administrador da escola possa ser um passo importante, mas precisará ser dado com o consentimento de seu filho.

A hierarquia natural é ligar primeiro para o professor. Caso seu filho tenha vários, poderá abordar aquele com quem ele tiver mais liberdade. Caso ele ache que o professor esteja envolvido no problema, procure diretamente pelo diretor.

Infelizmente, nem todos os professores são esclarecidos em relação aos bullies. Alguns são antiquados e acreditam que o bullying seja um rito de passagem natural, outros tentam ser "legais" e acabam aliando-se aos alunos populares, outros ainda pensam que talvez não seja má ideia ridicularizar os alunos frente à classe para torná-los mais "durões". E também, convenhamos, existem os simplesmente sádicos.

Nesses casos, não valerá a pena reclamar para o professor, pois isso só intensificará os bloqueios da criança. É mais provável que o diretor preste atenção ao que você está dizendo se conseguir apontar ações e diálogos bem específicos, não apenas um comentário generalizado como "e o professor também tirou sarro dele!".

No entanto, na maioria das vezes o professor é o ponto de partida e, com alguma sorte, o ponto final. Contudo, se o problema continuar, você precisará também solicitar a assistência do diretor.

O sigilo é de suma importância. Alguns professores talvez acreditem que bastará apenas colocar as duas crianças juntas em uma sala para que, milagrosamente, com um aperto de mãos, saiam de lá amigas; isso é, porém, demasiadamente utópico. Os bullies são especialistas em manipulação e geralmente conseguem convencer os adultos de que nunca tiveram a intenção de magoar ninguém. Seu filho sentirá que precisa minimizar o mau comportamento do agressor e livrá-lo do problema para salvar as aparências. Não é adequado colocar crianças que apresentem uma desigualdade de poder juntas numa sala e pedir que resolvam o problema. Tal situação é amedrontadora para a vítima e muitas vezes reforça a dinâmica dessa desigualdade. Fornece ao agressor ainda mais informações sobre a vítima, tornando-o mais poderoso, principalmente se for um ofensor crônico. Os terapeutas não conversam com vítimas de violência doméstica na mesma sala em que estão seus agressores porque seu poder é desigual, e a mesma regra pode ser aplicada aos incidentes de bullying, pela desigualdade de poder envolvida nessas ocorrências.

Sendo assim, a menos que seu filho queira, não tente marcar um encontro em que o bully esteja presente. Você não quer que o professor corra e conte ao agressor e aos pais dele toda a conversa que tiveram; a privacidade é muito importante para que as informações sobre as ocorrências continuem sendo fornecidas e para a segurança de seu filho. Dessa forma, certifique-se de que o professor tenha compreendido o caráter sigiloso de tudo o que você disser a ele.

Você também não deseja procurar o professor ou o diretor com raiva, com a intenção de intimidá-los para conseguir seus objetivos. Lembre que seu filho aprenderá observando o seu comportamento. A forma de lidar com essa situação poderá ser exatamente igual ao comportamento do agressor se tentar intimidar o professor, se chamar o diretor de incompetente e se fizer ameaças e exigências num tom agressivo. Tudo o que estará ensinando a seu filho com essa atitude é que aprova o comportamento bullying, e que ser agressivo é uma forma desejável de conseguir o poder. Escreva um roteiro por extenso para si mesmo especificando o que quer dizer, para que fique calmo e possa controlar suas emoções. Dessa forma, poderá visualizar o comportamento específico que deseja abordar.

Você poderá decidir com o professor, ou o diretor, se seu filho precisará estar presente a esse encontro inicial. Se tiver ocorrido uma situação que comprometa sua segurança, talvez seja uma boa ideia que ele esteja presente. Caso isso não tenha acontecido e você sinta que o encontro poderia oprimir seu filho, tome nota de tudo o que ele puder lembrar sobre incidentes específicos: datas, locais, palavras, ações e testemunhas. Se seu filho chegar com hematomas ou roupas rasgadas, tire fotos. Caso tenha visto mensagens de texto ou e-mails ameaçadores, imprima-os.

Esteja preparado para enfrentar a negação do comportamento bullying, alegações de falta de conhecimento da situação (mesmo se tiver certeza de que seu filho já tenha relatado anteriormente o ocorrido), transferência de culpa em que seu filho é acusado por ser excessivamente sensível, e afirmações não convincentes de que irão "cuidar" da situação. Prepare-se também para rebater os argumentos com evidências específicas, ou para as questões que exijam que você reflita antes de responder. Seja positivo, sem ser agressivo, quando solicitar aos funcionários da escola que o ajudem a executar um plano para interromper o comportamento problemático. Peça uma cópia do programa antibullying da escola, e tire uma fotocópia que possa levar para casa. Caso não exista nenhum programa, pergunte por quê!

PROFESSORES QUE PRATICAM O BULLYING

Assim como um professor que souber lidar com os problemas de bullying poderá resolver a situação, um professor que *for* um bully poderá tornar as coisas muito piores. O professor define os rumos do que será aceitável na escola; se os estudantes perceberem que usa seu poder inadequadamente, faz brincadeiras prejudiciais com os alunos, ou escolhe determinados estudantes para que sejam ridicularizados, é muito mais provável que se sintam

---

A HISTÓRIA DE JANE

Em 1985, quando cursava o sétimo ano em uma escola particular cristã, fui submetida por alguns garotos a uma situação de bullying. Frequentemente escreviam bilhetes fazendo comentários desagradáveis sobre mim, e as mesmas ofensas eram escritas na lousa; também mexiam no meu armário. Nosso principal professor não ajudava em nada. Eu era um alvo fácil, por ser nervosa e ter uma deficiência auditiva. Tinha tanta vergonha que não queria contar a meus pais, mas minha melhor amiga fez isso por mim. Meu pai foi à escola falar com o diretor, que reuniu os garotos para uma conversa. Nunca mais me incomodaram. Não sei o que o diretor disse a eles. De acordo com minha experiência e com o que as pessoas dizem, parece que os garotos perdem a cabeça quando chegam ao ensino fundamental II! Conhecia a maioria desses garotos desde o jardim de infância, e nunca tinham me importunado até que chegássemos ao sétimo ano.

no direito de fazer o mesmo. Afinal de contas, se o professor age assim, deve ser permitido.

Isso leva os alunos a manifestar um desprezo ainda maior às crianças "mais fracas", e os ensina que são melhores que as vítimas, que a empatia é um sinal de fraqueza. Se já é difícil para os estudantes interferirem e lutarem contra um colega bully, imagine como será penoso defender alguém quando o bullying estiver sendo praticado pelo professor.

Se suspeitar que um professor possa ser um bully, tente fazer a seu filho perguntas similares às seguintes:

- O professor faz comentários desagradáveis sobre alguém na classe?
- O professor costuma fazer alguma criança sentir-se isolada ou excluída?
- O professor solicita que alguma criança realize mais atividades do que as outras?
- Isso costuma acontecer com você?

Se descobrir que um professor esteja cometendo bullying, comunique ao diretor e certifique-se de que seu filho possa ter uma conversa confidencial com ele, sem a presença do professor.

Exemplo de Plano de Ação Antibullying

Apresentamos a seguir o exemplo do plano de ação antibullying de uma escola. Alguns estados americanos exigem que cada escola possua uma política contra o bullying; outros ainda não fazem tal exigência, mas existe uma grande pressão da opinião pública para que todas as escolas adotem o seu[*]. Acredito que vo-

---

[*] O autor fornece o exemplo de um plano contra o bullying e comenta sobre a política antibullying nos EUA. No Brasil, ainda não existe uma lei federal

cês, enquanto pais, tenham o direito de insistir numa política como essa, uma que deixe claro que a escola entende o que seja o bullying e que assumiu uma postura ativa contra ele.

A **Escola de Ensino Fundamental XYZ** está comprometida a fornecer um ambiente seguro e protegido para todos os membros de sua comunidade e não tolerará nenhum comportamento ou ação restritivos de qualquer direito à segurança física e emocional do ser humano.

DEFINIÇÃO DE BULLYING
Um padrão repetido e/ou crônico de comportamento nocivo que envolva a intenção de manter uma desigualdade de poder. Isso significa que um bully encontra satisfação em prejudicar aqueles que considera mais fracos, a fim de aumentar sua própria sensação de poder. Existem diferentes tipos de bullying:

Bullying físico: Investidas, empurrões, chutes, destruição de propriedade, ação de arrancar livros das mãos de alguém, atirar objetos em uma pessoa ou roubar seus pertences.

Bullying verbal: Palavras ou comentários realizados com a intenção de ferir alguém, incluindo insultos, zombarias, provocações, sarcasmo, palavras racistas ou discriminatórias e apelidos indesejáveis.

---

específica que regulamente essa questão, mas há um projeto propondo que tais políticas antibullying sejam detalhadas na Lei de Diretrizes e Bases da Educação. Alguns estados brasileiros, como o Rio Grande do Sul, já adotaram leis de combate ao bullying. Fonte: <http://nepfhe-educacaoeviolencia.blogspot.com/2011/03/pais-nao-tem-lei-federal-especifica.html>. Acesso em: 5 mar. 2012. (N.T.)

Bullying relacional: Exclusão de um grupo social, fofocas, marginalização, boatos ou comportamentos que visam provocar em alguém uma sensação de desconforto perante os demais.

Cyberbullying (bullying virtual): Uso de informações e comunicações ofensivas e difamatórias pela internet (e-mails, mensagens instantâneas), telefones celulares, telefones com câmeras, blogs ou qualquer outra tecnologia com a intenção de prejudicar alguém.

Responsabilidade de nossa comunidade: Todos os membros de nossa comunidade são responsáveis pelo trabalho de prevenção e supervisão do bullying. Se todos os membros desenvolverem um trabalho conjunto para a redução do bullying, estarão promovendo a segurança e o bem-estar da comunidade.

EQUIPE PROFISSIONAL
É necessário que os membros da equipe profissional:

- Comportem-se de forma que ofereçam permanentemente exemplos positivos.
- Estejam conscientes sobre os tipos de comportamento bullying e sempre atentos para identificá-los.
- Fiquem alertas quando as crianças estiverem em áreas menos supervisionadas e sejam mais proativas, providenciando uma supervisão responsável.
- Estabeleçam como prioridade a ajuda às vítimas.
- Documentem qualquer ocorrência de bullying.
- Encaminhem toda a documentação referente ao bullying às pessoas responsáveis pelas medidas disciplinares.
- Mantenham o sigilo de todos os relatos de bullying feitos a eles, bem como de todos os incidentes.

ALUNOS
É necessário que os alunos:

- Decidam evitar a prática do bullying contra qualquer outra pessoa.
- Façam algo para alertar um adulto ou ajudar a vítima, caso o bullying ocorra.
- Façam relatos confiáveis aos adultos, visando garantir a segurança de todos os alunos.
- Participem de uma comunidade de observadores e façam "a coisa certa" para ajudar os menos favorecidos.

PAIS
É necessário que os pais:

- Incentivem seus filhos a garantirem a segurança de todos os alunos.
- Incentivem seus filhos a apoiarem qualquer criança que se sentir ameaçada durante ou após um incidente de bullying.
- Incentivem seus filhos a informarem a um adulto sobre a ocorrência de bullying.
- Documentem qualquer situação de bullying sobre a qual sejam informados, e entrem em contato com a escola.
- Conversem com a equipe de profissionais de forma respeitosa quando fizerem contato com a escola.
- Incentivem as crianças para que sejam membros generosos da comunidade e não agressivas ou vingativas, mesmo nas situações em que estejam sendo vítimas.
- Aceitem a reação da escola ao bullying, mesmo que a princípio pareçam ser pouco ostensivas.

Caso o bullying aconteça:

- A equipe de profissionais tomará providências imediatas em relação ao incidente.
- A equipe de profissionais documentará o incidente.
- O membro da equipe encarregado de resolver questões disciplinares analisará e conduzirá a situação da forma que julgar conveniente.
- A equipe profissional identificará os padrões de comportamento bullying.
- As medidas disciplinares e as consequências do comportamento ofensivo serão discutidas com o ofensor.
- O ofensor será solicitado a refletir sobre seu próprio comportamento sem fazer julgamentos ou responsabilizar os outros.
- A vítima será assistida.
- Os alunos poderão ter que enfrentar as seguintes consequências: serem privados do recreio ou de outra atividade, os pais receberem uma ligação da escola, ficarem até mais tarde na escola, terem que estabelecer contratos comportamentais ou realizar serviços comunitários ou pagar indenizações, serem suspensos ou expulsos (dependendo da severidade e da cronicidade do problema), ou outras consequências apropriadas à situação.

O objetivo desse plano de ação é fazer com que as pessoas fiquem mais conscientes sobre problemas relativos ao bullying e proporcionar mais consistência à forma como a comunidade administra tais problemas. O propósito de tais medidas é assegurar que procedimentos efetivos de informação e documentação dos incidentes sejam realizados, que o bullying seja tratado correta e rapidamente, e que todos os membros de nossa comunidade sejam respeitados. É essencial que o sigilo seja mantido e que vítimas e bullies recebam apoio, de forma que todos os membros da comunidade envolvidos com tais pessoas sejam informados dos problemas, e que as consequências e medidas disciplinares aplicadas sejam proporcionais ao(s) incidente(s) de bullying.

Como Professores e Diretores Podem Ajudar

A última coisa que você deseja é que seu filho seja mais discriminado do que já tem sido, ou que o bully pense que ele o delatou. Dessa forma, trabalhe com o professor ou com as pessoas que ocupem cargos de responsabilidade na escola para que as seguintes opções sejam adotadas:

- **Ajude os adultos a perceberem a situação**. Seja específico quando informar ao professor quando e onde o bullying esteja ocorrendo. Solicite que um membro da equipe profissional siga o bully "casualmente" na cantina, ou peça ao professor que o observe pela janela, no recreio. Ninguém poderá ser acusado de delator se o professor tiver observado, por si mesmo, o comportamento.
- **Identifique as "zonas de perigo"**. Todas as escolas precisam concentrar sua atenção nos locais onde exista maior probabilidade de ocorrência do bullying. Tais áreas incluem as regiões menos supervisionadas: a cantina, o pátio de recreio, os corredores, os vestiários, os sanitários e o ônibus escolar. Certifique-se de que a escola utilize todos os recursos para identificar as zonas de perigo e as possíveis vítimas.
- **Defina claramente as penalidades**. Em um distrito escolar onde a ocorrência de bullying nos ônibus era significativa, a escola implementou um programa em que os ofensores teriam um canto de seu passe de ônibus perfurado cada vez que praticassem o bullying. Assim que o quarto canto fosse

perfurado, seriam proibidos de entrar no ônibus, e teriam que encontrar outras alternativas de transporte. As queixas diminuíram significativamente e nenhum estudante teve seu passe de ônibus cancelado. Elabore, juntamente com os funcionários da escola, planos criativos nos quais as regras sejam claras e as consequências muito bem especificadas. Agressores mais velhos às vezes acham "legal" serem suspensos, especialmente quando os pais não se importam. A que ponto o bully precisará chegar para que seja retirado permanentemente da sala de aula?

- **Esclareça as penalidades aos pais do agressor.** Em vez de tentar confrontar os pais do bully por conta própria, tente conseguir a intervenção dos funcionários da escola. A única situação em que incentivo os pais a ligarem diretamente para outros pais é quando já tenham um relacionamento. Nesse caso, você poderá conduzir os outros pais a um diálogo, visando solucionar o problema: "Preciso da sua ajuda. Meu filho me contou que ele e seu filho, hoje, tiveram um problema. Você pode tentar descobrir o que aconteceu? Meu filho veio para casa muito nervoso. Você acha que pode me ligar mais tarde para tentarmos resolver o problema juntos?". Às vezes isso funciona, mas é necessário que você conheça o outro pai/mãe envolvido(a). Caso contrário, o provérbio "Tal pai, tal filho" infelizmente provará ser aplicável a muitas situações de bullying. Na maioria das vezes, os pais do agressor não reagirão da forma como você espera, e pode ser que se sintam ameaçados caso os confronte sozinho. Vão afirmar que o filho deles não faria isso, que seu filho estaria provocando a situação, ou que não existam evidências, ou ainda que você estaria reagindo de forma exagerada e que "meninos são assim mesmo". Deixe que o diretor explique a gravidade do problema e que tipo de atitudes serão tomadas se o agressor não parar. Verifique se serão sugeridos ou solicitados cursos sobre gestão da raiva ou sessões de aconselhamento.

- **Mobilize crianças amorosas**. Na classe, o professor poderá colocar seu filho ao lado de crianças consideradas amigáveis e colaborativas, ou encorajá-las a trabalharem com ele em grupos para a realização de atividades, a fim de que seu filho tenha a chance de estabelecer um vínculo com um potencial aliado, que poderia proporcionar a ele mais segurança. Se seu filho for muito jovem, um "colega conselheiro" mais velho poderá ajudá-lo.
- **Crie momentos de controle**. Pelo menos uma vez por dia durante o período de crise e uma vez por semana posteriormente, seu filho deverá ter um encontro com um funcionário da escola, num local privado, para discutirem quaisquer incidentes que possam ter acontecido. Não espere que, todas as vezes, seu filho tome a iniciativa de procurar o professor; o professor ou outro funcionário da escola deverá assumir um papel proativo.
- **Aumente a supervisão**. Algumas crianças têm tanto medo de usar o banheiro destinado aos alunos que preferem correr o risco de que algum acidente desagradável aconteça. O bullying é mais intenso em áreas desprovidas de supervisão, como em sanitários ou vestiários. Durante o período de crise, verifique se seu filho poderia utilizar o sanitário dos professores e tente conseguir que o professor de educação física, ou outro profissional, acompanhe as crianças no vestiário. Veja se a escola poderia solicitar voluntários na comunidade para que estivessem presentes no ônibus que transporta as crianças do ensino fundamental I ou II, ou se estudantes do ensino médio poderiam sentar-se atrás do ônibus ou da clas-

se (e receber algum tipo de incentivo por isso) para observar o que acontece. Foi exatamente isso que o professor de coral de estudantes de ensino fundamental II fez, em Long Island, quando ensaiava um coral de algumas garotas que formavam uma "panelinha". Ele pediu a duas alunas que cursavam o ensino médio que as acompanhassem na hora do almoço e no período em que ficavam na sala de estudos. As garotas mais jovens adoraram, tornando-se confidentes das alunas mais velhas, que puderam proporcionar bons exemplos enquanto ajudavam a impedir que o bullying acontecesse.

- **Crie áreas de segurança**. Solicite aos funcionários da escola que pensem juntos em alguns "refúgios" para os quais a criança possa ir quando se sentir ameaçada. Tais locais poderiam incluir as salas dos professores, do orientador, da enfermeira, de prática musical, ou qualquer outro lugar para o qual a criança pudesse escapar do perigo e encontrar alguém que estivesse ciente da situação para ter uma conversa.
- **Utilize câmeras escondidas**. São utilizadas em lojas de departamentos, lojas de conveniência e em bancos. Por que uma escola não poderia investir em algumas câmeras de segurança estrategicamente posicionadas para observar o que esteja acontecendo, de fato, nos corredores, na cantina ou no pátio de recreio? Uma câmera em um ônibus capturou as imagens de um menino de doze anos sendo agredido por vários garotos, que se alternavam para bater nele, durante dez minutos. A *WISH-TV*, uma emissora do estado de Indiana, realizou uma série de programas sobre bullying. Posicionando câmeras escondidas em escolas por dois meses, capturaram cenas assustadoras de crianças sendo espancadas e empurradas, enquanto espectadores riam e atiravam objetos. Tais reportagens motivaram um senador do estado a elaborar um projeto

de lei determinando que as escolas em Indiana assumissem mais responsabilidade pelo bullying que acontece entre seus estudantes[18].
- **Peça aos alunos que assinem um termo de compromisso**. Sem mencionar a situação de seu filho, incentive o professor a realizar exercícios de interpretação de papéis com os alunos para demonstrar o bullying, e como poderão interrompê-lo. Ao final, cada aluno deverá ser solicitado a assinar um termo de compromisso, afirmando que não se envolverá em práticas de bullying, defenderá as vítimas e contará ao professor se alguém estiver em perigo.
- **Introduza uma urna anônima**. Sugira que o professor coloque uma pequena caixa, que possua uma fechadura e uma abertura na parte superior, em um local onde as crianças possam ir sem que os demais na classe estejam observando. Tal iniciativa talvez encoraje as crianças a relatar incidentes de bullying que, sob outras circunstâncias, provavelmente não mencionariam. Isso poderá funcionar também como uma boa desculpa para que o professor afirme ter recebido várias informações sobre um bully, tirando assim a "culpa" de seu filho. Às vezes, o melhor local para que tais caixas sejam colocadas é o posto de enfermagem/sala da enfermeira.

Alguns professores são mais adequados que outros nas conversas com os alunos sobre esse tipo de assunto. Alguns conseguem promover debates abertos na classe sobre padrões de bullying menos óbvios, ensinar às crianças a fazer comunicações diretas, em vez de deixar que os boatos aumentem, e esclarecer as diferenças entre as brincadeiras e as provocações ofensivas. Se o professor não se sentir à vontade para conversar sobre tais assuntos, outra pessoa deverá cumprir essa tarefa. Um orientador

EXEMPLOS DE PERGUNTAS A SEREM FEITAS AO PROFESSOR OU AO DIRETOR

Com quem poderei contar para elaborar um plano que garantirá a segurança do meu filho?

Qual será esse plano e como será comunicado a mim e ao meu filho?

O que meu filho deverá fazer quando o comportamento que teme voltar a acontecer?

Existem adultos capazes de lidar com o problema na escola? Qual é seu plano de ação e as medidas disciplinares a serem tomadas se esse tipo de comportamento voltar a acontecer? Que atitudes estão dispostos a tomar para garantir a segurança e o bem-estar do meu filho se tal comportamento continuar ou tornar-se mais intenso?

As medidas disciplinares e as punições estão claras e possuem suficiente consistência para as crianças? Elas saberão exatamente o que acontecerá às que atuarem?

O professor promoverá discussões com as crianças sobre problemas gerais relativos ao bullying?

Vocês vinculariam meu filho a outras pessoas, a fim de protegê-lo das crianças problemáticas?

Que tipo de treinamento é realizado pela equipe profissional para assegurar que possam compreender os problemas relativos ao bullying enfrentados pelas crianças? Quais são suas obrigações para garantir a segurança do meu filho?

Do lado proativo/positivo:

O que poderia fazer para promover melhorias na comunicação com a escola e com a administração?

poderá fazer um bom aconselhamento, ou talvez o diretor possa contratar um especialista em bullying para falar com todos os alunos (e também com o corpo docente e com os pais, separadamente), ou em classes particularmente problemáticas.

Se vocês, enquanto pais, puderem contribuir para que tais sugestões possam ser compreendidas por todas as pessoas, sem exceção, tanto melhor. Procurem por psicólogos infantis na região e descubram se algum deles faz palestras sobre bullying. Consultem autores de livros como este, ou de artigos que se aprofundem no tema, e verifiquem se algum deles está suficientemente próximo à sua cidade. Encaminhem os contatos ao diretor, com suas sugestões. Tentem utilizar sua Associação de Pais e Mestres como um grupo que possa apoiar seu interesse nessas iniciativas. Grupos maiores serão mais influentes.

Anotem os detalhes de quaisquer reuniões das quais tenham participado com os funcionários da escola, ou utilizem um gravador para que não percam nenhuma palavra. Tomem nota quando falarem sobre as providências que tomarão. O que acontecerá se o bullying continuar? Que medidas disciplinares serão utilizadas por eles, e em que momento? Caso não procedam da maneira como se comprometeram, vocês poderão relembrá-los exatamente do que disseram e, se for necessário, recorrer a instâncias superiores.

O Que Não Funciona

Às vezes, os professores são bem intencionados, mas não sabem como lidar com situações de bullying. Se um professor decidir cancelar o recreio todo, em vez de lidar com os problemas que aconteceram, terá encontrado uma solução inadequada, pois ela pune todas as crianças pelas ações de poucos agressores, não oferecendo a eles a chance de serem diretamente responsabilizados e, talvez, de extraírem algum aprendizado de seu mau comportamento.

No entanto, o estilo "treinamento militar" poderá funcionar temporariamente. Quando um novo recruta faz algo errado, o pelotão todo poderá ser obrigado a fazer abdominais, correr quilômetros excedentes ou limpar os banheiros. A ideia é que os outros membros do pelotão fiquem ressentidos com o causador do problema, que será pressionado a não fazer a mesma besteira ou terá que enfrentar a ira dos colegas. Da mesma forma, o recreio (ou outras atividades) *poderá* ser cancelado por um dia ou dois para transmitir a mensagem e aumentar a probabilidade de que as crianças mantenham os bullies sob controle, mas depois disso, apenas aos bullies deverão ser negados os privilégios.

Alguns professores acreditam que seja melhor para as crianças simplesmente resolverem o problema por si mesmas. Se isso fosse verdade, o bullying não figuraria como um problema. Quando existe uma desigualdade de poder entre as crianças, não podemos confiar a elas a tarefa de resolver a situação entre si. Se estivermos lidando com duas crianças que já foram amigas, ou duas crianças que ocupem aproximadamente a mesma posição na hierarquia social, as brigas e as discussões poderão ser resolvidas encaminhando-as ao orientador da escola, para que possam resolver as questões numa conversa. Essa, porém, não é geralmente uma boa ideia quando a desigualdade de poder está presente entre as crianças. Assim que o agressor não estiver mais sendo supervisionado por adultos, podemos esperar que faça alguma ameaça à vítima.

Outra forma popular de lidar com as brigas é punir as duas pessoas envolvidas, pois parece difícil demais saber exatamente quem deverá, de fato, ser repreendido. O diretor ou o funcionário incumbido da disciplina dos alunos geralmente conversará com ambas e cada uma delas dirá: "Quem começou foi ele!". Às vezes, a situação não passa desse ponto – as duas crianças ficam retidas até mais tarde na hora da saída, ou podem ser suspensas das aulas, estando na escola (ou impedidas de ir à escola por alguns dias, caso a agressão física tenha sido particularmente intensa).

Infelizmente, mesmo se o diretor perguntar às testemunhas quem foi o culpado, a vítima tem poucas chances: o agressor normalmente é mais popular e, dessa forma, as pessoas ficarão receosas de apontá-lo em público. Seus amigos lhe darão cobertura e as testemunhas poderão ser pressionadas a mentir sobre como a briga aconteceu. O diretor deverá possuir uma urna anônima disponível para essas situações, e deverá buscar deliberadamente por testemunhas imparciais – alunos confiáveis que não sejam amigos de nenhum dos envolvidos – que possam ajudar a determinar se o que aconteceu foi uma situação de bullying ou uma briga entre "iguais".

Essa é a razão pela qual sempre insisto que a escola documente as situações de bullying toda vez que acontecerem. É muito importante que os professores, seus assistentes ou os funcionários administrativos registrem por escrito qualquer incidente que presenciem ou sobre o qual ouçam dizer, para que possam identificar padrões de comportamento, pois os bullies podem ser bastante ardilosos. Tal documentação enfraquece a história do "ele disse, ela disse". Quanto mais a escola incentivar a documentação, melhor será seu plano de prevenção aos agressores.

Para determinados bullies, não existem muitas punições que possam ser efetivas. Na verdade, alguns deles gostam de receber suspensões de algumas aulas, pois isso significa que poderão ficar à toa, fazendo rabiscos o dia todo. Alguns acham que arranjar confusão o tempo todo faz com que pareçam ser mais "durões".

Alguns ficam preocupados com a possibilidade do diretor ligar para seus pais; outros sabem que seus pais não se importarão ou não acreditarão no diretor.

Privar a criança de certos privilégios (forçá-la a almoçar na sala do diretor e não na cantina, suspendê-la das atividades esportivas após as aulas, não deixá-la sair para o recreio) pode dar resultados. Métodos humilhantes (fazer a criança usar um chapéu com os dizeres "Sou um bully", e sentá-la, para que todos a vejam, na frente da classe) poderão funcionar, mas geralmente os pais costumam protestar muito, e eu também. Não sou favorável à humilhação como técnica para exemplificar comportamentos adequados.

Uma punição mais bem aceita é fazer o agressor escrever um pedido de desculpas e lê-lo para toda a classe. Nesse caso, o professor deverá sempre aprovar o que o bully escreveu antes que seja lido para a classe, pois é possível que contenha sutis (ou não tão sutis) observações sarcásticas sobre a vítima, como: "Sinto muito por ter chamado a Francine de idiota, embora ela estivesse agindo como uma". Fazer o agressor pedir desculpas publicamente poderá colocar a vítima em evidência, o que é inaceitável; um pedido de desculpas deverá ser geral e não conter insinuações, como por exemplo: "Peço desculpas por ter insultado meus colegas de classe e agido de forma inadequada. Não farei isso novamente".

Não Deixem que o Bully os Engane

Os funcionários da escola deverão ser treinados para perceber que os bullies são muito hábeis socialmente e, na maioria das vezes, manipuladores; tentarão culpar o outro ou minimizar a seriedade dos problemas.

Desculpas como: "Só estava brincando", "Só estava provocando", "Foi só por diversão", "Foi só uma piada" e "Ele levou muito a sério" não poderão ser aceitas. É necessário dizer ao agressor, de forma bem clara: "Não acredito nisso, isso é inaceitável, e existem consequências para o bullying nesta escola".

Os professores precisam ter cuidado para que não responsabilizem a vítima por estar nessa condição. Em algumas situações, os professores chegaram até a punir alunos por "darem com a língua nos dentes" ou serem "chorões", o que apenas reforça a crença do bully de que está agindo corretamente e justifica o fato de estar atormentando a vítima, pois – vejam – até o professor concorda que se trata de um fraco, que deve ser tratado com desdém! Está aberta a temporada de caça às vítimas!

Se mais de um agressor estiver envolvido, o professor ou o diretor não deverá interrogá-los em grupo, mas individualmente, sem dar tempo para que comentem entre si sobre o que dirão, ou sobre o que o outro já disse.

Então, para que não pairem dúvidas sobre o que é, ou não, aceitável, os funcionários da escola deverão pensar na possibilidade de colocar cartazes em cada sala de aula e/ou nos corredores, resumindo claramente o que é considerado bullying e o que os alunos devem fazer caso o identifiquem. Os professores poderão também afixar uma lista de comportamentos inaceitáveis ao lado de outra especificando os aceitáveis, de forma que as crianças possam entender o que se espera delas.

Então, o que Realmente Funciona?

Os bullies precisam entrar em contato com sua empatia. Uma forma de fazer isso é dar a eles algum tempo para pensar sobre o seu comportamento e deixar de dar desculpas para justificá-lo. Precisam refletir sobre o que fizeram, sem culpar ou colocar a responsabilidade em outra criança. A menos que os agressores possam começar a considerar a maneira pela qual seu próprio comportamento abalou e causou sofrimento ao outro, não haverá para eles muitas chances de mudança, pois não terão enfrentado suas próprias emoções. Aqui estão algumas questões que poderão ser feitas aos agressores, a fim de torná-los mais conscientes:

1. O que fez para se envolver em confusão?
2. Conte-me, com suas próprias palavras, qual foi o comportamento que lhe causou problemas, sem mencionar nada que a outra criança tenha feito.
3. Seu comportamento passou dos limites e causou sofrimento a alguém?
4. Se fosse aquela criança, o que teria sentido?
5. O que estava tentando conseguir com o que fez? Atenção, poder, divertimento?
6. Existiria outra maneira de conseguir o que desejava, sem que alguém fosse magoado?
7. Que maneira seria essa?
8. Como poderá mostrar sinceramente à outra criança que cometeu um erro?

Lembre-se de que as meninas que praticam o bullying apresentam dificuldades em lidar com seus sentimentos, precisando, assim, de alguém que possa apoiá-las e conversar com elas de forma direta. Dessa forma, poderão aprender a verbalizar seus sentimentos, deixando de ser indiretas e não mais prejudicando seus relacionamentos com outras garotas.

GRUPOS DE LIDERANÇA ENTRE COLEGAS

Muitas escolas possuem algum tipo de grupo de liderança entre colegas, chamados de mediadores, mentores ou outros termos similares. Sua função não é sempre a mesma, variando de escola para escola, mas muitas delas têm a expectativa de que seus líderes grupais representem modelos a serem seguidos, e que intervenham a favor dos alunos quando estiverem sendo vítimas de bullying.

Algumas escolas chegam até a fundar grêmios especificamente para tal propósito. Uma carta de dois professores ao jornal *Courier-Post*, de Nova Jersey, relata:

"Gostaríamos de aproveitar a oportunidade para louvar os estudantes da Escola de Ensino Fundamental Pine Hill. Muitos de nossos estudantes estavam cansados de ver os bullies intimidando e assediando seus colegas. Adotaram, então, uma postura preventiva contra o bullying, e suas ações evoluíram para a formação de um grupo denominado *Violence is Preventable* [A Violência pode Ser Evitada].

O grupo é composto por dois professores facilitadores e mais de cem estudantes. Todos possuem camisetas, que eles mesmos idealizaram, com o logotipo VIP estampado na frente. Todos os alunos da escola são incentivados a aproximar-se desses líderes, caso precisem de apoio".

Os professores continuam, afirmando que os "*VIPS*" também criaram cartazes motivacionais distribuídos pela escola, ajudaram a organizar assembleias para promover a paz, realizaram videoconferências com alunos do ensino fundamental I, a fim de ensiná-los as habilidades antibullying etc. "Todos concordamos que nenhum aluno jamais deveria ter medo de vir para a escola. Oferecemos apoio para as vítimas dos bullies e incentivamos os alunos que praticam o bullying a repensar seu comportamento, bem como a desenvolver a empatia e o respeito, características inestimáveis da personalidade".

A verdade é que os colegas observarão mais do que os professores. Quando as crianças percebem que existem adultos por perto, alteram seu comportamento. Começam a comportar-se de forma apropriada e agem de modo muito diferente do que agiriam se não estivessem sendo observados por nenhuma figura de autoridade. Grupos de liderança entre colegas podem preencher essa lacuna.

Não é justo que os pais esperem que seus filhos sejam observadores adequados o tempo todo e que se coloquem em situações de alto risco. Pedir que os observadores confrontem os bullies sozinhos é uma atitude altamente arriscada. Algumas crianças o farão apenas em função de sua personalidade. Possuem níveis extremamente altos de empatia e preocupam-se mais com a injustiça do que com os riscos à sua própria segurança física ou emocional. Isso, porém, não é algo que possamos esperar ou pedir aos nossos filhos. Ensiná-los a serem "observadores adequados" nem sempre significa que devam sair em defesa de alguém em meio a uma crise. Quantos adultos conseguem fazer isso?

PROGRAMA "SCHOOL COP"*

Estimule o diretor da escola a fazer o download gratuito do programa "School Cop", em *www.schoolcopsoftware.com*, para ajudá-lo a mapear os locais em que os incidentes de bullying estejam ocorrendo e a observar padrões para descobrir onde a supervisão é mais necessária.

---

* O site aqui sugerido, bem como os demais recomendados no livro, encontram-se disponíveis em inglês. (N.T.)

Entretanto, um grupo de garotos confrontando um agressor é uma situação muito menos arriscada. Um grupo numeroso *oferece* segurança. Quando um grupo confronta um agressor, não há uma vítima definida para sua vingança. Um grupo de observadores também poderá desempenhar vários papéis: alguns poderão apoiar a vítima enquanto outros procurarão por um adulto, ou um colega líder para ajudá-los.

Os grupos de liderança entre colegas necessitam de treinamento. Orientadores escolares, professores ou diretores poderão funcionar como conselheiros para os grupos, ensinando-os o que supostamente deverão fazer. Poderá ser confiada a eles a incumbência de informarem os incidentes de bullying ao corpo docente, de acompanharem as vítimas quando entram ou saem das aulas para garantir sua segurança, de convidarem as crianças que estiverem isoladas para almoçar com eles, de agirem como "companheiros", nos quais as vítimas possam confiar quando precisarem de ajuda, e assim por diante.

Em algumas escolas, os colegas líderes conseguem privilégios especiais juntamente com suas responsabilidades especiais. Em uma escola de Nova York, todos os líderes "de primeira linha" conseguiram autorizações por escrito dos professores para poderem estar fora da sala de aula e ter acesso permanente aos corredores, em caso de necessidade. Os colegas líderes poderão também conseguir acesso especial a uma classe ou escritório que estejam desocupados, para poderem conversar com os alunos quando for preciso. Tais programas funcionam melhor quando os líderes possuem seu próprio código disciplinar rigidamente mantido, de forma que percam seus privilégios por um período de tempo caso eles mesmos passem dos limites.

DESFAZENDO AS "PANELINHAS"

Uma maneira simples e eficaz de desafiar a segregação social predominante nas escolas é ajudar as crianças a aproximarem-se de outras, com as quais normalmente não conversariam. Incentivar esses dias de "formação de comunidades" cria condições para que todos de sua escola sejam acolhidos.

Um programa idealizado para essa finalidade é o almoço de confraternização denominado "Mix-It-Up at Lunch Day", no qual as crianças sentam-se em lugares previamente designados na cantina, em vez de ocuparem seus assentos habituais. A determinação dos lugares poderá ocorrer de várias formas: barras de chocolate fornecidas aos alunos, assim que entram na cantina, especificando o número da mesa em que deverão ocupar seu lugar; mesas organizadas de acordo com o mês de aniversário dos estudantes; distribuição de "ingressos" de cartolina combinando com a cor da toalha da mesa em que deverão sentar etc.

Muitas escolas transformam esse dia em um grande evento: distribuem camisetas para serem assinadas pelos alunos que estiverem à mesa juntos, penduram cartazes sobre o evento, acionam professores para tocar instrumentos musicais, decoram a cantina com flâmulas e balões, e oferecem sobremesas especiais.

Pais e professores poderão encontrar mais informações e sugestões de atividades em *www.mixitup.org*.

Ideias similares podem ser colocadas em prática também durante outros períodos do dia. Em vez de ficarem por dez minutos sentados à toa enquanto o professor faz a chamada, ou lendo silenciosamente na sala de estudos, o professor poderá solicitar aos alunos que "entrevistem" uns aos outros em pares, fazendo determinadas perguntas sugeridas por ele para que "quebrem o gelo". Eles poderão também ser divididos em grupos e solicitados a conversar uns com os outros sobre certos temas e, posteriormente, realizar "testes relâmpago" sobre tais assuntos. ("O filme favorito do Johnny é _____. O lugar favorito da Sarah é _____.") Aqueles que obtiverem boa pontuação nesses testes relâmpago poderão ganhar algum tipo de prêmio: adesivos e broches costumam funcionar bem com crianças mais novas; um lanche gratuito ou caixas de surpresas talvez sejam mais adequados para as mais velhas.

O propósito de tais atividades não é fazer com que as vítimas e os agressores tornem-se grandes amigos, mas proporcionar uma forma das vítimas estabelecerem relações sociais que possam protegê-las dos bullies. Uma criança isolada é um alvo fácil, e é pouco provável que crianças venham a defender alguém que não conheçam. Além do mais, uma criança que esteja sendo marginalizada por seu grupo habitual poderá não saber a quem mais recorrer. Tais oportunidades podem ajudar a apresentar crianças que poderiam ter um ótimo relacionamento se normalmente não fizessem parte de círculos sociais diferentes, e proporcionar às crianças tímidas uma forma sistematizada de falar sem hesitação e de conhecer pessoas.

Entretanto, é mais importante do que nunca que haja supervisão em tais eventos, pois é possível que um agressor e uma vítima estejam sentados à mesma mesa na cantina (normalmente estariam sentados em lados opostos), ou acidentalmente juntos, em pares, para realizar alguma das atividades. Um adulto deverá estar, discretamente, escutando suas conversas.

Afastadas do Grupo

Uma garota que venha a tornar-se vítima de uma bully popular poderá sentir como se estivesse sofrendo bullying por parte de todo o grupo de garotas. Na verdade, serão provavelmente uma ou duas agressoras principais, algumas seguidoras fiéis, algumas que se divertirão mas não participarão e algumas que não aprovam o comportamento mas não protestarão por medo. Quase nunca o grupo todo se comporta de forma igualmente cruel, e é raro que nenhuma das alunas possua empatia.

Individualmente, separadas do grupo, é provável que todas as garotas venham a apresentar um comportamento decente e até amigável com a vítima, exceto as principais agressoras e suas seguidoras. Se a vítima for suficientemente confiante, poderá tentar uma aproximação com uma das garotas que lhe pareça mais compreensiva, dizendo a ela: "Se elas começarem a me importunar, sei que talvez seja difícil para você dizer algo na frente delas, mas se puder conversar comigo depois, eu me sentiria melhor".

Se ela conseguir estabelecer esse vínculo empático, é interessante que tal canal de comunicação seja mantido. Poderá também pedir à garota que procure por um professor ou assistente caso a situação fique fora de controle. No entanto, é importante não alimentar expectativas demasiadas: esperar que a garota a defenda da agressora é o mesmo que pedir a ela que se torne a próxima vítima. Incentive a escola para que seus orientadores organizem "almoços em grupo", reunindo garotas para que, juntas, possam aprender a comunicar-se entre si de forma direta. Se as garotas puderem aprender a conversar entre si sobre ciúmes, raiva e rivalidade, num ambiente seguro, poderão aprender novas habilidades para enfraquecer a natureza indireta do bullying.

MUDANDO DE CLASSE OU PARA UMA NOVA ESCOLA

Às vezes, os funcionários da escola sugerirão que se mude seu filho para outra classe, ou para uma escola diferente. Trata-se de uma situação que raramente funciona, por duas razões principais:

1. A responsabilidade é colocada na vítima. Por que *ela* deveria ter que se mudar? Por que não o bully?
2. Nem o bully nem a vítima terão aprendido com a experiência. O bully ficará satisfeito por ter afugentado sua presa (sentindo-se, dessa forma, até mais poderoso), e a vítima permanecerá vulnerável. Só restará às outras crianças acreditar que o professor tenha favorecido o bully, reforçando a crença de que o bullying confere poder a quem o pratica.

É uma solução que isenta o distrito escolar das responsabilidades, pois não precisarão enfrentar a "confusão" de resolver o problema permanentemente, ou de expulsar um bully, ou de convencer seus pais a transferi-lo para outra escola. E é quase certo que o bully simplesmente escolherá uma nova vítima, com a sensação de que sempre pode escapar das punições.

Entretanto, às vezes a solução parece interessante aos pais, pois quase sempre acreditam que somente mudando o filho para uma nova escola conseguirão resolver a situação. O problema é que, uma vez que seu filho tenha sido vítima de bullying, será como se tivesse um aviso em neon sobre sua cabeça, alertando os bullies da nova escola. Deixando de lado o fato de que crianças ouvem rumores e poderão descobrir que ele tenha deixado a escola anterior por causa dos bullies (oba, um alvo fácil!), é provável que seu filho sinta-se vulnerável, que não tenha desenvolvido a verdadeira autoestima, e que não possua nenhum amigo ou confidente na nova escola. Ser "novo na escola" o tornará, por si só, um alvo mais fácil.

Se possível, o objetivo será manter seu filho onde estiver, e criar um ambiente no qual o bullying não consiga mais prosperar. Pergunte ao professor quais são os locais em que as "crianças boazinhas" costumam passar o tempo, e incentive-o a conversar com elas. Verifique a existência de clubes específicos ou atividades extraescolares que poderiam ser adequados a seu filho, e nos quais ele poderia encontrar aqueles amigos que estariam dispostos a defendê-lo, criando uma proteção contra os agressores. Estabeleça prazos com a escola, e esteja preparado para tomar medidas adicionais se os problemas continuarem. Mais uma vez, estará fornecendo a seu filho o exemplo de comportamento a ser seguido. Mostre a ele que o bullying é inaceitável, que você não permitirá que tal comportamento continue, e que perseverará até que esteja solucionado.

Relembre as autoridades da escola sobre a existência de uma exigência legal que os obriga a manter seu filho em segurança. Se isso significar que terão que contratar mais funcionários, apenas para seguir os alunos agressivos por toda a parte, é o que precisarão fazer. Se isso significar que terão que reprogramar totalmente as classes dos demais alunos, ou colocarem um assistente para acompanhar os bullies na saída, diretamente até o seu ônibus, certificando-se de que não se envolverão em brigas tão logo saiam pela porta, é isso que precisará ser feito.

Os responsáveis pela escola costumam preferir causar inconvenientes a pessoas mais conciliadoras; eles sabem muito bem que será difícil lidar com os pais dos agressores. Sabem que quando ligarem para dizer a eles que o filho deles não tem permissão para tomar o ônibus, ou que precisará ter seu horário totalmente remanejado, a fim de distanciá-lo das crianças que vem importunando, os pais provavelmente farão um escândalo, e dirão: "Meu filho, não", ou "Não é problema dele", ou ainda "Se a outra criança tem problemas com isso, é ela que precisa mudar!".

As autoridades da escola também precisarão encontrar um equilíbrio entre o dever de educar o agressor e a tarefa de proteger seu filho. É muito pouco provável que uma escola expulse uma criança que não faça uso de violência física, e também há pouca probabilidade de que expulse uma criança que *seja* violenta, a menos que a violência envolva armas, que seja claramente repetida por inúmeras vezes no recinto escolar, ou que aconteçam situações igualmente terríveis. Na maioria dos casos, tentarão mantê-la em seu lugar.

Caso isso aconteça e você sinta que seu filho esteja sendo "punido" por ser uma vítima, precisará lembrar às autoridades escolares que seu filho não é o agressor, e não existe razão para retirá-lo de suas atividades habituais. Talvez possa referir-se à mesma situação em um contexto no qual existam dois adultos, e perguntar ao diretor como lidaria com o problema: se existissem dois professores e um estivesse apenas tentando fazer o seu trabalho, enquanto o outro o seguisse por toda parte para atormentá-lo, se roubasse seu dinheiro e o derrubasse no chão (acrescente aqui as informações sobre sua situação), qual dos professores ele manteria e qual deles seria despedido?

QUANDO O SISTEMA FALHA: UM EXEMPLO TRÁGICO

Aqui está um exemplo extremo do que pode acontecer quando as crianças não são protegidas na escola. Essa é uma história muito séria e, graças a Deus, muito incomum. Apesar de tudo, trata-se de uma história verídica.

Segundo o depoimento de seu antigo diretor, Jonathan Miller teria participado de 34 situações problemáticas, durante os dois anos em que cursou o ensino fundamental II, antes que matasse o garoto de treze anos, Josh Belluardo, com um golpe inesperado na parte posterior de sua cabeça, quando os dois desciam de um ônibus em um subúrbio da Geórgia. Belluardo veio a falecer em

LISTA DE VERIFICAÇÃO PARA OS PAIS EM RELAÇÃO À ESCOLA

1. Documentei por escrito todos os incidentes dos quais tive conhecimento? Datas, horários e quem estava envolvido? Que crianças presenciaram o incidente e que adultos talvez o tenham observado?
2. Algum funcionário da escola soube do incidente? Como lidou com a situação? Obter informações da criança e dos adultos envolvidos.
3. Já li o código de conduta da escola e estou familiarizado com ele?
4. Estou calmo o suficiente para ter uma conversa aberta e construtiva, sem que eu mesmo acabe ficando agressivo demais?
5. É a primeira vez que o incidente acontece, e é suficientemente grave para que eu entre em contato com a escola, ou devo trabalhar a situação primeiro com meu filho?

A) Caso seja a primeira vez, com quem devo entrar em contato primeiro?
   I. O professor: por telefone e bilhete, pedindo a ele que mantenha o sigilo.
   II. O professor respondeu dentro das primeiras 24 horas? Caso não tenha respondido, procurar o diretor.
   III. Devo entrar em contato com o diretor juntamente com o professor? Somente se for sério o suficiente para comprometer significativamente a segurança física ou emocional do meu filho.
   IV. Devo entrar em contato com outros funcionários da escola? Somente se alguém da escola puder ter presenciado o incidente (um monitor, uma merendeira etc.). Devo sempre

pedir a permissão da escola para entrar em contato com um desses funcionários.

B) Se esse for o segundo ou o terceiro contato, e o incidente já tiver acontecido antes, envolvendo as mesmas crianças:
I. Entrar em contato com o professor novamente por telefone e bilhete.
II. Solicitar conversa telefônica com o professor.
III. Solicitar conversa telefônica com o diretor, ou mandar um bilhete para ele, explicando a situação.
IV. Perguntar quais estratégias o professor utilizou para lidar com a situação. Em que medida sua interferência foi, ou não, eficaz?
V. Haverá possibilidade de uma reunião particular com o meu filho (caso ele se sinta à vontade e seja um encontro confidencial), para que um plano possa ser elaborado?
VI. Solicitar um retorno do professor/diretor semanalmente, ou até diariamente, caso meu filho esteja com medo de que a situação volte a acontecer.
VII. Existem outras soluções que possam oferecer a meu filho, que não o estigmatizarão ainda mais?
6. Escrevi os detalhes sobre cada conversa com os funcionários da escola e os armazenei em um caderno de notas ou em uma pasta bem organizada?

consequência de uma artéria seccionada, após ter ficado hospitalizado, em estado de coma, por dois dias.

Miller havia sido suspenso da escola, bem como recebido inúmeras suspensões de determinadas aulas, por agredir alunos e xingar um professor. Entretanto, mesmo após 34 incidentes sobre os quais os professores tiveram conhecimento (e muitos outros provavelmente desconhecidos por eles), nada foi feito para impedir que o problema tomasse maiores proporções, até que sua vítima viesse a falecer[19].

Esse é um exemplo trágico do que acontece quando as autoridades recusam-se a admitir que seus métodos habituais não estão surtindo efeito. Felizmente, a maioria dos que praticam o bullying nas escolas não chega nem perto desse extremo, mas se você estiver lidando com um bully persistente, precisará também ser perseverante.

Ao abordar o diretor da escola pela segunda ou terceira vez em relação a um mesmo assunto, verifique quais medidas já foram tomadas, deixe claro que elas não foram eficazes, e que espera que passem para uma próxima etapa. Explique que seu filho está em perigo e que a escola é obrigada legalmente a proporcionar um ambiente seguro, o que significa encontrar uma nova solução para manter aquele agressor bem longe de seu filho.

No ano passado, trabalhei com um estudante do sexto ano que estava sendo atormentado constantemente por um bully. A escola tentou fazer uma série de intervenções, mas o que finalmente resolveu o problema foi separá-los totalmente. O departamento de orientação educacional reorganizou os horários de forma que os garotos não tivessem aulas em locais próximos um do outro, e não tivessem nem ao menos que passar pelos corredores ao mesmo tempo. Diversos adultos foram solicitados a observá-los. Não tiveram praticamente nenhum contato pelo resto do ano, e isso solucionou o problema.

Se você estiver muito preocupado com a segurança de seu filho, não continue dando murros em ponta de faca se perceber que o professor e o diretor não o estão levando a sério. Dirija-se ao superintendente. É provável que ele apenas o encaminhe de volta ao diretor, mas isso fará com que seja muito mais difícil para o diretor continuar ignorando suas queixas. Ele terá que relatar o assunto ao superintendente, ou seja, precisará pensar em *alguma* solução. Se isso não funcionar, procure o conselho escolar.

Formando Grupos

Uma das maneiras mais eficazes de garantir que a escola tome atitudes é unir-se a outros pais. Um diretor poderá ignorar um pai/mãe que o informe sobre uma situação de bullying; tal incidência poderia ser uma exceção. Entretanto, quando dois, três, ou mais pais informam sobre problemas com a mesma criança ou grupo de crianças, é pouco provável que o diretor os ignore.

O primeiro passo é perguntar a seu filho se outras crianças da escola também estariam sendo vítimas de bullying – especialmente pela mesma criança ou grupo que esteja importunando seu filho. Peça para que ele preste atenção e perceba quem mais estaria sendo provocado na escola. Muitos distritos escolares distribuem uma "lista de pais" no começo do ano, que contém os nomes e telefones dos alunos e seus pais. Se isso não acontecer, tente localizar os pais no catálogo telefônico, ou pela internet. Caso não consiga, ligue para a secretaria da escola e explique aos funcionários que gostaria que enviassem uma mensagem aos pais desse ou daquele aluno, dizendo que gostaria de conversar com eles. O funcionário responsável deverá prontificar-se a entrar em contato com os pais e fornecer a eles o seu número de telefone.

Você também poderá participar de reuniões da Associação de Pais e Mestres e dos eventos da classe, e levantar o assunto para verificar o que os outros pais têm a dizer sobre o problema. Talvez consiga bastante apoio, ou também é possível que não consiga nenhum. Geralmente, o fato da Associação de Pais e Mestres procurar o diretor para abordar o problema do bullying causa muito mais impacto do que uma reclamação isolada de um pai ou de uma mãe.

Da mesma forma, você poderá solicitar ao diretor que convoque uma reunião. Peça-lhe que convide os pais para que, juntos, possam discutir o problema do bullying, descobrir onde e quando está ocorrendo, e quais alunos o estão praticando com mais frequência. Uma reunião como essa poderá servir como um alerta para os pais e o diretor. É exatamente com esse propósito que muitas vezes sou chamado para falar; os pais trazem suas preocupações e o diretor solicita a minha presença, a fim de que possamos discutir os problemas relacionados ao bullying e trabalhar nas soluções.

Tendo ou não um "orador convidado" para falar sobre o assunto, parece bastante razoável esperar que o diretor ocasionalmente convide os pais para discutirem questões importantes da escola. Considerando que quase todos os tiroteios nas escolas tenham sido atribuídos, pelo menos em parte, à situações de vingança ao bullying, as autoridades escolares deveriam compreender que se trata de um problema bastante preocupante, que não deveria ser silenciado.

Muitas escolas possuem programas que contemplam um determinado número de reuniões e sessões de treinamento sobre o assunto a cada ano, em vez de esperar que surjam reclamações. Todos os professores, assistentes, treinadores e demais membros da equipe de profissionais da escola participam de duas ou três sessões de treinamento no início do ano, a fim de discutir o que é o bullying e como lidar com ele; os pais são convidados algumas vezes por ano para participar de reuniões nas quais são discutidos quaisquer problemas que venham a surgir; as crianças recebem "treinamento em bullying", tanto em suas salas de aula quanto em assembleias com a presença de toda a escola. Trata-se de uma forma proativa de lidar com o problema, reconhecendo que o bullying está sempre presente em qualquer escola, em vez de esperar que uma tragédia terrível aconteça para só então pensar em estratégias sobre o que fazer "na próxima vez".

FALANDO COM A POLÍCIA

Se o seu filho foi vítima de violência física ou sexual, será conveniente informar à polícia local e apresentar uma queixa. Tal atitude será também oportuna caso seu filho esteja sofrendo ameaças de violência física. Certifique-se de levar com você quaisquer evidências que possua, tais como e-mails, mensagens telefônicas, fotos de hematomas, roupas rasgadas e assim por diante. Em casos nos quais a segurança seja motivo de grande preocupação, a polícia precisará estar ciente da situação, da mesma forma como a escola deverá também ser comunicada.

Em abril de 2006, na cidade de Cincinnati, um estudante do ensino médio que ameaçou levar uma arma e matar um colega de classe teve que se reportar a um oficial de justiça, cumprir a determinação de não permanecer nas ruas após as 18h00, frequentar aulas de gestão da raiva, completar vinte horas de serviços comunitários e pagar as custas judiciais[20].

CONVERSANDO COM UM ADVOGADO

Levanto esse assunto com certa hesitação, pois espero que os pais realmente encarem essa opção como o último recurso a ser utilizado. Às vezes, porém, é justificável que se procure assistência legal para os problemas relacionados ao bullying.

Se o seu filho estiver sofrendo violência ou agressões sexuais na escola, o bully e/ou seus pais, como também a própria escola, poderão ser considerados responsáveis. As leis diferem de estado para estado sobre quem poderá ser responsabilizado, e sob quais circunstâncias; sendo assim, você precisará procurar assessoria jurídica em seu estado.

Em 2005, o garoto Dylan Theno, de dezoito anos, processou seu antigo distrito escolar, afirmando que havia sido submetido ao bullying durante cinco anos, e a escola nunca interveio. Finalmente deixou de frequentar a escola quando cursava o ensino médio, buscando ajuda psiquiátrica. O júri descobriu que ele havia sido submetido a assédio de gênero (era chamado de "bicha", "veado" e outras gírias sexuais), que isso o havia impedido de completar sua educação e que o distrito escolar havia demonstrado indiferença em relação ao problema. De fato, as autoridades da escola afirmaram perante o tribunal que o garoto havia causado parte dos problemas. O júri concedeu a Dylan a quantia de aproximadamente 250 mil dólares[21].

Em Connecticut, em 2005, os pais de uma jovem também entraram com uma ação judicial contra o distrito escolar, pelo fato de não terem tomado providências quanto ao tormento quase diário enfrentado por sua filha. No entanto, resolveram a situação fora do tribunal, pois não estavam em busca de dinheiro. Desejavam uma retratação por parte da escola, bem como uma revisão de seu programa antibullying, o que acabaram conseguindo. Os pais ficaram muito satisfeitos com o resultado, afirmando que as autoridades escolares efetivamente lidaram com o problema e que sua filha estava fazendo progressos[22].

NINGUÉM SABE MELHOR DO QUE VOCÊ

Os pais às vezes querem saber se acho correto que retirem seus filhos da escola quando o bullying se torna demasiadamente sério. Seu melhor termômetro nessas situações terá que ser o seu filho. É claro que o objetivo será fazer o possível para administrar os problemas, fazer com que seu filho se sinta física e emocionalmente seguro e aprenda a ter resiliência. Porém, nesse momento atingimos, de fato, um ponto crítico e, como pais atenciosos, vocês provavelmente serão os melhores juízes para avaliar o problema.

Mesmo quando adultos, às vezes todos necessitamos de "dias só nossos", nos quais tiramos uma folga do trabalho, ou simplesmente trabalhamos de forma menos intensa, por não estarmos no estado de espírito apropriado para enfrentar aquele dia. Se o seu filho estiver tão aterrorizado a ponto de você ter a impressão de que o está enviando a um carrasco, talvez sinta a necessidade de deixá-lo ficar em casa por um ou dois dias; enquanto isso, poderá conversar com as autoridades na escola e conseguir que realizem certas mudanças, de forma a proporcionar segurança a ele quando regressar. Entretanto, utilize essa opção apenas em momentos de crise; se o seu filho aprender que pode derramar algumas lágrimas e dizer que alguém foi mau com ele para que o deixe ficar em casa, isso reforçará seu papel de vítima e o ensinará que não será necessário aprender a lidar com o problema.

Esteja ciente de que mudar de escola nem sempre ajudará, a menos que seu filho esteja tão seriamente estigmatizado que até mesmo uma mudança positiva por parte da escola em que esteja estudando opere poucas mudanças e continue estimular o bullying. Talvez você prefira pensar que os bullies dessa escola específica são loucos e que todas as pessoas em todas as outras escolas tratariam seu filho bem, mas provavelmente isso não é verdade. Uma criança que seja vítima em uma escola tenderá a sê-lo também em outra. Existem, porém, exceções: uma mulher conta-nos sobre um ambiente muito racista, em uma determinada região na qual somente seus dois filhos não eram brancos em suas classes, sendo ambos atormentados. Como se não bastasse, os dois estavam, em resposta, ficando violentos. Ela estava chocada pelo fato de que sua filha, a quem descreve como uma garota muito tranquila e obediente, estivesse envolvida em lutas corporais. No ano seguinte, mudou os dois para escolas etnicamente mais diversificadas em uma nova área, nas quais conseguiram progredir. Às vezes, apenas deixar para trás uma velha reputação promove uma ajuda efetiva.

Se estiver pensando em mudar seu filho para uma nova escola, considere a possibilidade de levá-lo primeiramente a um aconselhamento psicológico, a fim de que sua autoestima possa ser trabalhada, diminuindo a possibilidade de tornar-se vítima na nova escola. Dessa forma, tal mudança poderá ser sentida como um genuíno recomeço, e não como uma prova de fracasso. Já vi isso funcionar muitas vezes, especialmente quando as crianças vítimas de bullying desenvolvem novas habilidades, de forma a perceberem que terão uma nova chance na nova escola.

A educação domiciliar* ou as aulas particulares serão sempre uma possibilidade, mas certamente poderão fazer com que as crianças que já se sentem rejeitadas por seus colegas sintam-se ainda mais isoladas socialmente; é também menos provável que adquiram confiança em sua capacidade de fazer amigos, defender-se e aprender resiliência. Caso decida pela educação domiciliar, considere tal possibilidade como uma opção por tempo limitado (talvez por um ano escolar), e certifique-se de que a criança possua outras alternativas para encontrar colegas.

---

* A educação domiciliar, prática adotada nos Estados Unidos e em vários países da Europa, não é legalizada no Brasil. (N.T.)

As crianças nunca deveriam ficar apavoradas ao pensarem em enfrentar bullies na escola. É importante conversar francamente com seu filho sobre a seriedade do problema e sobre os danos que poderá causar. É desastroso que muitos pais não estivessem conscientes, ou tivessem apenas um conhecimento parcial, do fato de que seus filhos estavam sendo vítimas de bullying quando cometeram ou tentaram o suicídio. Se estiver percebendo sinais graves de depressão – afastamento das atividades, choro, alterações de humor, indiferença, queimaduras ou cortes na pele, frequentes indisposições mal explicadas ou desculpas para evitar a escola, isolamento, alterações do sono ou hábitos alimentares, e assim por diante – vá ao fundo da questão e entenda o que está acontecendo, ou certifique-se de que seu filho receba ajuda de um terapeuta.

Por mais importante que seja a escola, nunca valerá a vida de uma criança. Seu filho tem o direito de sentir-se seguro na escola, e, como pais, vocês têm o direito de exigir que as autoridades escolares cumpram essa obrigação.

cinco

O BULLYING NOS ESPORTES: MANTENDO OS BULLIES FORA DE CAMPO

Por mais benéfica que possa ser a participação da criança em atividades esportivas, sabe-se que tal ambiente é particularmente propício ao bullying. Tal fato ocorre em razão do bullying ser, em última instância, uma questão de poder, e a adrenalina e a rivalidade nos esportes fazem com que se transformem, para muitos, em um "prazer pelo poder", inclusive para os atletas profissionais que já passaram da fase de testar comportamentos bullying. Quando observamos uma filmagem de Mike Tyson mordendo um pedaço da orelha de alguém, jogadores de hóquei golpeando uns aos outros até deixá-los inconscientes, jogadores de beisebol ou basquete saltando para as arquibancadas e esmurrando os torcedores, provavelmente estamos diante de situações nas quais a adrenalina escapa ao controle.

Ensinamos as crianças a serem agressivas nos campos esportivos, mas esperamos que, tão logo saiam deles, esqueçam a agressividade e demonstrem "espírito esportivo". Tal atitude não é fácil para os adultos, e muito menos para as crianças, que não possuem tanta habilidade em controlar suas emoções. Pode ser muito difícil passar de um estado a outro, e algumas pessoas –

como Mike Tyson – parecem incapazes de interromper a manifestação da agressividade.

O comportamento dentro de campo pode ser dividido em "jogo limpo" (comportamento adequado e espírito esportivo) e o que chamo de "jogo sujo" (bullying e comportamento inadequado que marginaliza os demais). Dentro de um campo esportivo, existe um limite tênue entre a disputa competitiva e o bullying. O guia denominado "Identificador de Bullies", apresentado a seguir, define os tipos de bullying nos esportes, para que tal limite possa ser esclarecido.

LINGUAJAR OFENSIVO

O linguajar ofensivo é caracterizado por insultos e provocações que visam fazer o jogador perder a concentração e desestabilizá-lo. Observa-se esse tipo de insulto até mesmo em competições amistosas, nas quais alguns amigos estão jogando beisebol e o receptor fala, com insolência, para o batedor: "Vá em frente e perca outra. Rápido, saia do jogo, seu imbecil".

Tais provocações podem ser divertidas, utilizadas para gerar motivação, e podem ser parte da competição bem-humorada; tudo dependerá, porém, de como serão usadas e da reação dos jogadores. Quando alguém usa esse tipo de linguagem e a pessoa atingida prontamente responde utilizando o mesmo tipo de palavreado, podemos estar quase certos de que se trata de uma provocação entre iguais, nada muito importante. Ou ainda, se a pessoa atingida não se abalar, provavelmente tudo ficará bem. No entanto, torna-se um problema quando estiver depreciando a moral da pessoa.

As pessoas que possuem empatia utilizam seu próprio discernimento para interpretar a reação do outro, e para perceber quando passaram dos limites e devem recuar. Os esportes não deveriam ser utilizados com intenções destrutivas. No entanto, às vezes perde-se tal perspectiva quando as crianças começam a acreditar que vencer é mais importante do que ser uma pessoa decente. A vitória é encarada como um objetivo no qual os fins

GUIA IDENTIFICADOR DE BULLIES
O BULLYING NOS ESPORTES

	LEVE	MODERADO	SEVERO
Físico	• Golpear, dar tapas, provocar de forma agressiva, com intenção de prejudicar • Dar cabeçadas • Bater com uma toalha • Jogar objetos em alguém • Pegar os pertences de alguém (roupas, equipamentos etc.)	• Usar os braços, pernas e mãos desobedecendo às regras dentro de campo • Arremessar a bola no outro jogador com a intenção de machucá-lo • Dar rasteiras • Bater no outro com o equipamento • Cuspir de forma intencional • Impedir que alguém saia do banho ou pegar as roupas de alguém com a intenção de prejudicá-lo	• Violência física com intenção de causar dor • Manter o jogador no chão contra a sua vontade • Quebrar ou danificar bens alheios • Grafitar, de forma a danificar a propriedade alheia • Trancar alguém em um aposento • Carícias sexuais impróprias e indesejadas

	LEVE	**MODERADO**	**SEVERO**
Relacional	• Importunar um indivíduo no vestiário • Fazer comentários críticos com a intenção de ferir • Atribuir culpa, fazer fofoca • Fazer provocações dentro de campo com a intenção de desequilibrar o oponente • Olhares de desaprovação com a intenção de ferir • Excluir ou isolar outro jogador	• Excluir mais de uma vez • Fazer uma pessoa sentir-se envergonhada em frente às outras • Armar uma situação para que a pessoa pareça estúpida/seja culpada • Ameaçar revelar informações pessoais • Fazer fofoca com a intenção de isolar alguém • Insultos raciais leves • Gestos obscenos • Utilizar a internet* para realizar qualquer uma das ações descritas anteriormente	• Afastar um jogador de uma equipe, isolar alguém por meio de rumores (ou de comentários falsos na mídia) • Insultos raciais prejudiciais • Utilizar a internet* para realizar qualquer uma das ações descritas anteriormente

	LEVE	**MODERADO**	**SEVERO**
Verbal	• Ridicularizar • Utilizar linguagem imprópria com os demais, fazer comentários sobre preferências sexuais • Insultar sem intenções prejudiciais • Chamar alguém pelo apelido quando solicitado que não o fizesse • Usar palavras grosseiras ao falar com figuras de autoridade • Fazer comentários sexuais indesejáveis • Insultar verbalmente os torcedores	• Fazer ameaças verbais de agressão a uma pessoa, bens ou propriedades • Humilhar os demais • Insultar de forma grosseira ou com intenções prejudiciais • Censurar • Assediar sexualmente alguém por uma vez • Utilizar a internet* para realizar qualquer uma das ações descritas anteriormente	• Fazer ameaças verbais com a intenção de prejudicar pessoas ou bens • Fazer ameaças ou vingar-se por alguém ter informado sobre o bullying • Fazer ameaças verbais de violência ou de infligir danos corporais • Intensificar o comportamento grosseiro com os demais • Cometer assédio sexual de forma continua • Ofender de forma abusiva os treinadores, juízes e torcedores • Utilizar a internet* para realizar qualquer uma das ações descritas anteriormente

*Internet: inclui e-mails, websites, mensagens instantâneas, mensagens de texto por telefone.

justificam os meios; dessa forma, se for necessário destruir alguém para chegar lá, tal atitude parece ser desculpável.

Essa questão ficou muito clara para mim certo dia, enquanto assistia a um jogo da Liga de Beisebol Infantil. Um lançador muito bom fez alguns arremessos ruins, e o time reserva adversário alinhou-se de forma que, todos juntos, começassem a pular sobre a cerca e a atormentá-lo implacavelmente. Eles riam e gritavam, causando nele uma sensação terrível; para o meu assombro, seu técnico os encorajava.

O lançador perdeu o controle e, na área de lançamento, começou a chorar. Era uma cena horrível, agravada ainda mais pelo fato de as crianças pensarem ter atingido seu objetivo por terem conseguido "arruiná-lo", e pelo técnico ter dado sua aprovação. Aquele garoto ficou perturbado por muito tempo, e não acho que esse tipo de bullying tenha contribuído para formar seu caráter. A intenção era abalar sua confiança, e tal finalidade foi alcançada. Ainda pergunto a mim mesmo o que o treinador poderia estar pensando. Se essa criança fosse seu próprio filho, será que teria demonstrado alguma empatia por ela? A provável resposta é que ele encarou esse tipo de bullying como um exercício de formação de caráter, e realmente o teria utilizado em seu próprio filho. O problema aqui é: ensinar o comportamento bullying não promove o espírito esportivo.

Se o treinador não interferir, as crianças irão entender que seu linguajar ofensivo é aceitável. Por isso é tão importante que os adultos fiquem atentos, para que percebam quando um jogador estiver em dificuldade. Às vezes, porém, o bullying é comandado pelos treinadores.

Em relação aos times que permitem que meninos e meninas joguem juntos, fato que tem acontecido com mais frequência, o importante a ser considerado é a atitude do treinador na orientação aos jogadores. Um treinador que valorize igualmente os sexos dá o exemplo ao time e desencoraja o bullying e as desigualdades na escala social. Já um treinador que tenha dúvidas sobre o fato de os dois sexos serem igualmente capazes de jogarem juntos fornece um exemplo que pode dividir seriamente o time, criando atletas de "segunda classe", que estão abaixo do padrão.

Lembro-me de um grande treinador de futebol que tratava todos os seus jogadores, homens ou mulheres, sem discriminação de gênero; esse time jogava como um grupo de crianças que se divertiam e apreciavam tal atividade. Por outro lado, havia um técnico que revirava os olhos sempre que as garotas erravam uma bola (embora nunca fizesse o mesmo quando os garotos jogavam mal), e essa era a imagem de um time fragmentado, no qual as garotas agrupavam-se desordenadamente, longe dos garotos. Eles, por sua vez, ficavam com raiva quando uma das garotas fazia uma boa jogada, em vez de um gos garotos. Tal experiência apenas reforçou o estereótipo negativo do espírito esportivo para esses atletas, e muitos deles não apreciaram mais suas práticas esportivas depois disso.

TREINADORES PROBLEMÁTICOS

Acima de tudo, as crianças tomam como exemplo o comportamento dos treinadores. Se um treinador é um bully, as crianças aprenderão que o bullying é aceitável. Isso acontece com mais frequência do que gostaríamos de imaginar.

Os treinadores podem praticar o bullying em seus jogadores de várias maneiras. Podem insultá-los ("Você é péssimo!" "Você não tem cérebro?"), praticar o bullying físico empurrando ou dando tapas nas crianças, ou puni-las fazendo com que fiquem fisicamente extenuadas (por exemplo, aplicando uma "prática disciplinar" após um jogo exaustivo, ou ainda fazendo o time executar um número excessivo de abdominais, ou de voltas ao redor do campo). O treinador poderá até encorajar o comportamento dos trotes, dizendo aos jogadores mais velhos para fazerem com que os mais novos "entrem no ritmo" em relação à forma pela qual as atividades são realizadas.

Testemunhei um treinador praticando intensamente o bullying em um time de futebol que não havia jogado muitas vezes com aquela formação. Estavam sendo derrotados com muita facilidade no primeiro tempo de jogo, e, em vez de tentar fortalecê-los, esse técnico acabou com eles.

"Esse é o pior time que já vi!", dizia ele, "Que desempenho ruim! Vocês estão passando o maior vexame em campo! Nenhum de vocês merece estar jogando nesse time!".

Essa foi sua forma de motivar o time. Alguns treinadores acreditam que poderão fazer um time adquirir novo ânimo provocando raiva nos jogadores; acham que poderão levantar o time, de alguma forma, fazendo com que joguem melhor, apenas gritando com eles. Na verdade, nunca vi isso acontecer.

Nesse caso, o time, que já estava tendo um mau desempenho no primeiro tempo, perdeu totalmente o controle no segundo. Não poderiam ter sido mais desmoralizados. Não havia absolutamente nenhum trabalho de equipe; nem ao menos falavam entre si ou chamavam a atenção uns dos outros. Apenas conseguiram terminar o jogo. Haviam perdido o interesse em passar as bolas um para o outro, começaram a cometer ainda mais faltas contra o time adversário e, o que é mais importante, pareciam moralmente abatidos em campo após terem conversado com o técnico. As crianças guardam na memória a última recomendação que o treinador faz a elas e, nesse caso, passaram a ter um desempenho ainda pior.

Em contrapartida, já observei um treinador verdadeiramente habilidoso em conversar com os jogadores no intervalo após o primeiro tempo. Após seu time ter tido um desempenho também ruim no primeiro tempo, chamou-os de lado, encontrando aspectos positivos para conversar com eles: "O que vocês acham que fizemos de bom até agora? Quem fez um bom trabalho em campo? Quem apresentou um bom trabalho de equipe? Quem quer ser o jogador a entrar em campo e marcar o próximo gol? Quem deseja comandar o time para vencer o jogo? Vocês acham que conseguiremos fazer isso? Todo mundo coloque as mãos no centro e grite o nome do nosso time o mais alto que puder, assim que eu começar a contar até cinco. Vocês são capazes, garotos".

Que diferença! Esses garotos ficaram motivados porque sentiram que o técnico acreditava neles, e que poderiam ser os vencedores. Por não ter focado muito os aspectos críticos, o treinador conseguiu fazer com que o jogo continuasse divertido para as crianças, e ajudou-as a ter o melhor desempenho possível.

Lembro-me de um treinador que conseguia ser tão bom quanto ele. No ensino fundamental II, dois bullies passaram a considerar como "diversão" arremessar bolas de basquete em Steve quando o treinador não estava por perto, pois achavam que não era tão bom quanto eles. De alguma forma, o treinador deve ter percebido que algo estava acontecendo, pois Steve comportava-se de forma diferente quando esses dois garotos estavam presentes. Ele afirma que nunca esquecerá como o técnico o ajudou, ensinando-o a fazer um grande arremesso. Fez com que praticasse repetidamente um arremesso, acreditando que teria sua chance de ser um herói e de provar àqueles dois brutamontes que o trabalho "do time" era o mais importante.

Durante seu primeiro jogo da temporada, estavam ganhando por um ponto nos vinte segundos finais, quando o treinador mandou que Steve entrasse em campo. Ele se lembra de ter sentido que aquela seria sua chance, e que o outro time não poderia mais vencer se acertasse o arremesso. Quando a bola foi passada para ele por um companheiro de equipe com quem havia praticado por toda a temporada, fez um arremesso de bandeja*, a bola entrou, e o time (incluindo os dois bullies) correu para abraçá-lo. Steve nunca havia tido a sensação de ser um vencedor. O treinador conversou com os rapazes sobre o trabalho "do time" e Steve compreendeu que não seria mais uma vítima. Ele estava certo!

Alguns treinadores possuem estilos naturalmente positivos, enquanto outros podem ser bastante cruéis. É importante que os técnicos tenham em mente que apenas poucas crianças acabarão jogando profissionalmente; dessa forma, o objetivo principal precisará ser a diversão. Poderia haver uma mensagem mais clara para os pais que acompanham seus filhos nas atividades esportivas?

Aparentemente, essa mensagem foi esquecida por Mark Reed Downs Jr., um ex-treinador de T-ball** que está prestes a ser julgado por ter supostamente subornado uma criança de sete anos para bater no rosto de outra criança autista, impedindo-a de participar do jogo de desempate, o que diminuiria as chances do time vencer. A criança de sete anos bateu no rosto e na virilha do garoto com uma bola de beisebol, e quando a mãe da vítima perguntou a razão pela qual agiu daquela forma, afirmou que o

---

* Arremesso de bandeja é um lançamento do basquete realizado com uma das mãos, de uma posição abaixo ou ao lado da cesta, e pode ser feito com passe ou driblando. Tem esse nome pois o atleta leva a bola como se estivesse segurando uma bandeja. (N.T.)

** T-ball é um esporte baseado no beisebol, criado com o objetivo de fazer com que as crianças pequenas (geralmente de quatro a oito anos) desenvolvam as habilidades necessárias ao jogo de beisebol de forma divertida. (N.T.)

técnico teria oferecido a ele a quantia de 25 dólares para que fizesse aquilo[23].

Apesar de a maioria dos técnicos não ser tão cruel, muitos são levados pelo desejo de vencer os jogos, e acabam procurando desculpas para não permitir que os jogadores mais fracos joguem, ou para desencorajá-los, na esperança de que desistam. Poderão ainda ser inadequados e descarregar suas frustrações nas crianças, caso estejam com medo de perder o emprego por causa de uma temporada de derrotas, ou até mesmo apenas por estarem com o orgulho ferido por sua incapacidade de levar o time à vitória. Um treinador pode sofrer muita pressão para que vença os jogos. Seus superiores talvez não percebam tudo o que ele fez para aumentar o ânimo do time e formar lideranças; poderão avaliar seu valor como treinador baseados apenas nas vitórias e derrotas que observam.

Quando os pais perceberem que um treinador estiver sendo excessivamente severo com as crianças, ou negativo demais, a melhor forma de lidar com isso será em grupo. Poderá ser muito benéfico se você conseguir unir-se a outros pais para que, juntos, abordem o treinador de maneira educada: "Achamos que faz um ótimo trabalho ensinando as crianças, mas quando as critica, isso não causa um efeito benéfico. Será que poderia pensar em uma forma de abordagem mais positiva para motivá-las? Dizemos isso porque já as vimos despender realmente um grande esforço quando elogiadas".

Especifiquem quaisquer queixas que, como pais, venham a fazer, de forma que o treinador entenda exatamente qual comportamento está causando problemas. Não diga a ele, por exemplo, que é um péssimo treinador, se em vez disso puder especificar sua queixa de forma simples. Um exemplo seria: se ele escolhe algumas crianças para criticá-las frente a seus colegas, poderia fazer melhor simplesmente conversando com elas separadamente. É difícil que as crianças assimilem uma crítica, mesmo construtiva, quando estão sendo apresentadas como um mau exemplo frente ao time inteiro.

Uma maneira mais construtiva para um técnico lidar com as críticas seria fazê-las sem mencionar nomes. Aqueles que não elegem "alvos" específicos entre as crianças conseguem, de forma mais eficiente, renovar o ânimo do time: "Notei alguns problemas no último jogo, então, vamos examinar nossas técnicas. Alguns de vocês ficam indecisos demais antes que comecem a correr...". Nesse momento, o técnico faz uma demonstração do que está querendo dizer, e de como resolver o problema.

Como pais, vocês desejam proteger o interesse de seus filhos pelos esportes. Isso significa não deixar que ninguém prejudique a experiência deles, fazendo com que pareça que estejam sendo excessivamente pressionados, ou que estejam em um local onde poderão sofrer humilhações ou bullying. Muitas vezes, o treinador aceitará suas sugestões; ele deverá, sempre que possível, ser procurado em primeiro lugar. Se você não obtiver sucesso com essa tentativa, poderá recorrer aos seus superiores. Caso seja um programa escolar, seu superior imediato provavelmente será um diretor esportivo, a seguir o diretor da escola. Se for um programa que não pertença à escola, você poderá recorrer ao órgão dirigente, e procurar por alguém como o diretor de atividades do município.

Entretanto, caso vá procurar alguém hierarquicamente superior ao técnico, é importante que tenha suas queixas documentadas. Registre por escrito os nomes, as datas, as palavras específicas que foram ditas, os incidentes específicos e quem testemunhou os eventos. Se possível, junte-se a outros pais e registre também suas queixas por escrito. Quanto mais detalhes puder fornecer a uma organização dirigente, maiores serão as chances de que venha a conseguir uma solução satisfatória.

Você poderá até ajudar a aliviar a pressão exercida sobre o treinador. Às vezes, o superior do técnico pode ter perdido a noção do que as crianças e os pais desejam de verdade (diversão!), e ter contribuído para a situação problemática com ele, pressionando-o demasiadamente para que vencesse os jogos. Conversar sobre a pressão excessiva exercida sobre as crianças poderá ajudá-los a perceber que as prioridades precisarão ser alteradas.

PAIS DESCONTROLADOS

Uma das tendências mais inquietantes nos esportes é a dos pais tornarem-se violentos ou abusivos. Certa vez, estava sentado nas arquibancadas quando um pai correu para o campo e derrubou um juiz por causa de um erro de arbitragem. Se você estiver pensando que esta experiência pode ter sido um evento único, existem muitas histórias parecidas, de pais brigando com treinadores, com outros pais e com as crianças. Na verdade, quando participo de conferências esportivas, ouço histórias sobre pais que se comportam mal com muita frequência, transmitindo o pior exemplo para seus filhos.

É certo que sempre existiram determinados pais que vivem, indiretamente, a vida dos filhos. Pais que praticam esportes ativamente querem ver os filhos tendo um desempenho pelo menos tão bom quanto o que tiveram, mas preferivelmente melhor. De forma similar aos "pais de artistas" e às "mães de misses", tais pais provavelmente empurram seus filhos para o sucesso mesmo que eles não estão particularmente interessados. No entanto, isso não explica o aumento das agressões parentais nos últimos tempos. Tenho algumas ideias centrais sobre como alguns pais ficaram desorientados em relação aos esportes.

Primeiramente, existe uma competição crescente para entrar na faculdade, e os esportes oferecem chances para bolsas de estudos e aprovações em melhores escolas. O fato de que os pais ouvem histórias sobre recrutadores que selecionam esportistas assistindo aos jogos, oferecendo mundos e fundos para os melhores atletas, faz com que encarem as atividades esportivas com mais seriedade. Querem que os filhos vençam a todo custo.

Em segundo lugar, o que observamos na televisão faz com que o mau comportamento nas arquibancadas seja encarado com naturalidade. Os esportes profissionais tornaram-se mais violentos e caóticos, e é comum que vejamos os torcedores embriagados participando de brigas e distribuindo socos. Estamos acostumados a ver os torcedores atirando objetos nos jogadores e nos árbitros, e também a ouvi-los gritando palavrões e ameaças. Portanto, o fato de vermos os pais imitando tais comportamentos nos jogos de seus filhos não é tão chocante quanto deveria ser. Os limites entre os "espectadores" e os "jogadores" não estão bem definidos: em vez de permanecerem nas arquibancadas e animarem o jogo, os torcedores acham que podem ultrapassar as fronteiras e fazer, de fato, parte dele.

Aquilo que os pais considerarão aceitável nos esportes é muito diferente daquilo que aceitarão em outros ambientes. Muitos aceitarão que adultos gritem com seus filhos, que seus filhos gritem com o time adversário, insultando os jogadores com palavras horríveis, e até que esmurrem ou chutem outras crianças. Se não ocorressem nesse ambiente, os mesmos comportamentos seriam inaceitáveis.

Não é sempre que as pessoas ficam perplexas quando um técnico de futebol de um time do ensino médio grita "Não seja tão fracote!", ou "Que diabos está fazendo?". Agora, imagine um professor de ciências dizendo o mesmo na classe. Entretanto, não existem razões para que um ambiente seja diferente do outro, pois continuam existindo adultos munidos de autoridade lidando com crianças, e deveriam ter que obedecer aos mesmos critérios.

Da mesma forma, não vemos pais andando pela classe durante um evento como a "Noite de Pais e Professores" criticando os projetos artísticos das outras crianças, mas ouvimos, de fato, pais reclamando e zombando quando uma criança de um time de basquete erra um arremesso.

Ryan (meu cliente) jogou na Liga de Beisebol Infantil quando estava cursando o ensino fundamental I, e era um dos rebatedores mais fracos do time. Seu pai costumava falar sobre sua perspectiva do jogo visto da arquibancada, e de como ficava apreensivo com as reações das pessoas quando seu filho estava prestes a rebater. Se errasse uma jogada importante, poderíamos ouvir os outros pais suspirando e resmungando, revirando os olhos e trocando olhares de irritação. Era como estar em uma reunião de ex-alunos na qual os estudantes populares na época da escola ainda pensassem ser os maiorais, e ficassem ali sentados juntos, sussurrando e rindo das pessoas impopulares. Pais de filhos esportistas podem ser exatamente assim, com uma hierarquia de poder entre si. Os pais dos bons atletas podem ser arrogantes com os pais dos atletas com pior desempenho, demonstrando frequentemente que não desejam que as crianças menos atléticas do time sejam um obstáculo para suas pequenas estrelas.

É evidente que isso proporciona uma divisão dos dois grupos. Os melhores atletas são tratados como reis e rainhas, tornando-

-se confiantes. Os atletas com pior desempenho jogam menos, são ridicularizados, e vão ficando cada vez menos confiantes, até que não queiram mais treinar e jogar por associarem o esporte à pressão e ao constrangimento. Por fim, quando a pressão ficou mais intensa, Ryan desistiu do beisebol e, na verdade, não pude culpá-lo. O que deveria ter sido uma experiência agradável por mais alguns anos passou a não ser mais divertida.

Até mesmo seu pai contribuiu para o estresse de Ryan, sem que tivesse consciência disso na época. Ele costumava ficar próximo às linhas do campo e gritar para ele, tentando fazê-lo prestar atenção à bola. Achava que ele próprio podia "treiná-lo" um pouco, e ajudá-lo a ser um melhor jogador. Um dia, Ryan foi audacioso o suficiente para ter presença de espírito e falar a seu pai sobre seus sentimentos. Disse: "Pai, você está me envergonhando". Isso chamou a atenção de seu pai. Por que estava sempre gritando com ele?

O pai de Ryan admitiu que "aquilo era mais importante para mim do que para ele; queria que ele fosse algo que eu não fui. No final, eu estava apenas tentando impor minha opinião, e ele queria apenas se divertir". Quantos de nós fazemos o mesmo quando assistimos aos nossos filhos? Deixe que os técnicos façam o trabalho deles, e deixe que seus filhos joguem de acordo com seus limites.

Li um artigo, que ficou em minha mente, sobre inverter tais papéis. Imagine uma situação na qual seu filho estivesse assistindo a você jogar golfe; se arremessasse mal uma bola, seu filho correria até o campo gritando, dizendo como tinha sido ruim aquela tacada, e afirmando que você deveria ter feito *daquela* maneira, e que essa não era a forma que tinham ensinado a você! Às vezes, é difícil para os pais perceberem que seu comportamento está sendo negativo, até que alguém chame sua atenção para isso.

Sugiro que todos os pais devam reconhecer suas motivações primeiramente, antes que inscrevam seus filhos em atividades esportivas. Será que estabeleceram expectativas realistas para seus filhos, ou serão elas baseadas em seus próprios desejos? Algumas crianças apreciam e sentem paixão pelos esportes, mas outras não possuem exatamente uma habilidade natural para a intensa competição que poderá estar ali presente. Além disso, muito poucos daqueles que gostam de esportes serão profissionais – então, é importante terem certeza de que seus objetivos correspondam aos deles. Se as crianças desejam apenas diversão e praticar exercícios físicos com os amigos, não serão beneficiados por pais que apenas querem vencer, vencer, vencer! Pressioná-las para que desempenhem papéis com os quais não se sintam confortáveis é um uso indevido do poder parental.

Contratos Parentais

Em resposta à tendência dos pais a tornarem-se demasiadamente agressivos nos campos esportivos, muitas escolas e confederações municipais hoje solicitam que assinem um "termo de acordo do espectador", ao inscreverem seus filhos em atividades esportivas[*]. Basicamente, declaram: "Nós, pais, concordamos em obedecer às regras e em assumir a responsabilidade por nosso próprio comportamento".

O contrato não acaba necessariamente com o mau comportamento, mas faz com que os pais pelo menos pensem duas vezes antes de agir, e fornece uma justificativa por escrito para quaisquer consequências que possam ocorrer em função de seu comportamento inadequado. Caso os pais comportem-se de forma particularmente ruim, o treinador, ou o órgão supervisor, poderá impedir que assistam a quaisquer outros jogos.

---
[*] Tal acordo é comum nos EUA, mas ainda não foi instituído na maioria das organizações esportivas brasileiras. (N.T.)

EXEMPLO DE TERMO DE ACORDO DO ESPECTADOR

Os membros de minha família poderão frequentar treinos e jogos, e concordamos com as seguintes regras de conduta:

- Incentivaremos os jogadores, e não gritaremos palavras ofensivas ou comentários negativos.
- Não nos esqueceremos de que o empenho é mais importante que a vitória, e de que os esportes são destinados a divertir as crianças.
- Permitiremos que o treinador seja o instrutor. Não permaneceremos próximos às linhas do campo tentando fornecer orientações, ou contestando as instruções do treinador.
- Não entraremos no campo sem a permissão do treinador. Permaneceremos pelo menos a três metros das linhas do campo quando estivermos assistindo ao jogo.
- Não discutiremos ou brigaremos com outros espectadores.
- Não discutiremos ou brigaremos com nenhuma autoridade. Se discordarmos da forma pela qual algo tenha sido tratado, abordaremos educadamente o técnico durante um intervalo do jogo, ou após o jogo, para falar sobre o assunto.
- Não utilizaremos linguagem obscena ou gestos desrespeitosos.
- Não traremos nenhuma espécie de bebida alcoólica para os jogos e treinos.
- Não jogaremos nenhum objeto no campo ou na área dos jogadores.
- Não tentaremos distrair nenhum dos jogadores ou autoridades, e não perturbaremos o jogo desnecessariamente.
- Se presenciarmos comportamentos bullying entre os jogadores ou dos espectadores para os jogadores, informaremos imediatamente ao treinador.

> Compreendemos que as penalidades por desobedecer a tais regras poderão incluir a expulsão dos jogos e dos treinos, temporária ou permanentemente, a critério da confederação. Entendemos que os objetivos dessa confederação são ensinar habilidades de liderança, desenvolver o trabalho de equipe, promover o espírito esportivo, aprimorar as habilidades atléticas, bem como oferecer uma atmosfera agradável para todos os jogadores, e apoiaremos tais objetivos.
>
> X _____
> Data _____

O Ponto de Vista do Treinador

Bob Wagner, um treinador de Rochester, responsável pelo site *SoccerClasses.com*, concorda que o principal problema referente ao bullying que observa nos dias atuais provém dos pais. "Encontramos pais que possuem expectativas inatingíveis em relação aos filhos, aos treinadores e aos árbitros. São muitas vezes abusivos verbalmente com os árbitros, como também com seus próprios filhos. Se observo tal comportamento nos pais das crianças pelas quais sou responsável, converso com eles individualmente sobre sua conduta".

O clube com o qual Bob trabalha começou a ficar muito atento ao problema, e dedica tempo antes das temporadas para conversar com todos os pais sobre comportamentos adequados. Hoje em dia, estão começando a propiciar ainda mais informação, incluindo mostras de vídeos sobre agressões e bullying.

"Tento dar a eles uma ideia do que poderiam vir a fazer antes que o façam, para que possam pensar antes de agir. A maioria dos pais que acabam exagerando mais tarde sente muita vergonha por seu comportamento".

Ele se lembra de poucas ocorrências de bullying entre crianças, comparativamente aos numerosos casos de incidentes com os pais que guarda em sua memória, mas afirma que, recentemente, houve um episódio entre duas garotas de quatorze anos. A melhor jogadora do time estava importunando outra, primeiro verbalmente, e então dando ligeiros empurrões. Ele percebeu o que estava acontecendo, fez com que pedisse desculpas, colocou-a no banco de reservas e contou à sua mãe sobre o problema. A garota ficou muito triste por isso na época, mas a forma como agiu proporcionou-lhe um aprendizado e, desde então, chegou até a tornar-se uma treinadora auxiliar.

"Com todo o treinamento que realizo, estou empenhado em disciplinar as crianças e seus pais", afirma ele. "Os filhos são o reflexo dos pais; sendo assim, se os pais não forem supervisionados, os filhos geralmente se espelharão em seu comportamento abusivo. Nesse caso, você começa a observar as crianças jogando de forma imprudente e abusando verbalmente dos oponentes, dos companheiros de equipe, e também dos árbitros. Creio que, se disciplinarmos o ambiente como um todo, veremos menos incidentes na época das temporadas de jogos". Portanto, pais, lembrem-se disso: seus filhos poderão refletir em ações o que perceberem do seu comportamento. Se observarem seus filhos agindo como agressores, olhem primeiramente para o espelho, e perguntem-se onde eles aprenderam a agir assim. Essa será uma etapa de fundamental importância para todos os pais que desejarem seriamente ajudar seus filhos a combaterem o bullying.

Lembretes das Regras

Quanto mais visíveis estiverem as regras, melhor. É interessante que sejam colocadas placas contendo versões simplificadas das regras ao redor das arquibancadas e na entrada. Mesmo placas simples, como: "Vamos nos divertir!" e "Por favor, aplaudam as boas jogadas", poderão ser boas sugestões.

Também é uma boa ideia que o treinador envie lembretes, juntamente com quaisquer outros papéis que precisem ser enviados aos pais, durante a temporada. O treinador deverá fazer cópias do termo de acordo do espectador, de forma que os pais que o assinarem possam levar para casa cópias adicionais, a serem distribuídas a outros membros da família e aos amigos que talvez compareçam aos jogos.

Se nunca solicitaram a você que assinasse um termo de acordo, ou se nunca observou placas afixadas, seria conveniente que solicitasse ao treinador (ou à autoridade responsável) que tornasse as regras mais claras. Pode ser que você queira levar até ele o exemplo do termo de acordo do espectador, ou sugerir regras próprias, baseadas no que observou nas arquibancadas.

No entanto, é importante lembrar que o treinador precisará ser a "pessoa designada". Não é aconselhável que os pais tentem abordar outros pais para dizer a eles que seu comportamento é inaceitável. A menos que você conheça os outros pais em questão, e que tenha com eles um bom relacionamento, é arriscado demais tentar lidar sozinho com o problema. Você não sabe quais pais o entenderão bem e quais ficarão, em resposta, mais agressivos ou violentos. É melhor conversar com o treinador e pedir que ele fale com a pessoa específica em particular.

O mesmo acontece em relação ao mau comportamento dos membros do time oponente. Não parece ser uma boa ideia que os pais abordem as crianças em relação ao seu mau comportamento, e é muito menos provável que elas prestem atenção às repreensões realizadas por um pai/mãe que não possua autoridade no jogo. Se presenciar crianças importunando, dando empurrões ou praticando outra forma de bullying, conte ao treinador do time e faça com que ele leve o problema ao treinador do time oponente. Repita a conduta mais de uma vez, se necessário.

Lembre-se de abordar calmamente o treinador. Praticar o bullying no treinador não é uma boa forma de dar o exemplo! Se não conseguir a solução que deseja durante o jogo, tente aproximar-se do treinador novamente após o jogo para conversar sobre o assunto, e, se ainda não obtiver resultados, tente escrever um bilhete ou ligar para ele no dia seguinte, depois que ele tiver tido tempo para pensar a respeito e não esteja mais no ambiente movimentado do jogo.

Treinamento para os Treinadores

O treinador é aquele que dirige o jogo como um todo, e precisará que lhe seja atribuída a autoridade para lidar com todas as questões de comportamento que venham a surgir. Entretanto, uma das dificuldades é que os técnicos não são comumente treinados para lidar com problemas relativos ao bullying. Quando o comportamento bullying passa a ser um problema no campo ou nas arquibancadas, é interessante que se converse com o supervisor do técnico para solicitar que este receba mais treinamento para lidar com a situação.

A escola ou a confederação poderão trazer um profissional para falar para o time todo (e para os pais), ou apenas treinar individualmente o técnico, para que possa administrar melhor o problema. Algumas escolas e confederações também possuem um "Código de Conduta do Treinador" que descreve o que é esperado dos técnicos em termos de adequação de comportamento: como lidar com pais agressivos e com o bullying entre as crianças, o que é permitido ou não dentro de campo etc. Você poderá encontrar um exemplo deste tipo de contrato em *http://tinyurl.com/gzs7m*.

SINAIS DE QUE UMA CRIANÇA ESTEJA SENDO VÍTIMA DE BULLYING NOS ESPORTES

As crianças nem sempre contarão a você sobre o problema; por isso, fique atento aos sinais que podem evidenciar que a criança esteja tendo problemas com bullies nos esportes:

- Ferimentos inexplicáveis (hematomas, cortes).
- Roupas rasgadas ou perdidas.
- Perda de entusiasmo com o esporte.
- Diminuição da autoestima. Utilização de discurso negativista autorreferente, como "Sou um fracasso", "Eu nunca vou ser bom", "Estraguei tudo de novo".
- Dar desculpas para faltar aos treinos ou aos jogos: dores de estômago, dores de cabeça ou outros tipos de dores.
- Ficar sensível a qualquer tipo de crítica sobre o jogo.
- Quando você assiste aos jogos, percebe que ninguém passa a bola para a criança, ou fala com ela quando está no banco de reservas.
- Quer ficar sozinha após os jogos ou treinos.
- Quer desistir.

Se a criança quiser desistir, tente buscar a causa do problema antes de concordar com ela. Se descobrir que existe uma situação de bullying, verifique se é possível resolvê-la e, caso seja, se a criança voltará a demonstrar interesse em jogar. Entretanto, se a criança perdeu verdadeiramente o interesse pelo esporte, nunca insista no assunto. Existem muitas outras atividades com as quais seu filho poderá sentir mais afinidade. Nem todos estão destinados a serem grandes atletas, e pode ser que seu filho volte aos esportes posteriormente.

Dependendo da conduta de seu filho, você poderá querer abordar o assunto direta ou indiretamente. Geralmente, é melhor começar com perguntas mais fáceis, tais como: "O que você mais gosta nos treinos? Existem crianças simpáticas no seu time?". Então, você poderá passar para questões do tipo: "Se comparado às outras crianças do time, como avaliaria seu desempenho como jogador? Costuma observar crianças sendo provocadas? Observa alguém sendo importunado e ferido? Isso acontece com você?".

Caso descubra que há um problema, trabalhe com a criança em um plano de defesa contra o bullying, como discutimos no segundo capítulo.

COMO OS ATLETAS SE TORNAM BULLIES

Existe um estereótipo de que os atletas são geralmente bullies na escola. É claro que nem todos (ou nem mesmo a maioria) dos atletas são bullies, mas o estereótipo existe por uma razão.

Geralmente, os atletas são mais fortes que as outras crianças – mais resistentes, ágeis, ameaçadores. Tais características, por si só, proporcionam a eles uma vantagem sobre as outras crianças no cenário do bullying, mas existem razões adicionais.

- Os atletas são ensinados a serem agressivos, e dizem a eles que quanto mais agressivos forem, maior será sua probabilidade de vencer.

- Os atletas geralmente recebem tratamento preferencial na escola: é mais fácil para eles faltar às aulas ou conseguir aprovação quando, na verdade, mereceriam repetir de ano.
- Os adultos em posição de autoridade elogiam os atletas, muitas vezes reforçando seu lugar no topo da hierarquia social.
- As pessoas que recrutam atletas poderão tratar os grandes esportistas como celebridades, corrompendo-os com presentes e subornos.

É importante que as responsabilidades de liderança sejam discutidas com os melhores atletas. Eles precisam entender que as qualidades que os tornam líderes nos campos esportivos são talentos a serem utilizados para ajudar as pessoas, não para agredir fisicamente as crianças "mais fracas".

Se você observar que os atletas da escola de seu filho estão ferindo outras crianças e recebendo tratamento especial, mencione o fato ao treinador e, então, ao diretor. Caso estejam sendo tolerantes demais em relação à situação, leve o assunto ao conselho escolar. Eles precisarão entender que o tratamento especial dispensado aos atletas que praticam o bullying faz com que as crianças mais poderosas desenvolvam ainda mais poder; agora, já não são somente as crianças mais fortes da escola, mas também descobriram que as figuras de autoridade as favorecem. Isso significa que logo acreditarão (se é que já não acreditam) que podem fazer o que quiserem, impunemente. Em alguns casos, estas crianças sabem que o diretor apenas pedirá que o treinador converse com aquelas que se comportarem mal na escola, e o treinador não dará importância a essa recomendação.

A TREINADORA COM A ABORDAGEM CORRETA

Poppy Redmond, treinadora de natação, afirma que as crianças não conseguem entender os sentimentos alheios, e por isso é tão importante que os adultos expliquem a elas sobre o impacto que seu comportamento causa nos demais. Com muita frequência, uma vez que as crianças entendam que seu comportamento esteja causando sofrimento, elas pararão.

"Tiro a criança da piscina e a levo para longe das outras, para que não possam ouvir o que estamos conversando", diz ela. "Sentada com ela em um lugar tranquilo, explico sobre seu comportamento e seus efeitos, de forma amigável, amorosa, em tom de conversa, e pergunto o que acha que a outra criança sentiu diante disso. O tom é importante, pois um tom severo a colocará na defensiva, e quando as crianças assumem uma postura defensiva, a maior parte do que você disser será distorcida antes de ser ouvida. A criança também precisa saber que você se preocupa com ela, que sabe que ela pode fazer melhor e está questionando apenas aquele aspecto do seu comportamento, e não sua personalidade como um todo. Ela precisa saber que você ainda acredita que seja boa e que tenha valor como pessoa, e (nunca 'mas') que gostaria de ver a mudança desse aspecto. Os bons treinadores e gerentes sabem como elogiar publicamente, e como criticar em particular.

Caso a explicação sobre o resultado de seu comportamento não funcione, perguntar a elas o porquê geralmente dá resultado. Uso a técnica das crianças perguntando incessantemente aos pais o porquê das coisas. Por que você está fazendo isso, por que você quer fazer aquilo, por quê, por quê, por quê... até que não tenham mais o que responder. Isso as faz pensar sobre o que estão fazendo e por qual motivo, e geralmente chegam às próprias conclusões de que suas ações não estão atingindo o resultado que sua mente subconsciente achou que conseguiriam. Sendo assim, normalmente abandonam o comportamento e tentam algo diferente."

É nesse ponto que observamos os comportamentos mais chocantes acontecerem: as crianças das equipes esportivas abaixando as calças de outras crianças na frente dos colegas, assediando sexualmente as garotas, forçando a cabeça dos meninos para dentro do vaso sanitário ou dos armários no vestiário etc. Elas podem ser assim tão insolentes porque acreditam ter as autoridades escolares na palma de suas mãos. Infelizmente, quase sempre estão certas. No entanto, quando os pais, munidos de documentação, apontam as disparidades às autoridades escolares, é mais difícil que continuem com o tratamento preferencial, pois perceberão que os pais estão cientes do que fazem e atentos a eles!

As "Fab Five"*

Uma escola de ensino médio do Texas foi parar nas manchetes de jornais nacionais, no começo de 2007, como consequência das ações praticadas por um pequeno grupo de líderes de torcida, acusadas de aterrorizar suas colegas de classe, professores e treinadores, sem que lhes fossem impostas medidas disciplinares por parte da administração. Elas postaram, no *MySpace*, fotos sexualmente sugestivas delas mesmas em seus uniformes de líderes de torcida, e também fotos em que apareciam bebendo e fumando, mas mesmo assim foram autorizadas a permanecer no grupo.

As garotas tiveram quatro treinadoras diferentes no período de um ano. Após a treinadora Michaela Ward ter pedido demissão, o distrito escolar contratou um advogado para investigar o problema e elaborar um relatório. Ele concluiu, baseado em en-

---

* Nome pelo qual ficaram conhecidas as garotas que protagonizaram um escândalo no Texas, por não haverem recebido punição às ações desrespeitosas aos seus colegas e superiores. (N.T.)

trevistas com setenta estudantes e membros da equipe profissional, que as garotas não estavam sendo punidas por seu péssimo comportamento, que incluía: faltar às aulas, censurar os professores, desconsiderar as regras da escola, enviar mensagens de texto de conteúdo sexual, e praticar bullying em seus colegas. Para completar, a mãe de uma delas era a diretora da escola.

No programa *Good Morning America*, a antiga treinadora das líderes de torcida afirmou: "Infelizmente, foi concedido tamanho poder a essas garotas que qualquer adolescente teria feito disso um uso completamente abusivo. Elas eram intocáveis, invencíveis. As regras não se aplicavam a elas. Não eram responsabilizadas por nada. Sabiam que eu não tinha nenhum poder para discipliná-las".

A diretora demitiu-se e, no momento em que escrevo este livro, o diretor assistente permanece em licença remunerada. O fato de tantos jornais e programas de TV terem escolhido essa história é uma prova de que esse tipo de cultura de elite é generalizado entre os adolescentes. Na maioria das escolas existe uma "panelinha" semelhante, um grupo de atletas que parece estar "acima da lei", apresentando um comportamento que não é permitido aos outros, sem que sejam punidos por isso. Além do mais, se a treinadora não tivesse levado a história à mídia, talvez nada tivesse mudado nessa escola.

Isso enfatiza a necessidade de estarmos continuamente em busca das figuras de autoridade hierarquicamente superiores, caso não tenhamos obtido sucesso com a primeira pessoa a quem recorremos. Essa treinadora explicou que havia um clima de medo entre os professores, pois sabiam que teriam seus empregos ameaçados se tentassem aplicar medidas disciplinares em qualquer uma das "Fab Five". Nesse caso, não adiantaria aos pais reclamar aos professores ou à diretora. Precisariam ir mais além e chegar ao nível do distrito escolar.

ESCOLHENDO OS TIMES

Ser escolhido por último em uma aula de educação física é uma experiência tão notoriamente negativa que chega quase a ser um clichê. O que acontece é que um professor de ginástica escolhe dois capitães para os times, e eles, revezando-se, escolhem as crianças da classe para seus times, até que sobrem os "restos" – geralmente as crianças que estejam acima do peso, que possuam alguma deficiência, pouca coordenação motora ou sejam impopulares. Tais crianças são ainda mais marginalizadas no momento em que ficam desconfortavelmente paradas, observando os capitães dos times franzirem o rosto enquanto decidem quem entre eles será o mais indesejável membro do time.

Não existe nenhuma razão no mundo para deixar que as crianças escolham os times dessa maneira. A maioria dos professores de educação física faz isso somente por uma questão de hábito. Era assim que se fazia quando estavam na escola e, considerando que provavelmente nunca tenham sido os últimos a serem escolhidos, não percebem o que há de mal nisso. Talvez alguns deles encarem tal prática como uma maneira de fazer com que as crianças fiquem mais "duronas" – se não quiserem ser escolhidas por último, melhorarão seu desempenho. Em vez disso, a maioria delas fica apenas traumatizada, escondendo-se o máximo possível durante os jogos para que não sejam ainda mais humilhadas, caso joguem mal.

É igualmente simples selecionar os times de modo aleatório, como quando os alunos são escolhidos por numeração ("Um", "Dois", "Um, "Dois"), ou quando são distribuídos coletes esportivos vermelhos para metade dos estudantes e azuis para a outra metade, assim que deixam o vestiário. Ou simplesmente deixando que o professor ou o treinador escolha os times, caso a escolha aleatória dos alunos não esteja funcionando.

Outra forma criativa de assegurar que os times serão mais ou menos equilibrados é deixar que um dos capitães escolha os dois times – escolherá os dois times a partir das crianças disponíveis, e o outro capitão poderá escolher qual dos times quer liderar. Dessa forma, aquele que estiver fazendo a escolha não deixará que um deles seja claramente melhor que o outro, ou provavelmente terá que ficar com o time "ruim". Se os capitães forem escolhidos num esquema de rotatividade, a marginalização das crianças diminuirá, pois isso tornará as escolhas muito mais justas.

Caso descubra que seu filho esteja incomodado com a forma de escolha dos times, ligue para o professor de educação física. É provável que ele possa não ter percebido o constrangimento que essa experiência provoca naqueles escolhidos por último. O objetivo deverá ser a diminuição das oportunidades de humilhação nos esportes.

A SUPERVISÃO NOS VESTIÁRIOS

Os vestiários são considerados locais bastante propícios à ocorrência de bullying. Se pensar nos incidentes que aconteceram em sua própria juventude, é provável que se lembre de pelo menos um episódio ocorrido no vestiário, longe da supervisão dos adultos. É um local em que as garotas ridicularizam o corpo das outras, em que os garotos envolvem-se em lutas corporais, em que as crianças roubam pertences dos armários, e assim por diante.

Quando cursava o ensino fundamental II, eu jogava no time de basquete da escola. Um dos outros membros do time não achava que eu fosse bom o suficiente para jogar nessa equipe e, após cada treino, tornava isso público arremessando a bola em minha cabeça quando estávamos no vestiário. Nunca havia a supervisão de um adulto, e as outras crianças apenas ficavam em volta, rindo. Era horrível.

A coautora deste livro sempre ficava retida até mais tarde na escola por chegar atrasada às aulas, pois ia até um banheiro distante para trocar de roupa, em vez de ficar exposta às fofocas do vestiário. Após várias repreensões pelos atrasos, decidiu chegar à escola vestindo suas roupas de ginástica, e trocá-las na hora do almoço.

Sempre deve haver supervisão no vestiário quando as crianças estiverem lá. Se descobrir a existência de problemas no vestiário da escola de seu filho, ligue para o diretor esportivo, ou para o diretor da escola, e explique que uma situação de bullying precisa ser abordada, e que seria importante que um professor, ou assistente, estivesse sempre presente no vestiário.

OS TROTES NOS TIMES ESPORTIVOS

O trote é mais conhecido como uma atividade praticada nas organizações de estudantes universitários, mas pode acontecer, de fato, em qualquer ambiente grupal. Aqueles que promovem o trote costumam afirmar que ele colabora para o estabelecimento da camaradagem em um grupo. Entretanto, trata-se de um ritual que pretende constranger, humilhar ou ameaçar novos membros de um grupo, e é geralmente realizado por seus membros mais antigos. O trote pode ser parte da tradição da escola, ou um rito de passagem vivenciado por todas as crianças que entram no grupo. É uma forma de bullying, e não tem lugar no mundo esportivo.

Ele acontece porque as crianças querem obter poder, e alcançar o prestígio e a posição social que resultam desse poder. Existem inúmeras outras formas de exemplificar a liderança e o sucesso diante dos jovens atletas. É preciso que os bons treinadores e os diretores esportivos desafiem o ritual dos trotes, tomando uma posição desde o início de cada temporada, e no decorrer do ano, promovendo o sucesso nos esportes por meio da liderança positiva. O trote continuará a acontecer a menos que aqueles em posição de comando encontrem estratégias para acabar com ele. A mais eficaz delas, além do estímulo à conscientização dos atletas, será ajudá-los a sentir empatia. Eles devem ser encorajados a dar importância aos sentimentos de seus companheiros de equipe. Um treinador que ofereça apoio terá chance de alterar qualquer comportamento prejudicial que possa ter ocorrido anteriormente. Os treinadores que tornam tais discussões obrigatórias, concedendo espaço para que os alunos exponham suas ideias e busquem soluções, têm a possibilidade de criar novas oportunidades para a coesão do grupo no seu time esportivo.

Um garoto contou-me recentemente que, quando ingressou no time de lacrosse* como calouro do ensino médio, ele e outros novatos foram forçados a ficar em pé nas mesas da lanchonete e a cantar uma canção infantil. O impressionante é que isso aconteceu há apenas dois anos. Com tudo o que sabemos atualmente sobre o bullying e a necessidade de supervisão, como os funcionários da lanchonete permitiram que isso acontecesse sem fazer qualquer comentário? Este ano, o garoto cursará o último ano do ensino médio e, como tal, será sua vez de dar trote nos iniciantes. Ele está em conflito sobre isso, pois detestou a experiência: achou humilhante ter que ficar em pé, em frente aos colegas, cantando uma canção infantil. Existe, porém, uma tradição no grupo, e ele

---

* Espécie de jogo semelhante ao hóquei, derivado dos jogos dos índios norte-americanos, jogado principalmente na costa leste dos Estados Unidos e Canadá, em que os jogadores usam uma espécie de bastão longo com uma rede na extremidade para arremessar a bola. (N.T.)

se sente pressionado a levar isso adiante. Será que isso realmente prova o valor de um atleta? Será que os treinadores e o time esportivo nessa escola não sabiam, de fato, que isso existia? Ou será que aceitaram silenciosamente esse ritual como inofensivo?

No que diz respeito aos trotes, é evidente que cantar canções infantis não é o pior que pode acontecer. Em 2003, na pré-temporada de um acampamento de treinamento de futebol americano em Mepham, Nova York, quatro estudantes universitários do time principal praticaram sodomia em vários garotos mais novos utilizando pinhas, cabos de vassoura e bolas de golfe, cobertos com um gel próprio para contusões. Os técnicos estavam dormindo em outro aposento. Foi relatado que a maioria do time sabia dos ataques, mas ninguém comunicou o que havia acontecido. Uma vítima finalmente veio a público mais de uma semana depois após a agressão, somente porque necessitou submeter-se a uma cirurgia.

Os trotes geralmente envolvem bebedeiras ou uso de drogas, muitas vezes possuem um componente sexual (mostrar as nádegas, correr nu em um local público, masturbar-se diante das pessoas) e pode incluir tarefas constrangedoras, como fazer a lição de casa para um veterano, vestir roupas femininas, dizer coisas embaraçosas para as garotas ou roubar produtos de uma loja de conveniência. Alguns de vocês poderão estar sorrindo ou chorando ao lerem sobre isso agora, dependendo de suas experiências. O simples fato do trote estar enraizado nas tradições não o torna correto.

A maioria das pessoas percebe que os atos criminosos são problemáticos, mas muitas vezes os incidentes dos trotes são tolerados, com o argumento de que "garotos são assim mesmo". Quando fazem vista grossa aos incidentes, os colegas de time encaram isso como uma aprovação oficial, e é provável que continuem impondo comportamentos de trote cada vez mais extremos. Muitas vezes, apenas quando um estudante morre por intoxicação alcoólica, ou vem a público com acusações de agressão sexual, é que as autoridades oficiais acordam e percebem que o trote existe em sua escola.

Leve quaisquer incidentes dessa natureza ao conhecimento do treinador, e do diretor, caso envolva um problema de segurança. Se houver relação com atos criminosos, chame também a polícia. Certifique-se de que prometam manter o sigilo, e comprometam-se também a abordar especificamente os incidentes de trote em seus times esportivos. Nessa questão, a prevenção é o ponto principal. Os bons treinadores estão abertos a discutir o trote e a encarar o problema de frente, a manifestar-se contra ele e a incentivar seus atletas a debaterem e buscarem soluções favoráveis para o problema, a fim de identificar novas e melhores maneiras para a formação de uma equipe sólida e coesa.

FINAIS TRÁGICOS

O bullying ocorrido no cenário dos esportes juvenis figurou algumas vezes nas manchetes de jornais por razões particularmente horríveis, como em julho de 2005, quando um garoto de treze anos foi condenado pelo assassinato de um rapaz de quinze anos utilizando um taco de beisebol[24]. O garoto mais velho havia provocado o mais novo por ter perdido um jogo.

O incidente aconteceu quando os garotos estavam na fila de uma lanchonete, cercados por outros garotos e seus pais, após uma partida de beisebol. As testemunhas afirmaram que o garoto mais jovem – um lançador da Liga Infantil de Palmdale – ficou furioso com a provocação e, quando o rapaz mais velho o empurrou, tirou um taco de alumínio de uma mochila esportiva e bateu nele duas vezes: em suas pernas e em sua cabeça, matando-o.

Pelo menos uma das testemunhas, um treinador, assegurou que o garoto de quinze anos tinha fama de ser um bully. Esse parece ser o caso de um menino atormentado que atingiu seu limite por causa de uma situação constante de bullying. Felizmente, ocorrências como essa não são muito frequentes. A maioria das crianças, não importa quantas situações de bullying tenha sofrido, não agredirá usando golpes violentos, colocando a vida de qualquer outra pessoa em perigo. É muito mais provável que uma vítima de bullying fique retraída, afastando-se, do que chegue a entrar em confronto. Porém, tal possibilidade é sempre possível, como os tiroteios de Columbine e Virginia Tech* frequentemente nos fazem lembrar.

O que ocorre nesses casos é que o jovem ou a criança não está mais pensando em si. Não se importa com o que venha a acontecer com ele ou ela naquele momento. Tudo o que deseja é vingar-se dos que lhe causam tormento, tornando-se a vítima cega a tudo ao seu redor. Tais casos ocorrem com maior frequência quando a criança pensa que ninguém lhe dá ouvidos, ninguém intervém em seu auxílio, ninguém se importa e ninguém irá deter o agressor de qualquer outro modo.

No caso de 2005, é importante ressaltar que as pessoas afirmaram que o ocorrido não era característico da personalidade do rapaz mais novo. Elas o descreviam como simpático, bom aluno, e diziam que respeitava as autoridades. No entanto, é certamente possível que alguns sinais de aviso tenham passado despercebi-

---

* O massacre de Columbine aconteceu no Condado de Jefferson, Colorado, Estados Unidos, em 20 de abril de 1999. Dois estudantes do Instituto Columbine, Eric Harris, de dezoito anos, e Dylan Klebold, de dezessete, atiraram em seus colegas e professores. Já o massacre de Virginia Tech, de 2007, foi o maior ocorrido em uma universidade dos Estados Unidos. Cho Seung-Hui, um estudante de 23 anos, conseguiu transportar armas e munições para dentro da universidade, causando a morte de 33 pessoas. (N.T.)

dos. Pegar um taco e atingir alguém na cabeça não é algo que uma criança normalmente faria por ter sido provocada uma única vez na fila de uma lanchonete. Geralmente, um ato como esse é desenvolvido na mente da criança durante algum tempo. Ela fantasia com a vingança, pensando como seria bom finalmente mostrar ao agressor que não é fraca. Isso não é diferente do que ocorre com as vítimas que observamos na escola, que precisam de estratégias de defesa contra o bullying. As vítimas precisam aprender a lidar com os próprios sentimentos, para evitarem a atuação impulsiva.

A única forma de descobrir se seu filho possui tais sentimentos é fazendo perguntas a ele: "Como tem sido seu relacionamento com os colegas? Existe alguém no time, ou nos times adversários, com quem você tenha problemas? Alguém do seu time é constantemente provocado ou criticado? Isso costuma acontecer com você?".

Se já estiver ciente de que seu filho tem um problema com alguma criança específica, ou grupo de crianças, aborde a questão para verificar o grau de seriedade da situação: "Eles o deixam muito furioso quando agem assim? Você sente que pode controlar sua raiva? O que poderemos fazer para tentar resolver esse problema, para que não se sinta mais assim?".

Por mais que desejemos eliminar todas as ocorrências de bullying, tal expectativa não corresponde à realidade. Portanto, continuará a ser muito importante que ensinemos as crianças a lidarem com suas emoções e a permanecerem calmas, mesmo quando estejam magoadas, com raiva ou envergonhadas. Talvez vocês, como pais, consigam trabalhar a situação com seus filhos, ou pode ser que necessitem também do auxílio de um terapeuta, dependendo do quão seriamente o problema os tenha afetado.

O conceito mais importante a ser transmitido à criança é o da resposta "E daí?" às situações de bullying. Pode ser que, nas primeiras vezes, tal resposta não pareça natural às crianças, mas geralmente depois que passam a agir dessa forma consideram a atitude libertadora.

Quando uma criança do time adversário diz "Vocês são muito ruins! Ha, ha, vocês perderam", uma boa reação seria, "É mesmo, somos ruins! Tem razão, perdemos. Grande coisa!". O que o agressor poderá fazer depois disso? Não há motivo para discussão.

Quanto mais a criança assumir uma postura defensiva, ou reagir com raiva, mais duradouras serão as provocações e maior a probabilidade de que se intensifiquem. É muito melhor concordar com o bully, não dar importância ao que diz e não atribuir poder às suas palavras. Não é a maneira instintiva de reagir de muitas crianças vítimas de bullying, mas trata-se de uma habilidade que poderá ser aprendida e utilizada de forma satisfatória.

"Você tem razão! Diga o que quiser! Legal": tais comentários mostram ao agressor que a vítima não está prestes a esmorecer, ou seja, que não tem graça continuar com as provocações. Não é divertido agredir uma criança à prova de bullying.

OS HERÓIS DO TIME

Quando falo sobre bullying com os times esportivos, incentivo as crianças a se tornarem os "heróis do time". A ideia é que uma equipe que trabalha em conjunto tem mais condições de ganhar. Mesmo em equipes profissionais, um time poderá ser mais talentoso, mas não vencerá os jogos a menos que trabalhe em conjunto. Trabalhar como uma unidade implica em desenvolver o espírito de equipe, o que significa defenderem uns aos outros e não se criticarem mutuamente.

Quando um membro de uma equipe critica o outro, os outros membros do time deverão ficar atentos. Um "herói do time" é o tipo de criança que o defenderá e dirá: "Deixe pra lá. Ele fez o máximo que conseguiu. Deixe-o em paz". Dessa forma, a camaradagem permanecerá sólida e ficará claro que críticas aos membros da equipe não serão toleradas pelo resto do grupo. Conversas negativas poderão ser silenciadas imediatamente se os membros do time estiverem dispostos a defenderem uns aos outros, mesmo quando algum deles tenha "perdido o jogo" pelo time, ou tenha tido um mau desempenho.

UMA PRÁTICA ESPORTIVA ADEQUADA

Os esportes devem ser atividades que não estressem as crianças, proporcionando-lhes descontração, divertimento com os amigos e boa forma. Nenhuma criança jamais deveria ser forçada a participar de atividades esportivas, ou permanecer em um esporte que já não aprecie mais, apenas por insistência dos pais. Também não devemos esperar que tolerem comportamentos bullying no campo esportivo que não esperaríamos que tolerassem na escola, ou em outras atividades. Como pais, vocês são responsáveis por obter um ambiente física e emocionalmente seguro para seus filhos; assim, não tenham medo de emitir abertamente sua opinião quantas vezes forem necessárias, caso percebam algum comportamento injusto ou inadequado. Entretanto, não façam isso de forma a demonstrar sua própria inadequação!

seis

O BULLYING NOS ACAMPAMENTOS: ALOJAMENTOS À PROVA DE BULLYING

Os acampamentos de verão podem ser uma experiência maravilhosa para as crianças, oferecendo-lhes uma oportunidade única de fazer amigos, aprender novas habilidades e adquirir recursos para sua vida. A equipe de profissionais que trabalha nos acampamentos proporciona educação, incentivo, apoio e, o mais importante, a oportunidade para que as crianças sejam elas mesmas, livres da pressão da escola. As crianças vão para os acampamentos para experimentar novas atividades, fazer novos amigos e compartilhar o espaço com outras crianças durante 24 horas por dia.

Um adolescente com quem desenvolvo um trabalho contou-me algo que explica o que muitas crianças acham dos acampamentos: "Na escola, sou considerado muito inteligente e não consigo mudar esse estereótipo; sendo assim, os outros nunca me enxergam como sou de verdade, mas assim que vou para o acampamento, posso ser tudo o que quiser, e ninguém se importa se sou esperto ou outra coisa qualquer. É o único período do ano pelo qual anseio e no qual me sinto livre".

Para as crianças que ocupam uma posição inferior na escala social do ambiente escolar, o acampamento poderá proporcionar uma nova chance de encontrarem refúgio em relação ao agressor da escola e serem bem-sucedidas num ambiente diferente. Isso só poderá acontecer se os profissionais do acampamento tiverem conhecimento sobre o bullying e o levarem a sério, e se utilizarem muitas estratégias para preveni-lo e administrá-lo. Tenho assumido em minha vida a missão de reduzir o bullying, especialmente nos acampamentos de férias, quando as crianças estão mais dispostas a serem elas mesmas, e querendo dar um tempo para apreciarem a vida, livres da pressão que sentem ao longo do ano.

No entanto, para algumas crianças o acampamento poderá ser um pesadelo se experimentarem situações de bullying, e se não se sentirem seguras quando estiverem longe de casa. O bullying prospera em ambientes não estruturados, nos quais a supervisão é mais branda. Infelizmente, os acampamentos podem proporcionar a atmosfera perfeita para o florescimento do bullying. Ao contrário da escola, as crianças geralmente têm muito mais tempo livre e mais possibilidades de interação nos acampamentos. Na escola, o bullying acontece com uma frequência aproximadamente quatro vezes maior no recreio do que na sala de aula, e os acampamentos podem ser comparados a pátios de recreio gigantes. Por exemplo, o bullying ocorre nos acampamentos quando a supervisão é insuficiente: a caminho das atividades, durante o banho, durante o tempo livre para as brincadeiras e quando as crianças estão em seus alojamentos e os monitores não estão à vista.

Quer seu filho frequente um acampamento diurno ou noturno, existem precauções que deverá tomar, e diferentes formas de lidar com as situações de bullying que venham a surgir.

OS MONITORES

Quantas vezes não ouvimos as crianças falarem sobre seu verão ter sido "incrível" por causa de seus guias, os monitores? O que faz um verão ser incrível são os relacionamentos que as crianças estabelecem. Além de fazer amigos, elas querem sentir que são aceitas, amadas, cuidadas, e querem estar vinculadas a pessoas responsáveis. Considerando o meu próprio trabalho na área do bullying, é possível constatar onde obviamente existe um problema prioritário: a maioria da equipe de profissionais é composta por adolescentes e jovens adultos. A média de idade de um monitor é de 19 a 22 anos, mas em muitos acampamentos estudantes do ensino médio são contratados para tais trabalhos, mesmo que ainda estejam sendo treinados para exercer tal função. O problema potencial trazido por essa situação é que tais monitores saíram recentemente de seus primeiros anos de vivência pessoal com o bullying, ainda não necessariamente adquiriram algum discernimento acerca de como lidar com os agressores e ainda estão preocupados com sua própria popularidade e posição social.

As crianças costumam estar cientes da hierarquia social em situação grupal, seja na escola, no acampamento ou em qualquer outro lugar. Percebem muito rapidamente quem está no topo da pirâmide, no centro ou em sua base. Os monitores também estão cientes disso, mesmo que não falem abertamente sobre o assunto, e tendem a associar-se às crianças que estão no topo da pirâmide. Querer ser popular é uma característica natural do ser humano; entretanto, em se tratando de um monitor, essa questão tem consequências sérias, especialmente se envolver uma criança que não seja popular.

Lana e sua Busca por Reconhecimento

Uma mulher de trinta anos relembra sua experiência num acampamento diurno da seguinte maneira: "Havia dois monitores designados para cada grupo. No final de cada dia de acampamento, eles ofereciam o prêmio do Melhor Participante do Dia, e anunciavam o motivo pelo qual a pessoa o tivesse conquistado – 'A Danielle é nossa Melhor Participante do Dia por ter conseguido realizar hoje uma grande jogada no softbol* pela primeira vez'. O prêmio era um certificado com um selo dourado e o nome da criança escrito em letras coloridas em destaque, e, diariamente, eu desejava de todo coração ser a Melhor Participante do Dia. Tratava-se de um programa de oito semanas; então, podemos entender que cinco dias por semana durante oito semanas correspondem a quarenta dias. Havia aproximadamente vinte garotas em meu grupo, logo, pela simples probabilidade, cada uma delas deveria ter sido a Melhor Participante do Dia por duas vezes durante o verão.

"Bem, eu era uma criança calada, medrosa, não era atlética, nem particularmente bonita. Mas era muito boa em artes e participava de todas as atividades artísticas. Mantive a esperança de que os monitores notariam isso um dia e diriam: 'Lana é a Melhor Participante do Dia porque costurou um lindo ursinho', ou 'porque cantou muito bem na apresentação do acampamento'. Porém, nada disso aconteceu".

Em vez disso, relembra Lana, havia duas garotas que eram claramente favorecidas pelos monitores. Eram bonitas, confiantes, atléticas, expressavam abertamente suas opiniões, e costumavam importunar Lana e sua única amiga no acampamento. Não eram as piores bullies do mundo, mas tinham consciência de

---

* O softbol é um jogo semelhante ao beisebol, jogado porém com uma bola de dimensões maiores. Por ser uma variação mais leve do beisebol, é mais praticado por mulheres. (N.T.)

seu poder e gostavam de rebaixar as demais. Num dia "especial de cinema", cada garota recebeu um saco de pipocas, e as garotas populares "pediram" à Lana que dividisse o seu com elas; então, circularam a pipoca entre suas amigas e lhe devolveram o saco vazio. Diziam à Lana que não havia lugar em sua mesa de almoço, mesmo que os assentos desocupados estivessem evidentes. Quando eram obrigadas a jogar tênis com ela, atiravam as bolas propositadamente do outro lado da cerca e faziam com que fosse buscá-las, enquanto riam entre si.

Os monitores concediam regularmente o prêmio de Melhor Participante do Dia a essas garotas. A mais bonita delas ganhou o prêmio cinco vezes, sua amiga foi premiada quatro vezes, e por duas vezes ganharam o prêmio juntas! Esse acontecimento permanece na lembrança de Lana, depois de *21 anos,* pelo fato de tê-la incomodado tanto que as garotas mais malvadas fossem favorecidas de forma tão óbvia. Os monitores apresentavam suas razões: "A Sherri é a Melhor Participante do Dia por ser tão graciosa" ou "A Sherri e a Tracy são as Melhores Participantes do Dia por formarem uma dupla tão incrível quanto Mutt and Jeff*".

Talvez os monitores gostassem tanto delas por serem nadadoras tão sensacionais, imaginava Lana. Ela tinha pavor de nadar, e odiava a sensação de colocar a cabeça embaixo d'água, mas decidiu que seu objetivo naquele verão seria aprender a mergulhar, porque, bem, os monitores teriam que reparar naquilo, certo? No dia de seu primeiro mergulho, Lana tinha certeza de que seria finalmente reconhecida; porém, em vez disso, alguém ganhou o prêmio sem que tivesse feito nada especial.

Uma vez, a amiga de Lana foi premiada. Parecia encabulada ao receber o prêmio, sabendo que os monitores haviam sido pra-

---

* Dupla de personagens criada pelo cartunista Bud Fisher em 1907, protagonistas de uma história em quadrinhos para jornais, e que também foram adaptados para desenhos animados, filmes e propagandas. (N.T.)

ticamente forçados a oferecê-lo a ela, por ter vencido uma espécie de torneio ocorrido entre todos os participantes do acampamento naquele dia. Ao final das oito semanas, Lana era a única que nunca havia sido premiada.

"É uma coisa tão boba, mas fiquei destruída. Era como se os monitores tivessem feito uma aliança direta com as agressoras para garantirem que jamais reconheceriam algum valor em mim, não importando o quanto me esforçasse para me sobressair em alguma atividade. Lembro-me da expectativa que sentia no último dia do acampamento, pensando: 'Por favor, deixem que esse seja o meu dia'. E, quando deram o último certificado para as duas agressoras, quis chorar. Provavelmente foi o que fiz, assim que cheguei em casa. E implorei aos meus pais que não me obrigassem a voltar ao acampamento no ano seguinte."

Os monitores de Lana podem não ter tido consciência do comportamento bullying. Porém, devido ao evidente favoritismo, teria sido impossível que Lana e sua amiga falassem com eles sobre o assunto. Elas achavam que os monitores não acreditariam nelas, ou pior – que mesmo que acreditassem, de qualquer jeito tomariam o partido das agressoras.

Treinando os Monitores

A história de Lana enfatiza a importância do treinamento adequado dos monitores, e de ensiná-los a criar um ambiente favorável, que não intensifique ainda mais a hierarquia social já existente. Repare que não foi o bullying que fez com que Lana quisesse deixar o acampamento, mas a aprovação implícita desse comportamento por parte dos monitores.

Os membros das equipes profissionais precisam ser treinados sobre o que deverão procurar nesses casos, e sobre como lidar com o bullying. Praticamente todos os acampamentos possuem um período de orientação, no qual os monitores aprendem sobre suas obrigações. Em vez de abordarem rapidamente a questão do bullying, em meio a conversas sobre os horários e planejamento das acomodações, é preciso que o assunto seja discutido em detalhes, com muitos exemplos reais. Isto poderá ser conseguido primeiramente através da representação de papéis, fazendo com que os monitores representem o papel das crianças que estão insultando, empurrando outras crianças, fazendo algo com intenção de humilhar, excluindo alguém, e assim por diante.

Em primeiro lugar, deverão ser mostradas a eles as formas incorretas de lidar com a situação (por exemplo, dizer à vítima que pare de agir como um bebê, ignorar ou aliar-se à situação, ou dizer às crianças para resolverem o problema sozinhas). Os monitores deverão, então, ser encorajados a exemplificar a maneira "correta", sem ridicularizações ou críticas severas por parte dos líderes ou dos outros monitores. Se os diretores os incentivarem a correr riscos com essas teatralizações, é mais provável que se lembrem dos comportamentos e os percebam com as crianças que estiverem monitorando.

Em seguida, os monitores poderão representar esses roteiros com as crianças em seu alojamento, ou o diretor poderá aproveitar a oportunidade para fazer uma série de representações relacionadas ao acampamento com um grupo maior, nas primeiras noites, para estabelecer uma posição referente à forma pela qual o acampamento identifica e lida com o bullying. Tal atitude transmite uma mensagem incisiva tanto aos participantes como aos profissionais, e inicia a temporada com uma definição clara de quais comportamentos são aceitáveis ou inaceitáveis.

Os monitores também deverão ser ensinados a recompensar comportamentos "pró-sociais". Deverão conversar com as crianças sobre o trabalho em equipe, ajudando aquelas que estiverem em dificuldades, e incluindo os novos participantes em seus círculos sociais. Quando um monitor observar atitudes de gentileza entre os participantes, deverá reforçar o bom comportamento com elogios. Caso presencie comportamentos antissociais, terá que lidar com a situação de forma imediata e definitiva.

Quando faço palestras nos acampamentos, peço para que os monitores mais experientes falem sobre suas vivências com os agressores. Suas histórias ajudam os novos monitores a aprender o que deverão esperar e com o que deverão ter cuidado. Um monitor contou a história de um rapaz atlético, de quatorze anos, que exigia ser o primeiro a tomar banho todos os dias, e fazia provocações em relação à sexualidade dos outros garotos, caso ousassem desafiar sua autoridade. Quando essa história foi contada, alguns monitores mais experientes compartilharam as maneiras de evitar que a situação viesse a acontecer novamente. Tal procedimento faz com que os monitores entrem em acordo e os ensina a utilizarem sua autoridade de forma eficaz.

Pregar peças é uma tradição antiga nos acampamentos – colocar pasta de dente no assento do vaso sanitário, pendurar as roupas íntimas de alguém num mastro, colocar batom em um garoto enquanto dorme –, e os monitores precisam examinar cuidadosamente as diferenças existentes entre as brincadeiras que ocorrem entre amigos e as humilhações intencionais a uma vítima.

Os monitores são ensinados a reunirem-se regularmente com o diretor do acampamento, ou outros superiores da equipe, para que façam um exame cuidadoso de quaisquer incidentes de possível bullying, e de como lidaram com eles. O que um monitor pode ter considerado como uma anormalidade pode também ter sido identificado pela enfermeira ou pelo diretor esportivo.

A PREVENÇÃO DO BULLYING DEVE SER MAIS DO QUE APENAS O TREINAMENTO DE ORIENTAÇÃO

Os membros da equipe de funcionários poderão sentir-se bombardeados por informações de orientação. Absorvem tanta informação que acabam ficando sobrecarregados com a quantidade de material, e com o que se espera deles. O ideal é que a prevenção do bullying comece com treinamentos de liderança durante o ano, treinamento dos monitores durante a semana de orientação e discussões contínuas com a equipe durante todo o verão. Os responsáveis pelo acampamento precisam incluir, em seus encontros diários com a equipe, perguntas sobre as crianças que estejam sendo provocadas, excluídas ou apresentando dificuldades com os amigos. Durante todo o verão, a equipe precisará permanecer vigilante em relação à prevenção do bullying, ou os bullies encontrarão locais onde a agressão passará despercebida. Os monitores levam a prevenção do bullying a sério quando os responsáveis fazem dela uma prioridade nas reuniões que realizam conjuntamente.

De forma similar, todos os trabalhadores do acampamento precisarão estar vigilantes e conversar com os participantes sobre tais assuntos continuamente. Na ida ou na volta das atividades, os monitores deverão fazer, com regularidade, perguntas claras aos participantes, de forma a iniciar uma conversa: "Do que você mais gosta no seu dia? De quais atividades você realmente gosta?". Em seguida, poderão fazer questões mais complicadas: "Você percebe alguém sendo provocado, perseguido ou excluído? Isso costuma acontecer com você?". Quando os monitores agem dessa forma e garantem o sigilo aos participantes, desenvolvem a confiança, elemento essencial para o estabelecimento de uma relação positiva e de uma prevenção eficaz do bullying. Os participantes encaram essas conversas com os monitores como normais, e com naturalidade, desde que sejam realizadas sistematicamente.

Se ouvirem conversas prejudiciais, os monitores deverão interrompê-las e defender a vítima. Se um grupo de garotas ridicularizar a roupa ou o cabelo de algum participante do acampamento, o monitor precisará dizer algo como: "Acho o cabelo da Eileen bonito". Se tentarem excluir uma criança de uma atividade, o monitor precisará intervir e certificar-se de que seja incluída e de que não a importunem. Os monitores precisam estar vigilantes em relação a interromper quando ouvem fofocas, ou qualquer conversa negativa sobre outros participantes, ou até mesmo sobre outros monitores. Quando eles interrompem situações ocorridas com os participantes e dizem: "Ei, o que está acontecendo aqui?", ou "Ei, o que há de errado?", ou "Não devemos falar de ninguém pelas costas" ou "Como se sentiria se alguém estivesse dizendo isso de você agora mesmo pelas costas?", os monitores podem perceber que seu comportamento causa um impacto. Esse tipo de treinamento ajuda-os a definirem sua identidade como modelos de conduta, confere-lhes o poder de interromper o bullying e, mais importante que isso, mostra aos participantes quem está no comando e o que podem fazer, ou não, sem serem punidos.

Acredito plenamente que devam ser oferecidas posições de liderança, como mentores de seus colegas, aos monitores que conseguirem administrar situações de bullying com os colegas e participantes do acampamento. Tal atitude demonstra aos demais o quanto esse tipo de comportamento é valorizado no acampamento.

Os monitores são os substitutos dos pais das crianças, e é necessário que entendam o que tal responsabilidade acarreta; precisam garantir a segurança física e emocional de cada criança e estar acessíveis e suficientemente abertos para que as crianças sintam-se seguras em falar sobre suas preocupações. Elas precisam acreditar que a figura de autoridade em quem confiarem ouvirá suas preocupações e tomará as atitudes necessárias.

PERGUNTAS A FAZER AO CONSULTOR ESPECIALIZADO EM ACAMPAMENTOS OU AO DIRETOR

Muitos pais recorrem a um "consultor de acampamentos" para fazerem sua escolha. Trata-se de algo parecido com um conselheiro que ajuda os estudantes do ensino médio a encontrarem as universidades mais adequadas. Aqui estão algumas questões a serem feitas de antemão, quer você utilize ou não um consultor, antes de decidir por um acampamento de férias. Você poderá perguntar ao consultor ou ao diretor:

1. O que o diretor do acampamento sabe sobre o bullying?
2. Existe um programa antibullying?
3. Que tipo de treinamento é realizado com a equipe profissional, e quanto tempo dura?
4. Quais são as responsabilidades dos profissionais em relação a lidar com o comportamento bullying?
5. Quem oferece treinamento sobre bullying aos profissionais?
6. Que procedimentos são utilizados caso aconteça um incidente de bullying?
7. Caso o bullying seja constatado, quais serão as consequências?
8. Se descobrirem que uma criança esteja sendo vítima de bullying, alertarão os pais?
9. As crianças recebem algum tipo de treinamento para identificarem os vários tipos de bullying no acampamento?

10. O acampamento utiliza algum tipo de método específico para reduzir os incidentes de bullying? Por exemplo, como lidam com as áreas que são geralmente menos supervisionadas?

É claro que todos os consultores e diretores dirão "a coisa certa", pois desejam que seus acampamentos pareçam satisfatórios. Todos dirão que sabem lidar com o bullying e poderão dizer que são adeptos de uma política de "tolerância zero". Tal resposta não é necessariamente a "correta", pois não lhes dirá nada. Sendo assim, como pais, evitem as perguntas simples, que pouco poderão ajudar, tais como: "Vocês treinam a equipe de profissionais para que fiquem atentos ao bullying?". Todos os diretores responderão afirmativamente, mas isso poderá, na verdade, significar: "No primeiro dia do acampamento, dizemos aos monitores: 'O bullying é nocivo, e as aulas de natação começam às 11h00'".

Tentem descobrir o nome da pessoa que treina esses monitores, e se é um profissional da área de psicologia ou outro orientador qualificado. Poderão anotar o nome para, mais tarde, procurar por ele no Google, a fim de verificar se a pessoa é conhecida na área do bullying.

Quando perguntarem que tipo de treinamento é realizado e qual sua duração, o ideal seria que lhes respondessem que o treinamento inclui a representação de papéis, e que dura pelo menos metade de um dia, durante a orientação realizada para os monitores, com posteriores reforços durante a temporada.

Nem todos os acampamentos possuem programas de ação redigidos, mas mesmo que não possuam, deverão estabelecer um protocolo a seguir, baseado no tipo e na gravidade do bullying. Não é desejável que digam a você: "Decidimos cada caso individualmente, quando acontece", ou "Às vezes, fazemos o agressor pedir desculpas, às vezes fazemos com que se sente sozinho durante as atividades". Em vez disso, pergunte qual é a ordem hierárquica específica das consequências. O que acontece quando uma criança insulta alguém? Ou quando alguém é surpreendido roubando? O que acontece quando uma criança dá um soco em outra? Ou quando assedia alguém sexualmente? O que acontece quando uma criança apresenta, repetidamente, algum desses comportamentos?

Os acampamentos bem-sucedidos possuem políticas e consequências consistentes. Assim como em qualquer área da vida, é claro que os casos deverão, até certo ponto, ser considerados individualmente; deverão, porém, haver consequências específicas, que constituam a "norma" para ações específicas.

O QUE OS MONITORES OBSERVAM?

Envolvi-me com os acampamentos de verão, oferecendo treinamento antibullying, porque o diretor de um acampamento me telefonou para falar sobre incidentes de bullying que havia observado durante o verão, envolvendo algumas crianças que pensou que conhecesse bem. Antes disso, eu não havia pensado muito sobre o bullying no contexto dos acampamentos, mas sabia que ele pode se tornar um problema em qualquer local onde existam crianças reunidas. Dessa forma, decidi descobrir exatamente a gravidade do problema nos acampamentos.

Segundo os diretores que pesquisei, o bullying é uma das três principais razões para as crianças não retornarem ao acampamento no ano seguinte. Então, tenho reunido pesquisas para tentar aprender mais sobre o que os monitores observam, no que diz respeito ao bullying, e o que eles próprios vivenciam. Os dados que estou prestes a compartilhar com vocês foram coletados durante uma semana de orientação, no início do verão de 2005. Mais de mil monitores, provenientes de doze acampamentos, responderam às minhas questões de múltipla escolha.

Pesquisei a equipe profissional sobre suas observações referentes ao comportamento bullying, e dividi suas respostas baseado em quem estava respondendo: um membro do sexo masculino ou feminino da equipe profissional. Em geral, os acampamentos estudados possuíam pernoite, e os monitores do sexo masculino eram responsáveis pelos garotos, enquanto as monitoras do sexo feminino cuidavam das garotas.

Aqui está o que relataram:

Comportamentos dos Participantes do Acampamento

Você observou algum desses tipos de bullying entre os participantes no último verão?

	Sexo Feminino	Sexo Masculino
Provocações, insultos	92%	92%
Ameaças verbais	59%	75%
Fofocas e rumores	96%	88%
Exclusões ou "panelinhas"	96%	85%
Humilhações diante dos outros	81%	87%
Chutar, empurrar, bater	60%	79%
Roubo de objetos pessoais	48%	51%

Tais dados evidenciam que a maioria dos profissionais reconheceu o comportamento bullying entre os participantes do acampamento. A maioria dos profissionais do sexo masculino e feminino percebeu as provocações verbais e os insultos entre os participantes. Um número maior de profissionais do sexo masculino observou o comportamento de fazer ameaças verbais entre os garotos. No entanto, quase todas as profissionais do sexo feminino observaram fofocas, rumores, exclusões e a formação de "panelinhas" entre as garotas participantes, assim como uma alta porcentagem de garotas humilhando outras na frente das demais. A maior parte dos profissionais do sexo masculino também relatou uma alta porcentagem dos garotos humilhando outros em frente aos demais, mas mais profissionais do sexo masculino relataram terem observado uma maior porcentagem de agressões físicas entre os garotos, quando comparados às profissionais do sexo feminino.

Uma conclusão óbvia a que chegamos é a de que os profissionais de ambos os sexos observam e reconhecem a existência de uma quantidade significativa de comportamentos bullying entre os participantes do acampamento. Além disso, observamos que o bullying relacional e verbal ocorre mais frequentemente do que o físico. Tais estatísticas são semelhantes às escolares.

O Comportamento da Equipe Profissional

Em seguida, pesquisei os profissionais com experiência anterior em acampamentos, investigando sobre o bullying que acontece entre eles próprios, e sobre a porcentagem de profissionais que havia vivenciado essa situação.

Você observou algum dos seguintes tipos de bullying entre os monitores no verão passado?

	Sexo Feminino	Sexo Masculino
Provocações, insultos	53%	59%
Ameaças verbais	26%	40%
Fofocas e rumores	86%	74%
Exclusões ou "panelinhas"	86%	66%
Humilhações diante dos outros	55%	46%
Chutar, empurrar, bater	17%	24%
Roubo de objetos pessoais	29%	26%

Estes dados revelaram que os próprios membros da equipe profissional observam uma quantidade significativa de comportamentos bullying entre si. A maior parte das profissionais do sexo feminino vivencia fofocas, rumores, exclusões e a formação de "panelinhas". Dois terços dos profissionais do sexo masculino vivenciaram o mesmo, embora tais comportamentos sejam costumeiramente considerados femininos. As provocações, insultos e humilhações diante dos outros foram percebidos por aproximadamente metade de todos os profissionais. O bullying físico limitou-se a uma entre seis mulheres e a um entre quatro homens. O roubo de objetos pessoais foi observado por aproximadamente 25% dos profissionais do sexo masculino, e também do sexo feminino.

A que conclusão podemos chegar? Os comportamentos bullying vivenciados pelos participantes do acampamento também ocorrem entre os membros da equipe profissional. Tais comportamentos são considerados bastante comuns entre os monitores, e, se estes desejarem reduzi-los, exemplificando comportamentos adequados aos participantes, primeiro precisarão identificá-los neles próprios.

Diante de estatísticas como essas, comecei a refletir sobre o quão "natural" seria esse comportamento bullying; pensei, então: "Vou coletar alguns dados relativos ao primeiro encontro dos monitores durante o período de orientação, antes mesmo da chegada dos participantes".

O Comportamento da Equipe Profissional Durante o Período de Orientação

Você observou algum dos comportamentos abaixo relacionados em algum dos membros de sua equipe neste verão, durante o período de orientação?

	Sexo Feminino	Sexo Masculino
Provocações, insultos	30%	35%
Ameaças verbais	5%	8%
Fofocas e rumores	63%	49%
Exclusões ou "panelinhas"	63%	44%
Humilhações diante dos outros	24%	24%
Chutar, empurrar, bater	6%	8%
Roubo de objetos pessoais	2%	2%

Tais dados revelam que, nos dias subsequentes ao seu primeiro encontro, a equipe profissional evidenciou alguns comportamentos bullying significativos entre si. Os profissionais poderão interpretar esses comportamentos como parte da interação entre eles próprios para que se integrem, mas, sem que ninguém perceba, tais comportamentos poderão criar infelicidade e aflição. A prevalência da exclusão e das humilhações diante dos outros pode ser bastante assustadora para alguns. Pode ser difícil estabelecer os limites comportamentais e o que é considerado adequado ou inadequado quando os profissionais vivenciam tais situações tão rapidamente, nos primeiros dias de interação, antes que os participantes cheguem para a temporada de verão. É evidente que há um aumento na ocorrência desses comportamentos durante o verão, como pode ser constatado pelo aumento das porcentagens do gráfico anterior, mas você pode observar a rapidez com que se consolidam.

Não podemos presumir que os monitores tenham consciência desse comportamento entre eles, ou do impacto que causa nos outros. Se não têm consciência de seu próprio comportamento, como poderão mudar o das crianças? É por isso que essa precisa ser uma parte importante do treinamento dos monitores, antes que o acampamento inicie suas atividades. Assumi como uma missão o treinamento do maior número possível de pessoas, ensinando-as a tomarem consciência do comportamento bullying em outros e em si próprias, para que entendam a melhor forma de lidar com ele. Esse processo é mais eficaz quando os profissionais conseguem observar seu próprio comportamento no momento em que um problema deste tipo estiver acontecendo. Pergunte aos diretores do acampamento se o treinamento em bullying que oferecem aos profissionais inclui orientações a respeito do comportamento que estabelecem entre si.

Tipos de Bullying nos Acampamentos

Quando pergunto aos monitores sobre incidentes específicos de bullying que observam entre os participantes, eles percorrem toda a gama da mesma espécie de provocações, exclusões e bullying físico que podemos encontrar nas escolas, até chegarem a alguns comportamentos únicos, mais específicos dos acampamentos.

As garotas mais jovens fazem "barracas": colocam um lençol sobre a cama e convidam apenas algumas garotas "escolhidas" a participarem de seu clube. Poderão fazer comentários sobre a aparência e as roupas de outra garota e fazê-la sentir como se nenhum garoto fosse gostar dela. Poderão ler o diário de outra garota e torná-lo "público" ao acampamento. Poderão comentar sobre os seios e os pelos do corpo de outras garotas, de forma a deixá-las envergonhadas e humilhadas. Já ouvi falar de garotas que substituíram o xampu por outros fluidos que não deveriam estar naquele frasco.

Os garotos podem ser igualmente cruéis, e utilizam entre si uma série de possibilidades de práticas de bullying. Envolvem-se, com certeza, em lutas corporais, mas aprenderam também a ser cruéis, e fazem isso utilizando a expressão verbal e a exclusão. Ouvi histórias sobre garotos mais jovens que roubam pertences e dinheiro de outros, destroem bens significativos de outros participantes e são indecorosos em relação às partes do corpo dos companheiros, humilhando-os na frente dos demais. E a história de jogar um balde d'água em um garoto, ou expô-lo quando está no banho? Os adolescentes praticam a exclusão do tipo "você não pode jogar cartas conosco", ou afastam os outros quando tentam entrar numa conversa. Algumas brincadeiras podem ser bastante humilhantes. Existem muitas histórias sobre garotos levando outros para fora dos alojamentos enquanto dormem, mudando também todos os seus pertences pessoais de lugar. Também ouvi falar de garotos que abaixam as calças uns dos outros na frente dos demais, especialmente das garotas.

Algo importante que gostaria de compartilhar sobre as histórias aterrorizantes de bullying é o fato de estarem ocorrendo mudanças e de, no geral, elas estarem acontecendo com menos frequência. Sugiro seriamente que os pais encontrem um acampamento que seja credenciado a alguma associação de acampamentos. Os acampamentos credenciados têm mais acesso ao tipo de informação de que necessitam para proporcionar segurança física e emocional a todas as crianças.

Os diretores de acampamentos ouviram de mim que, em se tratando de formas extremas de bullying, não pode haver uma segunda chance. As crianças não deverão ser autorizadas a permanecer no acampamento após terem torturado alguém de maneira tão grave.

A forma de bullying mais comum nos acampamentos é a exclusão (bullying relacional), tanto entre os meninos quanto entre as meninas. Pelo fato de o acampamento ser um ambiente quase puramente social – em oposição à escola, que é mais acadêmica – uma criança que não se adapte socialmente terá um verão terrível. Em muitos acampamentos, as garotas pré-adolescentes e adolescentes que não são atraentes para os garotos são vistas como inúteis, e pode ser que elas sintam que nunca terão namorados, ou que nunca ocuparão um nível superior na escala social. Isso pode aniquilar a autoconfiança de uma garota também quando volta para a escola. Os garotos que não sejam atléticos, divertidos ou bonitos também poderão sofrer exclusão. Isso ocorre de diversas formas: podem ser deixados de fora nos esportes que praticam, podem não ser convidados a se sentarem com os demais na cama de alguém no alojamento ou no refeitório, ou os outros podem ficar prontos primeiro, deixando alguém para trás.

Nesses tipos de bullying existe a chance da reconciliação e do crescimento, se os bullies aceitarem as consequências de seus atos e demonstrarem empatia pelas vítimas. Isso está relacionado à forma com a qual o diretor do acampamento lida com os incidentes de bullying. Os agressores precisam demonstrar alguma aceitação da responsabilidade, remorso por seu comportamento e empatia pela vítima, caso desejem parar de comportar-se dessa maneira e reduzir o próprio bullying. É isso que você deve esperar ouvir do diretor do acampamento quando lhe perguntar sobre as consequências relativas ao bullying.

O AGRESSOR QUE RETORNA

O enredo clássico é o de que alguém que participa do mesmo acampamento todos os verões, pelo menos durante alguns anos, poderá vir a ser o "Grande Valentão", sentindo-se poderoso e detentor dos "direitos", em decorrência de sua posição na escala social, conferindo a si próprio o papel de intimidar as vítimas mais novas e fáceis. Exatamente como ser uma nova criança na escola, ser novo no acampamento é um desafio.

É importante não deixar que os agressores estabeleçam uma posição sólida. Quanto mais conseguirem escapar impunemente em suas incursões pelo poder, pior será o bullying. Aprendem que os adultos não percebem, ou não agem, e passam a acreditar que são intocáveis. Encontram ótimos esconderijos atrás dos alojamentos, nos banheiros, durante as atividades menos supervisionadas, onde podem ameaçar outras crianças ou feri-las fisicamente.

Alguns acampamentos lidam com o problema nunca permitindo que os grupos sejam demasiadamente exclusivos. Em vez de deixar que as crianças decidam sozinhas sobre os lugares que ocuparão nos alojamentos, na lanchonete, nos times esportivos e assim por diante, os monitores podem determinar diferentes grupos para diferentes atividades. Isso permite que os participantes confiem no fato de o acampamento valorizar muito os contatos sociais e estimular tais contatos entre os que participam de suas atividades. Um grupinho exclusivista, suspeito de praticar o bullying, poderá ser obrigado a sentar em locais separados e a ter horários diferentes. Crianças tímidas e novatas poderão ser vinculadas a participantes amigáveis e com experiência anterior em acampamentos. Embora não seja possível impedir que os participantes fiquem com seus amigos, e até mesmo "as panelinhas" excludentes, tais atitudes criam uma cultura na qual a diversidade é valorizada, e a aceitação dos outros é parte da missão do acampamento. Acho importante que os pais perguntem aos responsáveis pelo acampamento como estes lidam com grupos que possam praticar a exclusão. Um diretor de acampamento que saiba da existência de problemas possuirá um plano que proporcione inúmeras oportunidades para que os participantes interajam uns com os outros e não se isolem.

Ao contrário das escolas, os acampamentos não têm responsabilidade legal de manter uma criança no programa. É claro que existe uma motivação financeira para manter o maior número possível de crianças, mas seria mais fácil que um agressor fosse expulso de um acampamento do que de uma escola. Se os diretores dos acampamentos forem espertos, perceberão que quando se livram de um participante que pratica o bullying, estão provavelmente evitando perder vários outros participantes, que poderão não retornar caso tenham tido um verão desagradável, sendo vítimas de agressões. Ao longo dos anos em que tenho proporcionado treinamento aos acampamentos de verão, deixei claro aos responsáveis pelo gerenciamento de tais locais que uma criança que pratica o bullying custa mais a eles, em participantes perdidos e na perda de confiança, do que seus recursos podem permitir.

Observo uma mudança real na disposição dos diretores de acampamentos em agirem da forma correta, no que diz respeito a mandar uma criança para casa quando seu comportamento bullying recorrente não tenha sido solucionado pela disciplina e pelas consequências impostas.

Às vezes, as crianças nem percebem que suas tradições no acampamento assustam os recém-chegados. Há alguns verões, trabalhei com um grupo de jovens adolescentes que eram amigos de anos anteriores no acampamento. Estavam acostumados a praticar um tipo de ritual de trote no qual os novos participantes eram atormentados nas primeiras semanas.

Naquele ano, a equipe de profissionais havia assumido uma postura rígida, declarando que nenhum comportamento desse tipo seria tolerado, e que os participantes que se envolvessem no trote poderiam ser expulsos do acampamento. Bem, esses garotos não compreendiam qual era o grande problema, pois sempre haviam feito tais brincadeiras e não viam nenhum mal nisso. Dessa forma, quando um participante novo entrou no alojamento em que estavam, ignoraram as ordens e entregaram-se à "diversão" que haviam planejado. Depois que o garoto dormiu, eles o cobriram de vaselina e talco para bebês, esconderam seus pertences fora do alojamento, inventaram apelidos ofensivos para ele e outras façanhas constrangedoras.

Durante mais ou menos os dez primeiros dias, o garoto esforçou-se para tentar suportar, mas acabou sucumbindo e ligou para casa, dizendo que gostaria de ir embora. Quando a equipe descobriu, os agressores foram mandados para casa por uma semana. Esse não era o desejo da vítima, que sentiu que o importunariam muito mais se fossem mandados embora por sua causa. Já havia decidido deixar o acampamento. Sentia-se humilhado demais e convencido de que não se adaptaria.

Durante a semana, o diretor do acampamento solicitou que os garotos que estavam praticando o bullying conversassem comigo. Logo percebi que não eram garotos "maus"; possuíam habilidades de liderança e empatia, mas seu poder havia aumentado no decorrer dos anos, e não tinham parado para considerar que suas brincadeiras e provocações pudessem realmente magoar alguém. Na concepção deles, tratava-se de brincadeiras "normais" dos acampamentos, e haviam conquistado sua posição por serem os garotos mais velhos. Demonstraram sentir remorso, que é o ponto fundamental para a decisão sobre se um agressor poderá ou não aprender com o incidente e retornar ao acampamento. Eles quiseram até conversar com a vítima e pedir que mudasse de ideia, mas ela não aceitou.

Foi uma situação triste, mas causou um impacto no acampamento. Os garotos desculparam-se publicamente diante de todos quando retornaram, explicando o que haviam feito de errado e como planejavam ser mais inclusivos no futuro. O fato de terem sido mandados de volta para casa por uma semana mostrou aos garotos que praticaram o bullying que os diretores estavam falando sério sobre as brincadeiras e as agressões naquele ano. Eles tiveram tempo para refletir sobre seu comportamento e agir de forma correta.

Antes do Início do Acampamento

No caso dos acampamentos em que as crianças pernoitam, o problema muitas vezes começa até mesmo antes que iniciem suas atividades. Os participantes trocam e-mails sobre a escolha dos alojamentos e começam a fazer intrigas sobre quem irão excluir. Será que as informações que você costuma receber dos acampamentos o alertam para tais problemas?

Recomendo veementemente aos diretores dos acampamentos que enviem cartas aos pais solicitando que supervisionem esse tipo de atividade. Será que existem participantes sendo excluídos de reuniões do acampamento? Será que as crianças estão trocando mensagens instantâneas sobre como irão bater nessa ou naquela pessoa? Estarão fazendo postagens negativas ou depreciativas no *MySpace* sobre os participantes ou sobre os monitores? Insisto para que os diretores dos acampamentos peçam aos pais que informem caso seus filhos estejam envolvidos em e-mails de conteúdo negativo ou de exclusão, que possam fazer com que outras crianças não queiram mais retornar ao acampamento. Já que a internet está rapidamente se tornando a principal forma de comunicação de nossos filhos, vocês terão que conversar com eles em relação ao que observam online sobre outros participantes, ou sobre a equipe profissional. A única forma dos pais poderem saber se seus filhos poderão ser excluídos é perguntando a eles:

1. Você ouviu falar de alguma espécie de reunião sobre o acampamento para a qual não tenha sido convidado?
2. Recebeu algum e-mail que fez com que se sentisse excluído?
3. Alguém tem dito coisas ruins a seu respeito?
4. Alguém disse alguma coisa confidencial sobre você a outras pessoas e fez com que se sentisse mal?

Os pais precisam estar cientes do programa de ação antibullying do acampamento. O que acontecerá se seu filho estiver envolvido em um incidente de bullying? O diretor sempre ligará para os pais caso haja um problema? Qual é o sistema vigente para relatar ocorrências de bullying? Existem regras sobre os alojamentos das quais os pais deveriam estar informados?

É uma boa ideia encorajar os pais a reverem com seus filhos as expectativas e regras do acampamento, para que tenham certeza de que as crianças saibam que o acampamento não é uma competição livre, sem regras, em que possam comportar-se mal. É im-

PROPOSTA DE AÇÃO ANTIBULLYING

Este é um exemplo das condutas referentes ao bullying que redigi e desenvolvi para a American Camp Association, utilizando o nome de um acampamento fictício.

O bullying acontece quando uma ou mais pessoas excluem, provocam, insultam, fazem intrigas, batem, chutam ou humilham outra pessoa, com intenção de ferir. O bullying ocorre quando uma pessoa ou grupo de pessoas deseja ter poder sobre outra e usa esse poder para conseguir o que quer, às custas dessa pessoa. O bullying também pode acontecer por intermédio do espaço virtual: por meio do uso de e-mails, mensagens de texto, mensagens instantâneas e outros métodos menos diretos. Esse tipo de bullying também pode fazer com que pessoas sejam magoadas durante ou entre as temporadas do acampamento, e pode ser especialmente prejudicial quando as pessoas são vítimas de intriga e exclusão.

No acampamento RespectU, o bullying é imperdoável, e temos um plano de ação firme contra todos os tipos de bullying. A filosofia do nosso acampamento é baseada no enunciado de nossa missão, que assegura que cada participante terá a oportunidade de adquirir habilidades, conhecimento, amizades e experiência de vida. Trabalhamos em equipe para garantir que os participantes possam obter autoconfiança, fazer novos amigos e voltar para casa com ótimas lembranças.

Infelizmente, as vítimas de bullying podem não ter o mesmo potencial para tirar o máximo proveito de sua experiência no acampamento. Nossos líderes abordam com seriedade todos os incidentes de bullying, e treinam profissionais que promovem a comunicação entre sua equipe e os participantes, de forma que todos possam sentir-se à vontade para nos alertar sobre quaisquer problemas

> que ocorram durante sua experiência no acampamento e entre as temporadas. Todas as pessoas têm o direito de esperar que o acampamento lhes proporcione a melhor experiência possível, e, trabalhando em equipe para identificar e lidar com o bullying, podemos colaborar para garantir que participantes e profissionais tenham um excelente verão no acampamento RespectU.

portante ter certeza também de que as crianças com tendência a serem vítimas saibam com quem poderão falar, e o que fazer, caso não se sintam seguras.

Se o seu filho tiver sido vítima de bullying na escola, ou talvez tiver tido muita experiência na área do bullying, seja como vítima, seja como agressor, e você não desejar que o acampamento tome conhecimento disso, estará cometendo um erro. Os diretores do acampamento podem tratar dessa informação de forma sigilosa e fazer com que a equipe profissional saiba quais participantes necessitarão de um pouco de "monitoramento" adicional, sem que mais ninguém saiba. Um diretor sensível em relação a esse assunto oferecerá maior proteção a seu filho, e a possibilidade de que tenha um verão mais agradável.

O Papel do Diretor

O exemplo vem de cima. Quando for avaliar um acampamento para seu filho, tente observar como o diretor conversa ou age com os membros da equipe profissional. Se agir como um bully com eles, ou com você quando lhe faz perguntas, quais serão as chances de que esse local venha a ser um ambiente positivo para seu filho?

Pense em suas próprias experiências com professores ou chefes. Certamente alguns fizeram com que se sentisse seguro ao fazer perguntas, e outros estabeleciam as regras pela intimidação. Nestes casos, você não ousaria fazer uma pergunta ou revelar uma fragilidade, pois teria receio de que fossem gritar com você, ridicularizá-lo, despedi-lo, rebaixá-lo e assim por diante. Os monitores tratados dessa maneira podem ter medo de pedir conselhos sobre situações de bullying e de admitir que não sabem como exemplificar os comportamentos adequados. O grupo de monitores, como também os participantes do acampamento, precisam receber reforços e treinamento contínuos em relação aos limites entre o que deve ser considerado aceitável ou inaceitável.

Olhos de Águia

Quando converso com monitores, peço a eles que imaginem a si mesmos como águias, não como avestruzes. Se puderem planar sobre a paisagem, poderão ter uma visão clara do que acontece lá embaixo. A perspectiva da águia pode proporcionar a eles um grande controle sobre o que ocorre no acampamento.

Como pais, vocês desejam saber não apenas que há um grande número de monitores para inspecionar os participantes, mas também que os profissionais estão vigilantes, e que as crianças não serão deixadas sem supervisão durante o "tempo livre".

Um jovem conta sobre sua experiência num acampamento diurno quando tinha sete ou oito anos: "Tivemos algum tempo livre e um dos garotos do meu grupo perguntou se eu queria jogar futebol com ele. Aceitei, e marquei o primeiro gol. O garoto me chamou de lado e perguntou se eu poderia guardar um segredo. 'Claro', respondi. Então ele me deu um soco, com força, no estômago. Senti um mal-estar. 'Não se esqueça de que não pode contar para ninguém', disse o garoto. Sem forças, acenei com a cabeça, concordando. Ele me chutou e foi embora".

Naquela tarde, em sua casa, sua mãe sabia que havia algo errado. Rob estava quieto demais. Por fim, começou a chorar e contou sobre o garoto que o tinha socado. Contrariando a vontade de Rob, ela ligou para o acampamento e contou ao monitor que, por sua vez, colocou os dois garotos juntos, perguntou se a história era verdadeira, e fez o outro garoto pedir desculpas.

Rob teve muita sorte, apenas por uma razão: o outro garoto não era um agressor experiente; estava testando sua bravura como bully e, uma vez que chamaram sua atenção, não voltou a apresentar o mesmo comportamento. Ele resmungou um pouco sobre o fato de que Rob não deveria ter contado, mas não causou maiores problemas. No entanto, não é assim que a situação deveria ter sido conduzida com um agressor mais estabelecido.

É preciso ensinar aos monitores, assim como aos professores, sobre o sigilo. Se eu tivesse que fazer um aconselhamento em uma situação semelhante, teria dito ao monitor para não envolver, de forma alguma, a vítima. Em vez disso, pediria que ficasse mais vigilante, que ele mesmo tentasse observar comportamentos bullying (por que os garotos estavam sem supervisão quando saíram para jogar futebol?), que conversasse com todo o grupo sobre o bullying e a necessidade de informarem caso observem alguém sendo vítima de tal comportamento, e que os relembrasse sobre o que é considerado aceitável ou inaceitável. Durante essa conversa ele poderia enfatizar que dar socos ou pontapés é um comportamento inaceitável, e que se alguém presenciar esse tipo de conduta ele deverá ser informado, garantindo que tais informações sejam mantidas em sigilo. Tal atitude desenvolve a confiança, fator fundamental para fazer com que os participantes sintam segurança.

Assim como a urna de relatos anônimos para salas de aula, poderá e deverá haver uma delas longe do alojamento, caso seja um acampamento com pernoite, para que os participantes possam notificar aos membros da equipe profissional sobre suas preocupações relativas ao bullying. Se uma urna dessas existisse, o monitor poderia ter dito ao garoto que praticava o bullying que havia alguns relatos dos participantes que tinham testemunhado seu comportamento abusivo. Tal estratégia permite que a culpa não recaia sobre a vítima. Aconselho os acampamentos a colocarem tais caixas na enfermaria, onde as crianças podem relatar informações de forma segura, sem a preocupação de serem vistas.

De outra forma, o verão da vítima poderá acabar. Ficar conhecido como "dedo-duro" (e o pior – um dedo-duro que precisa da mamãe para brigar por ele) é uma das piores experiências que uma criança pode ter. Ainda que não leve a uma intensificação do bullying físico, tal situação quase sempre leva à exclusão e a tormentos verbais.

A equipe de profissionais precisará ficar atenta aos participantes de cada alojamento que possam pertencer à base da escala social. Em um grupo de acampamento típico, 20% das crianças estão no topo, 60% no centro, e 20% estão na base da pirâmide social. Embora os que estejam no topo e no centro possam ser vítimas ocasionais de bullying, normalmente conseguem lidar sozinhos com a situação. Aqueles que estão na base, porém, precisam de maior intervenção. Os profissionais devem observar os participantes que caminham sozinhos para as atividades ou para o refeitório, os que aparecem primeiro para as atividades (porque não têm ninguém com quem passar o tempo livre, e preferem estar no ambiente organizado onde os profissionais estejam presentes), ou os que aparecem por último (porque precisam esperar os outros tomarem banho ou comerem primeiro, ou porque estavam escondidos para trocar de roupa). Deveria ser óbvio que algumas crianças possuem habilidades sociais menos desenvolvidas que a maioria. Se o seu filho for uma dessas crianças, não tenha medo ou vergonha de falar sobre isso com os responsáveis pelo acampamento. Quanto mais eles souberem sobre seu filho e suas experiências, mais aptos estarão para supervisionar e prevenir o bullying. Um bom diretor manterá o sigilo dessas informações e fará com que seus profissionais estejam conscientes das vulnerabilidades do seu filho, agindo rapidamente se um problema acontecer.

É essencial que os monitores vinculem essas crianças a outras, para ajudá-las a fazer amigos e para que não se sintam isoladas. Ter um bom amigo no acampamento pode reduzir os incidentes de bullying em 50% ou mais.

Também poderá ser útil à equipe profissional encontrar algo que as crianças vitimadas pelo bullying julguem possuir de bom em si mesmas, e reforçar tal característica na frente de outros colegas. Os monitores que atribuem valor social aos participantes podem ajudá-los a ter um verão melhor no acampamento.

A HIERARQUIA DAS CONSEQUÊNCIAS

Nem todos os incidentes de bullying são originados da mesma maneira, e é por isso que as consequências deverão ser diferentes, baseadas no tipo e na gravidade do problema. Os monitores deveriam, tanto quanto possível, descrever as consequências de forma direta no primeiro dia do acampamento, quando conversarem sobre as regras dos alojamentos e sobre os comportamentos esperados e os inaceitáveis. O diretor do acampamento poderá mandar, com antecedência, uma carta aos pais sobre

FORMULÁRIO DE REFLEXÃO PARA OS PARTICIPANTES DO ACAMPAMENTO

Após as consequências para o bullying terem sido estabelecidas e as emoções estarem menos intensas, encorajo os monitores a utilizarem um formulário como este para ajudar os agressores (ou potenciais agressores) a refletirem sobre seu comportamento, e para que se comprometam a mudar. Este é um formulário que adaptei do livro Schools Where Everyone Belongs, *de Stan Davis (Research Press, 2005).*

Neste momento, os participantes do acampamento estão menos motivados a culparem os outros ou eximirem-se das responsabilidades, refletindo melhor sobre seu comportamento e sobre aquilo que fizeram de errado. Se não assumirem a responsabilidade por seus atos, os monitores deverão trabalhar com eles, visando encontrar melhores soluções e fazendo com que os participantes sintam como suas atitudes afetam os demais.

Nome: _____ Data: _____

• O que você fez de errado? Comece usando a palavra "Eu" e não culpe ninguém pelas atitudes que tomou. (Neste momento, a forma como lidou consigo mesmo é a única coisa que importa.)
• Por que foi errado escolher esse comportamento? (Que dicas viu ou ouviu das pessoas que você magoou que o fizeram perceber que as havia ferido? Mostraram isso a você em palavras, expressões faciais ou emoções?)
• O que estava tentando conseguir com seu comportamento? (Queria se sentir poderoso, chamar a atenção, ou que o deixassem sozinho? Estava tentando se divertir às custas de alguém, ou estava zangado por outro motivo?)

- Da próxima vez que isso acontecer, o que você poderá fazer para resolver a situação sem magoar alguém? Escreva três formas para conseguir isso.
- O que você pode fazer agora para melhorar a situação para a outra pessoa, de forma honesta e significativa?

as regras gerais existentes no local. Dessa forma, eles poderão examiná-las com seus filhos antes que estes cheguem ao acampamento, e as conversas dos monitores poderão servir como um lembrete dessas diretrizes essenciais, e também de orientações mais específicas.

Algumas vezes, atitudes como conversar sobre o assunto, responder ao formulário de reflexão e pedir desculpas são suficientes para resolver o problema.

No caso de infrações mais sérias, os monitores poderão utilizar a estratégia de "dar um tempo", não deixando que o agressor participe de uma atividade por um determinado período. Ou ainda o bully poderá ser separado de seus amigos, ou mudado para outro alojamento, caso o comportamento bullying não tenha sido resolvido após o primeiro incidente.

Uma consequência séria e eficaz é fazer com que as crianças liguem para casa, a fim de que elas próprias contem aos pais como se comportaram. Elas não gostam de passar pela vergonha de ter que contar aos pais que fizeram algo suficientemente grave que merecesse uma ida à administração do acampamento para ligar para casa. Logo que a criança tenha terminado de falar com os pais, o diretor ou o responsável deverá pegar o telefone e explicar a eles que tais comportamentos não serão mais tolerados, e de que a criança poderá ser mandada para casa se continuar agindo da mesma maneira.

Assim, como consequência aos piores comportamentos, os agressores poderão ser mandados para casa, tanto por períodos de tempo limitados como pelo resto do verão.

SAUDAÇÕES DO ACAMPAMENTO

Numa determinada época, enviar cartas pelo correio aos pais era a única maneira possível para que as crianças entrassem em contato com eles, quando participavam de um acampamento no qual pernoitassem. Se reclamassem de saudades de casa, ou de estarem tendo problemas com outras crianças, até que os pais recebessem a carta a situação já poderia ter sido resolvida. Atualmente, muitos acampamentos permitem que sejam utilizados telefones celulares e e-mails. Dessa forma, as crianças podem expressar imediatamente suas angústias aos pais. Tal possibilidade apresenta aspectos positivos e negativos.

As emoções são mais intensas entre as crianças, principalmente quando estão longe de casa e em um ambiente desconhecido. As pressões naturais provenientes das tentativas de adaptação a um novo grupo, somadas ao receio de estarem longe de casa, podem causar uma situação bastante dramática, ao mesmo tempo que favorecem o crescimento e acabam proporcionando uma experiência positiva. O que as crianças sentem neste momento poderá ser totalmente diferente do que sentirão daqui a dez minutos. Então, de certo modo, prefiro uma comunicação mais limitada, não tão imediata. Caso contrário, será muito fácil tomar decisões precipitadas e retirar a criança do acampamento antes de dar tempo à equipe profissional para intervir, ou de deixar que a criança lide com a experiência. Como pai/mãe, você não deseja que suas emoções determinem seu comportamento e façam com que ligue para o acampamento intimidando o diretor, no calor do momento. Você poderá, porém, informá-lo de que seu filho relatou um problema, que ele precisará averiguar.

É evidente que se receber uma carta ou uma ligação de seu filho na qual pareça desesperado, ou que esteja em uma situação perigosa (física ou emocionalmente), ou se esses tipos de carta seguirem um padrão, você precisará ligar imediatamente para o acampamento e pedir à equipe responsável que descubra o que está acontecendo. Certifique-se de que tenha toda a informação específica possível: nomes das crianças, local dos incidentes, datas e horários, nomes dos monitores, palavras e ações específicas contra seu filho, além de qualquer evidência que possua (e-mails, fotos etc.).

Diga-lhes que, no prazo de um dia, espera receber um telefonema e uma explicação sobre a situação, informando o que farão para resolvê-la; diga-lhes que espera que mantenham o sigilo – que não corram até o agressor para informá-lo sobre tudo o que você disse, o que só faria com que seu filho ficasse mais constrangido e vulnerável. Em vez disso, pergunte ao diretor qual o plano. A resposta que deveria ouvir inclui as seguintes possibilidades: ele conversará com a equipe e pedirá que fiquem mais atentos à situação, observará seu filho e o agressor, ou agressores, de forma mais cuidadosa, e conversará com todos os participantes daquele grupo do acampamento sobre o bullying, deixando claro o que é aceitável ou inaceitável, o que deverá ser informado, quais serão as consequências, e como agir de forma adequada como observador.

Quando um diretor assume essa posição, a situação deverá melhorar. Se o diretor oferecer pouca ou nenhuma segurança, vocês deverão certamente encorajá-lo (sem intimidá-lo) a tomar as providências mencionadas acima, entrando em contato com você quando tiver tomado alguma atitude.

A equipe profissional deverá informar aos pais que está tentando resolver o problema, e que dará notícias de seu filho dentro de alguns dias, comunicando que já houve uma melhora na situação. Caso contrário, se o problema continuar ou piorar, seria conveniente conversar com o diretor novamente para dizer que você ainda está preocupado com a segurança e com o bem-estar de seu filho. Peça ao diretor mais informações sobre como seu filho está lidando com o problema, e sobre o que ele planeja fazer para garantir sua segurança. Quando tudo mais falhar e você sentir que suas preocupações não estão sendo levadas em consideração, deverá comunicar ao diretor que tenciona tirar seu filho do acampamento e que espera receber um reembolso proporcional, caso as questões relativas à sua segurança física e emocional não tenham sido atendidas. Tal expectativa não será viável se seu filho for convidado a deixar o acampamento por ter praticado o bullying.

Perceba seu tom de voz ao manter esse tipo de conversa. É frequente que os pais tentem agir como "bullies" em relação à equipe profissional, e tal atitude costuma fazer com que estes profissionais se tornem resistentes e sintam menos empatia pela criança. Você deseja enfatizar que seu filho está inseguro, ou que não se sente aceito no acampamento, e que é dever da equipe protegê-lo, mas não precisa falar aos berros ou tornar-se ameaçador.

Seu filho também precisa sentir que tem aliados entre os profissionais, e que não precisa recorrer a você a cada problema que tiver que solucionar. É importante que os monitores e responsáveis comuniquem a seu filho que ele poderá procurá-los em sigilo, para conversar sobre os problemas que venham a surgir. A situação geralmente é atenuada quando as crianças percebem que possuem um aliado adulto com quem podem falar em segredo.

No ambiente do acampamento diurno, os pais poderão ser também capazes de mediar os problemas, assim como lidariam com situações de bullying na escola. Se você for buscar a criança no acampamento no final do dia, poderá ir diretamente à administração para conversar sobre quaisquer problemas que a criança tiver mencionado, ajudando então mais ativamente com um plano de defesa contra o bullying. Além disso, será possível afastar a criança por um dia ou dois do acampamento, se necessário, até que um plano seja elaborado.

Diga ao diretor que gostaria de ser notificado de todo e qualquer incidente de bullying e de todos os avanços que forem realizados, sejam eles eficazes ou não. Faça com que o diretor saiba que você gostaria que ambos estivessem do mesmo lado e unissem forças. Para conseguir isso, você poderá reforçar o comportamento positivo de seu filho com elogios específicos, do tipo: "Seu monitor me contou que você conseguiu manter o controle quando foi empurrado por outra criança. Isso realmente ajudou a evitar que as outras crianças se envolvessem em uma briga".

A ATUAÇÃO POR VINGANÇA

Às vezes, a vítima acaba sendo punida por mau comportamento. Foi o que aconteceu com Jason, um garoto um tanto excêntrico e socialmente inepto, que foi meu paciente. Ao contrário dos garotos de seu alojamento, Jason não se interessava por futebol, softbol ou barcos a remo. Seus passatempos eram algo como assistir a corridas de cavalos e ouvir música *country*. Os outros garotos eram bastante brutos com ele, insultando-o e fazendo com que não se sentisse aceito.

O que tornava as coisas piores era o fato de Jason reagir de forma exagerada. Tendia a reagir com raiva e de maneira dramática, e dizia coisas patéticas que pensava serem insultos inteligentes. É evidente que tal reação apenas alimentava o bullying. Era uma atmosfera de pressão constante, pois passava 24 horas por dia com esses garotos. Desse modo, após ter passado apenas duas semanas no acampamento, foi ele quem teve que ser mandado de volta para casa, pois começou a quebrar e a roubar os pertences dos demais e a brigar com seus agressores. Em sua mente, estava tentando ser mandado para casa; pensava que ser expulso seria melhor do que desistir.

Tivemos que trabalhar a forma como agia em sua disputa pelo poder. Quando nos encontramos pela primeira vez, ele estava realmente traumatizado por esses garotos do acampamento; com o tempo, teve que aprender a relevar e a ter reações menos intensas. Revimos e treinamos sua linguagem corporal e seus comentários em situações de provocação. Consegui que parasse com os comentários patéticos que fazia e respondesse de forma direta, e reforcei seu comportamento calmo. Isso o ajudou muito quando voltou para a escola. Soube recentemente, por sua mãe, que ele está tendo uma ótima experiência em um novo acampamento este ano.

OS MONITORES NÃO DEVEM SER USADOS COMO MULETAS

Os monitores percorrem um caminho espinhoso. Por um lado, os profissionais que não se envolvem, ou não respondem de forma consistente, transmitem a ideia de que o comportamento negativo será tolerado. Por outro lado, se interferirem cada vez que uma criança provoca a outra, elas nunca aprenderão a resolver os problemas por si mesmas.

As crianças vulneráveis frequentemente consideram os monitores como se fossem, na prática, seus pais, e da mesma forma que uma irmãzinha ou um irmãozinho pode passar metade do dia dizendo "Mãe, ele me bateu!", os participantes do acampamento podem esperar esse tipo de intervenção constante dos monitores. No entanto, não é uma boa ideia que os monitores mimem excessivamente as crianças.

Quando possível, deverá ser ensinado à criança "excessivamente sensível" que as provocações não representam um grande problema, e que ela poderá agir com calma em relação a elas, tornando-se um alvo menos provável. Os monitores nunca deverão envolver-se em humilhações ("pare de ser fracote", "não seja bebê", "se parasse de chateá-los, eles o deixariam em paz"), mas poderão encontrar maneiras mais positivas de fazer com que as vítimas percebam que é hora de desenvolver suas próprias habilidades sociais.

Por exemplo, se uma criança me dissesse "Ele me falou que sou um perdedor", eu diria: "E daí? Algumas vezes sou um perdedor, você é um perdedor, e todos somos perdedores também. Você não vai se sentir um perdedor quando deixar de ficar furioso por causa disso".

Você poderá tentar fazer com que a criança avalie a dimensão do problema perguntando a ela o quanto se sentiu incomodada por ele. Muito, mais ou menos, um pouco? Se a resposta for um pouco ou mais ou menos, ela poderá, provavelmente, apenas ignorá-lo e pensar em outra coisa. Se responder que a incomodou muito, ela poderá conversar com o monitor sobre o assunto, caso precise de ajuda para resolver o problema. Em meus treinamentos, costumo incentivar os monitores para que ajudem as crianças a colocarem isso em perspectiva nas representações que fazemos dos jogos de poder. Ensinar uma criança a sentir-se uma verdadeira vencedora por ter aprendido a lidar socialmente com outras crianças pode ser sua verdadeira vitória no acampamento, oferecendo-lhe uma série de recursos que poderá levar consigo para o resto da vida.

REUNIÕES DO ACAMPAMENTO E EVENTOS

É frequente que os participantes do acampamento queiram reunir-se durante o ano todo, em festas ou encontros informais. Assim como nas festas de aniversário dos colegas de classe, a regra apropriada para esta situação será: metade ou todos, nada intermediário.

Se uma criança desejar oferecer uma festa, poderá tanto convidar a todos do alojamento ou metade (ou menos) das crianças do alojamento. Não é conveniente oferecer uma festa e deixar apenas algumas crianças de lado, ou haverá exclusão. Não é fácil para os pais fazerem com que tal deliberação seja cumprida, mas trata-se de uma lição muito importante. Os pais normalmente não pensam nos convites dessa forma, mas você deverá pensar se quiser estabelecer a atitude correta a ser tomada. Incentivar seu filho a não excluir os demais, especialmente em relação ao acampamento, fornecerá um exemplo que se prolongará no ano seguinte, e reforçará o que o acampamento encoraja: inclusão geral, para que todos tenham a chance de viver bons momentos. Isso é mais difícil de conseguir das crianças mais velhas, que desejam tomar suas próprias decisões, mas incentive seus filhos a não excluírem os demais.

Se o seu filho for o único deixado de fora de eventos como esses, convém ligar para o diretor do acampamento para saber se poderia conversar com os pais da criança sobre o ocorrido. Deixar crianças de fora das atividades relacionadas ao acampamento não está de acordo com o "espírito do acampamento", mesmo que aconteçam durante o ano letivo. É evidente que o diretor não poderá forçar os pais a fazer a "coisa certa", mas valerá a pena tentar. A atitude do diretor ao ligar para os pais que permitiram a exclusão estabelece, de forma até mais enfática, a importância da mensagem transmitida pelo acampamento. Os pais podem não ter percebido que alguém esteja sendo excluído, ou podem não ter pensado no quanto a exclusão poderia magoar a criança.

BRENDA — A MANDONA

Trabalhei com uma garota de nove anos que viu o feitiço virar contra o feiticeiro. Ela era considerada um "bully" no acampamento, e não tinha consciência disso. Pensava ser uma garota muito legal no primeiro ano em que participou do acampamento, mas quando estava pronta para voltar no verão seguinte, descobriu que as garotas haviam pedido para não ficarem com ela no mesmo alojamento, e algumas haviam dito que esperavam que ela definitivamente não voltasse. Ela ficou arrasada, e não entendeu como era possível que as garotas não gostassem dela.

Tinha uma personalidade forte e defendia seus direitos, sempre esperando conseguir o que queria. Tive que mostrar a ela como o fato de ser mandona estava incomodando as outras garotas, e como estava ultrapassando os limites e sendo egoísta, em vez de comportar-se de forma amigável e inclusiva. Com a ajuda de seus pais, levei-a a demonstrar mais preocupação por suas colegas, e também pelo que desejavam – ela conseguiu dar uma virada positiva. Quando uma criança considera as opiniões alheias e estabelece uma atmosfera consistente de inclusão, pode perder sua condição de "menina má."

AS LIÇÕES DO ACAMPAMENTO

Os acampamentos deveriam ser sempre uma experiência agradável, e não assustadora, para as crianças. Se o seu filho estiver participando de um acampamento diurno e voltando para casa angustiado, receoso, mal-humorado, inseguro, distante de você e dos amigos, falando em desistir, ou se estiver participando de um acampamento com pernoite e ligar para casa com queixas somáticas como dores de estômago, dores de cabeça, pesadelos ou sensação de angústia, parecendo distante, amedrontado ou triste, faça perguntas a ele para descobrir se o bullying está sendo a causa da situação. Não presuma que os profissionais do acampamento não estejam dando importância ao caso. Pode ser que não estejam cientes do problema, e que trabalhariam ativamente para solucioná-lo se soubessem dos acontecimentos.

Como pais, deem ao acampamento e ao seu filho a chance de reverter a situação, pois isso poderá proporcionar a ele mais autoconfiança. É muito melhor enfrentar momentos de dificuldade e aprender a administrá-los, a confiar nas pessoas e a ser resiliente do que viver com medo e aprender apenas a evitar conflitos. Se o seu filho puder aprender a superar o bullying no acampamento, ficará mais confiante socialmente e haverá menos probabilidade de que seja importunado em outros ambientes. A melhor vantagem do acampamento é o fato de poder ser aquele local onde as crianças sintam-se mais vinculadas, façam amizades duradouras e sejam as pessoas que querem ser. São incontáveis as crianças que me relatam que o acampamento representa exatamente isso para elas.

sete

O BULLYING NO MUNDO VIRTUAL

A internet é a nova parede do banheiro.

Se, há alguns anos, garotos e garotas escreviam suas fofocas anônimas nas paredes dos banheiros ("Se quiser diversão, ligue para...", "A Kerri dormiu com o Darren", "O George é um gordão"), hoje em dia encontraram uma forma de difundir sua malevolência para um público muito mais amplo.

A mais nova, e potencialmente mais perigosa, forma de bullying, o bullying virtual ou cyberbullying, está crescendo muito rapidamente, tornando difícil que os pesquisadores e terapeutas mantenham-se atualizados. Na realidade, enquanto preparávamos este capítulo para a publicação, acabava de surgir um novo estudo informando que o bullying virtual apresentou um aumento de 50% entre os adolescentes e pré-adolescentes nos últimos cinco anos[25]. Da mesma forma que as pessoas rapidamente se adaptaram à comunicação via e-mails, mensagens de texto, fóruns e blogs, os bullies não perderam tempo em utilizar tais métodos para intimidar e aterrorizar. Como pais, precisamos aprender a linguagem da internet, para que possamos conversar sobre tais assuntos com nossos filhos.

Pais que não saibam o que procurar na internet, ou como preparar seus filhos para utilizá-la adequadamente em sua comunicação, estão abrindo uma brecha para potenciais problemas. Sendo assim, vamos examinar a situação e o que você poderá fazer em relação a ela.

OS GRUPOS DE BULLIES MAIS RECENTES

O que torna o bullying virtual tão difícil de administrar e controlar é o fato de ser, muitas vezes, anônimo e indireto. Tal fato amplia a gama de potenciais bullies, pois permite que grandes grupos de crianças lancem ataques coordenados de bullying, sem nunca precisarem encarar o alvo. É muito mais fácil para as crianças serem maldosas quando não há contato direto. Elas digitarão coisas em seu computador que jamais conseguiriam dizer pessoalmente, e esse mediador faz com que se torne muito mais fácil para elas serem impulsivas e apertarem a tecla "enviar", sem considerarem as consequências.

O bullying virtual também gera configurações de poder imprevisíveis, criando uma nova gama de agressores que, de outra forma, nunca teriam praticado o bullying em alguém. Crianças mais impopulares ou "fora de moda", que são provocadas ou marginalizadas na escola, são muitas vezes as mais habilidosas com os computadores, e podem conseguir sua vingança online.

O bullying virtual é também um pouco mais comum entre as garotas do que entre os garotos. As meninas tendem a praticar o bullying indireto, e o meio virtual encaixa-se perfeitamente nesse modelo, pois não precisam encarar a pessoa que estão atormentando.

TIPOS DE BULLYING VIRTUAL

Existem vários tipos de abuso que podem ocorrer online e pelo telefone celular. Aqui estão alguns dos que surgem com mais frequência:

- **Websites criados para incomodar.** Criar um website é algo simples, e muitos provedores oferecem espaço gratuito na rede. Assim, já ocorreram inúmeras situações em que crianças criaram sites com o objetivo de incomodar um colega. Um deles, que se chamava "Kill Kylie Incorporated", acusava a estudante de ser homossexual e ameaçava sua vida. A polícia levou nove meses para capturar as crianças que estavam por trás disso, e Kylie transferiu-se para outra escola[26].

- **Assumir a identidade de alguém.** Um estudante assume a identidade de outro e envia mensagens que parecem ter partido deste último. Em um caso conhecido, alguém descobriu a senha do website de uma garota de treze anos e fez com que parecesse que ela tivesse dito coisas horríveis sobre cada um de seus colegas de classe. No entanto, na maior parte das vezes, para assumir a identidade de alguém não é necessário que haja, de fato, o acesso ilegal a uma conta. As crianças podem usar simplesmente um nome de usuário que aparente ser proveniente da vítima.

- **Grupos de fofocas.** Fóruns, blogs, páginas do *MySpace* e grupos de e-mails podem ser, e geralmente são, utilizados para propósitos perversos. Garotos e garotas podem formar grupos e falar sobre a vida de outros, dos quais não gostem, anonimamente ou usando nomes falsos, como se fosse um "*slam book*"* online. Existem até sites nos quais as pessoas podem votar na maior "vagabunda" da escola, no aluno mais odiado, no mais chato e assim por diante. Os comentários são postados online para que todos leiam, e podem permanecer continuamente disponíveis, como uma lembrança dolorosa para a vítima.

- **Postagens de vídeos e fotos**. Em *sites* como o *YouTube*, as crianças podem postar vídeos constrangedores que tenham feito de outros ou conseguido interceptar, ou ainda exibir ataques realizados por eles a outras crianças. Podem, com frequência, gravar vídeos em seus celulares e postá-los online. Tais vídeos podem incluir imagens gravadas no vestiário, em uma festa, no ônibus etc. As imagens também podem ser adulteradas pela utilização de um programa de edição de imagens. Houve um caso de um garoto que fez um vídeo de si mesmo cantando uma canção para uma garota por quem estava apaixonado, e o vídeo foi difundido pela internet para humilhá-lo. O quanto esses vídeos impressionam nossos filhos? A Google achou que fossem muito interessantes, pois comprou o *YouTube* por 1,65 bilhões de dólares.

- **Bullying direto**. É claro que garotos e garotas, de fato, fazem ameaças e atormentam os outros diretamente por meio de e-mails, mensagens instantâneas e mensagens de texto. Alguém pode estar navegando na internet quando, subitamente, aparece uma mensagem: "Todo mundo na escola odeia você", ou "Tome cuidado amanhã, pois eu e

---

* *Slam books* são cadernos que circulam entre os estudantes, nos quais escrevem comentários anônimos, geralmente maldosos, sobre os colegas, professores etc. (N.T.)

meus amigos vamos matar você". Na maioria das vezes, tais mensagens são enviadas por pessoas que usam nomes falsos, ou nomes de usuário criados especificamente para esse propósito. Uma mensagem enviada a uma garota chamada Heather pode, por exemplo, ser proveniente de um usuário cujo nome seja "HeateréumaProstituta". É possível receber tais mensagens em casa, ou em celulares e computadores quando se estiver na escola.

- **Registros indesejáveis**. Se o agressor souber o endereço de e-mail da vítima, pode registrá-la para receber todos os tipos de e-mails indesejáveis. Por exemplo, um bully pode concordar em receber boletins informativos de conteúdo sexual usando o nome e o endereço de e-mail da vítima.

TRATA-SE DE ALGO COMUM?

Fight Crime: Invest in Kids é uma organização sem fins lucrativos composta por mais de três mil chefes de polícia, delegados, promotores públicos, outros agentes responsáveis pela aplicação da lei e sobreviventes de atos violentos. Em 2006, conduziram um estudo nacional sobre o bullying virtual destinado a descobrir se é um fenômeno comum, onde está acontecendo e o que as crianças estão fazendo em relação ao problema. Definiram o bullying virtual como "o uso de aparelhos eletrônicos e de informação, tais como e-mails, mensagens instantâneas (IM), mensagens de texto, telefones celulares, pagers e websites, para enviar ou postar mensagens ou imagens cruéis ou prejudiciais sobre um indivíduo ou um grupo".

O grupo de pesquisa conduziu entrevistas telefônicas com mil crianças, dividindo-as em dois grupos: pré-adolescentes (de

6 a 11 anos) e adolescentes (de 12 a 17 anos). As principais conclusões da pesquisa foram as seguintes:

- Um terço de todos os adolescentes e um sexto dos pré-adolescentes informaram que haviam sido feitos comentários maldosos, embaraçosos ou ameaçadores sobre eles na internet.
- 10% dos adolescentes e 4% das crianças mais jovens foram vítimas de ameaças de danos corporais realizadas online.
- 16% dos adolescentes e pré-adolescentes que estavam sendo vítimas não contaram a ninguém sobre o assunto. Aproximadamente metade das crianças com idade entre 6 a 11 anos contou a seus pais. Apenas 30% dos adolescentes reportaram o fato a eles.
- Os pré-adolescentes apresentaram a mesma probabilidade (45%) de receber mensagens nocivas na escola ou em casa. As crianças mais velhas receberam 30% de mensagens nocivas na escola e 70% em casa.

Também conduzi um estudo no verão de 2006. Pesquisei 1.222 jovens adultos, com idade entre 18 e 22 anos, perguntando-lhes sobre suas experiências com o bullying virtual. A seguir, apresento seus relatos.

Porcentagens de Jovens Adultos que Vivenciaram o Bullying Virtual

Perguntei a eles se tinham sido vítimas de bullying virtual por meio dos métodos a seguir. Abaixo estão relacionadas as porcentagens dos que responderam afirmativamente a cada uma das questões.

Método	Sexo Masculino	Sexo Feminino
E-mail	7%	14%
Mensagens Instantâneas	17%	30%
– alguém ter assumido sua identidade por meio de IM	15%	17%
Blogs	8%	8%
Mensagens de Texto	6%	9%
MySpace ou *Xanga*	3%	4%
Facebook	2%	4%
Celular com câmera	1%	1%

A seguir, perguntei se haviam praticado o bullying virtual em outras pessoas, e eis o que responderam:

Método	Sexo Masculino	Sexo Feminino
E-mail	6%	5%
Mensagens Instantâneas	14%	15%
– assumindo a identidade de alguém por meio de IM	10%	10%
Blogs	2%	5%
Mensagens de Texto	6%	3%
MySpace ou *Xanga*	2%	1%
Facebook	2%	2%
Celular com câmera	1%	1%

O BULLYING VIRTUAL PODE LEVAR AO SUICÍDIO

Ryan Halligan era um garoto de treze anos, da cidade de Poughkeepsie, Nova York, que recebeu educação especial até o quinto ano (nessa época foi determinado que não necessitaria mais dos serviços de educação especial). Foi nessa fase que o bullying teve início: um garoto e seus amigos começaram a importunar Ryan em função de seu desempenho acadêmico insatisfatório e de suas dificuldades de coordenação motora. Ryan foi aconselhado por seus pais a ignorar os garotos, e levado por eles para consultas com um terapeuta a fim de aumentar sua autoestima.

O problema, porém, ficou pior quando Ryan cursava o sétimo ano, o mesmo ano em que começou a demonstrar um interesse crescente por computadores, passando muito tempo em conversas online. Teve, então, uma crise nervosa e, chorando, pediu aos pais que se mudassem para que pudesse ir para uma nova escola, ou que o deixassem receber sua educação em casa. Não os deixava contar ao diretor da escola (disse que só pioraria a situação; tinha visto isso acontecer com outros garotos). Por fim, eles chegaram a um acordo de que ele deveria aprender a se defender e, então, ele e seu pai começaram a praticar *kickboxing*.

Ele acabou, de fato, envolvendo-se em uma luta com o bully, e a situação pareceu ter melhorado após esse episódio. Somente após Ryan ter cometido suicídio, enforcando-se, é que seu pai conseguiu descobrir como a situação estava complicada para seu filho nos meses anteriores à sua morte.

John Halligan conseguiu abrir a conta de seu filho e ler todas as mensagens instantâneas que havia escrito e recebido nos três meses anteriores. O que descobriu foi chocante. Uma garota popular fingiu estar atraída por ele, humilhando-o em seguida, mostrando suas mensagens a outras garotas e dizendo que nunca sairia com um perdedor como ele. O bully inicial havia espalhado um impiedoso boato de que Ryan era homossexual, e um estudante, que usava um pseudônimo, enviava a ele propostas sexuais para perpetuar o assédio. Um garoto, que os pais de Ryan não conheciam, conversava com ele pela internet, incentivando-o a acabar com a própria vida. Além disso, Ryan visitava websites relacionados ao tema do suicídio.

Embora seus pais tivessem percebido que Ryan estava deprimido e soubessem de seus problemas, acreditavam que se tratava da "angústia da adolescência" e que ele a superaria. Atualmente, John passa grande parte do tempo dedicando-se a campanhas a favor da legislação antibullying e falando para alunos e grupos de pais. Ele faz um apelo aos pais para que supervisionem com atenção as atividades de seus filhos na internet, e é um defensor dos programas para monitoramento de computadores.

PREVENIR É MELHOR

A fim de reduzir o risco de que seu filho seja vítima ou pratique o bullying virtual, você poderá seguir alguns passos.

Primeiramente, permitir que uma criança tenha seu próprio computador implica em responsabilidade para os pais. Se você é um pai ou uma mãe que deseja aprender a linguagem da internet, costuma perguntar a seus filhos sobre as amizades que estabelecem online e certifica-se de que estejam sendo sinceros com você, poderá, então, permitir que usem o computador em seu próprio quarto. Se você, porém, não costuma ter esse tipo de conversa com seus filhos, *não permita* que tenham um computador em seu quarto, ou em outra área privada. Lembre-se de que as crianças testarão os limites à medida que forem crescendo, e o computador poderá ser um instrumento importante para que realizem tais testes. Se suspeitar que problemas possam estar ocorrendo, mantenha o(s) computador(es) em áreas abertas, como salas de estar ou de TV, nas quais você poderá entrar livremente.

Lembre constantemente às crianças de que não deverão fornecer seus nomes completos ou qualquer informação pessoal na internet, incluindo o número de telefone, endereço, cidade, nome da escola, fotos e assim por diante.

Caso seus filhos participem de salas de bate-papo, fóruns, grupos de discussões realizados por e-mail e similares, aconselhe-os a não escreverem nada que não gostariam de ver em um *outdoor* gigante, em frente à escola, no dia seguinte. Poderá também dizer a eles que pensem em escrever e-mails como se estivessem escrevendo aos seus avós. Que não digam nada quando estiverem online que não diriam a um de seus avós pessoalmente. Isso os ajudará a ter uma perspectiva do respeito e da linguagem que utilizam na internet. Lembre-os de que mesmo que pensem estar apenas conversando com alguns amigos, qualquer coisa escrita online poderá ser copiada e postada em websites, ou encaminhada para milhares de pessoas.

Diga-lhes que se receberem uma mensagem instantânea ou um e-mail de alguém que não conheçam, *não respondam, independentemente do que seja* – mesmo que a pessoa pareça amigável. As crianças usam nomes falsos para tentar obter informações que possam usar contra suas vítimas.

Às vezes as crianças colocam mensagens de "ausente" em seu programa de mensagens instantâneas dando dicas às pessoas de onde estejam, ou de como podem ser localizadas, fornecendo, por exemplo, o número dos seus telefones celulares. Certifique-se de que seus filhos não façam isso, nem que forneçam nenhum tipo de informação pessoal online que possa ser visualizada pelas pessoas. Qualquer um, incluindo os bullies e predadores virtuais, pode enviar uma mensagem a um usuário e receber a mensagem automática de "ausente" com estas informações.

Diga a eles que escolham senhas difíceis de adivinhar: não o dia do aniversário, sua banda favorita, ou passatempo preferido, o nome do animal de estimação, nada semelhante. Aconselhe-os a escolher uma combinação de letras e números, e caso tenham que ser escritos, que os escrevam em um local secreto. Algumas crianças trocam senhas entre si como sinal de confiança ou amizade; diga a elas que não façam isso sob nenhuma circunstância! As amizades entre as crianças são frágeis demais para que se confie nelas dessa maneira. O melhor amigo de uma criança hoje poderá, na próxima semana, entrar em seu e-mail e enviar seus pensamentos íntimos a todos da escola.

Entretanto, as senhas de seus filhos não deveriam ser desconhecidas por *você*. Os pais possuem opiniões diferentes em relação aos limites existentes entre o respeito à privacidade de seu filho e sua preocupação como pais, mas o pai de Ryan Halligan sugere que a proteção supere a privacidade. Se prometer que somente utilizará suas senhas em situações extremas e mesmo asssim seu filho não estiver disposto a confiá-las a você, provavelmente precisará ser mais cuidadoso com o uso que ele faz da internet.

Faça aos Outros

No processo de ensinar a seu filho a não se tornar uma vítima, lembre-se também de abordar a outra parcela da equação. Tendo em mente que as crianças que são vítimas em outras áreas da vida (na escola, no acampamento etc.) podem vir a trocar de papéis e tornar-se bullies na internet, certifique-se de ter revisado com ele os comportamentos aceitáveis e inaceitáveis considerando esta possibilidade.

Quando estudava sobre o bullying virtual, um repórter ficou chocado ao descobrir que um estudante que figurava na lista dos melhores alunos – tranquilo e bem-comportado – admitiu ter enviado ameaças de morte online. Não tinha a intenção de levar adiante nenhuma de suas ameaças; dessa forma, não via nenhum problema em agir assim. Tal atitude proporcionava a ele uma sensação de poder, mas não apenas era moralmente incorreta como também poderia ter lhe trazido inúmeros problemas se a polícia tivesse sido envolvida.

Certifique-se de que seu filho saiba que em nenhuma circunstância será adequado fazer ameaças online, ridicularizar as pessoas, postar fotos constrangedoras, assumir a identidade de alguém, registrar pessoas para que recebam e-mails indesejáveis, encaminhar e-mails particulares a outras pessoas (mesmo a outros amigos – que poderão um dia tornar-se inimigos), envolver-se em "conversas a três", nas quais uma das partes não esteja ciente da existência de mais alguém participando silenciosamente, e assim por diante. Além do mais, mesmo que seu filho não seja um dos líderes do grupo, lembre-o de que não deverá votar em sites em que sejam julgados os alunos mais feios da escola, os mais gordos, os mais estúpidos, os mais promíscuos etc. Lembre seu filho de que se sentiria péssimo se fizessem o mesmo a ele, e da importância de ser um "bom observador", ou seja, nunca apoiar os agressores, incentivando seus comportamentos prejudiciais.

Bisbilhotar Versus Ajudar

Existe uma diferença significativa entre os pais que leem todos os e-mails dos filhos e suas mensagens pessoais (mesmo quando não desconfiem da existência de problemas), e aqueles que examinam endereços de e-mail suspeitos provenientes de pessoas que estejam fora de seu círculo de amizades, ou ainda os pais que tenham tentado conseguir respostas da criança sobre o porquê de estar deprimida, ou retraída, e procuram por pistas online.

Petra, que hoje também é mãe, recorda-se de que seus pais a espionavam sem razão alguma, e isso quase provocou uma desunião permanente entre eles. Ela era uma aluna que tirava ótimas notas, possuía um círculo de amigos confiáveis, nunca havia criado nenhum problema e não estava deprimida. No entanto, era repreendida por sentimentos que havia revelado somente em seu diário, e posteriormente descobriu que seus pais estavam gravando todas as suas ligações telefônicas.

Trata-se de um comportamento imperdoável, realizado em função de uma paranoia, ou apenas de um desrespeito ostensivo à privacidade. Se o seu filho não lhe der nenhum motivo, *não o espione*. Se tiver, de fato, razões para vigiá-lo – acreditando que sua segurança física ou emocional esteja em risco – converse primeiramente com ele sobre o assunto. Dê-lhe todas as oportunidades possíveis de contar o que está acontecendo. As crianças tendem, de qualquer forma, a permanecer caladas sobre incidentes de bullying, mas talvez isso aconteça de forma mais evidente em relação ao bullying virtual. Elas temem que você tire delas o computador, ou que impeça que utilizem as ferramentas que desejam (conversas online, mensagens instantâneas, *MySpace* etc.), caso revelem o problema. Você poderá tranquilizar seu filho dizendo que sabe da importância do computador, e que não tem intenção alguma de retirá-lo.

Se decidir supervisioná-lo, faça-o da forma menos invasiva possível. Passe rapidamente pelas conversas com amigos que conheça, ou com familiares. Resista ao impulso de descobrir por quem seu filho está apaixonado, ou se sua filha já passou da fase das "preliminares". Seu propósito deverá ser o de conseguir apenas a informação necessária: seu filho está sendo vítima de bullying virtual? Seu filho está praticando bullying virtual? Seu filho tem conversado sobre depressão ou suicídio? Estas são as informações que precisará obter. Se fizer mais do que isso estará bisbilhotando, e é mais provável que estrague sua relação com seu filho, em vez de ajudá-lo.

PERGUNTAS A SEREM FEITAS A SEU FILHO SOBRE BULLYING VIRTUAL

Aqui estão as questões básicas a serem feitas a seu filho. Você pode fazer algumas alterações para que sejam um pouco mais apropriadas à idade da criança:

- Como você costuma passar seu tempo na Internet?
- Que websites costuma visitar?
- Você tem algum blog? Você possui um perfil online? Tem alguma foto sua postada na internet? Você poderia mostrá-los a mim?
- Você utiliza programas de mensagens instantâneas? Com quem costuma conversar? Costuma receber mensagens de pessoas desconhecidas? O que faz quando recebe tais mensagens?
- Você sabe como bloquear as pessoas para que não lhe mandem mensagens?
- Você participa de algum fórum ou de salas de bate-papo? Onde? Qual é o seu nome de usuário?
- Alguma vez já forneceu informações sobre você, como por exemplo a escola em que estuda, sua idade, a cidade onde mora, ou sobre sua aparência física?
- Você sabe o que é bullying virtual? Já viu alguém ser vítima desse tipo de abuso? Já participou alguma vez? Isso já aconteceu com você?

- Você já entrou em websites nos quais alguém ridicularizava as crianças da sua escola?
- Já forneceu a alguém as senhas do seu e-mail ou de alguma conta na internet?
- Já recebeu e-mails, mensagens instantâneas e mensagens de texto ameaçadoras, ou que tenham chateado você? (Em caso afirmativo, o que você fez a respeito?)
- Se alguém estivesse importunando você online, como responderia?
- Mostre-me sua lista de contatos. Uma a uma, diga-me quem são essas pessoas.
- Você sabe que deve salvar qualquer e-mail, mensagem instantânea ou mensagem de texto enviados por um bully, mesmo que decida não lê-los?
- Você sabe que sempre poderá falar comigo se tiver um problema de bullying virtual?

Contratos para a Utilização do Computador

Em *http://kids.getnetwise.org/tools/toolscontracts*, você encontrará vários exemplos de contratos que poderá utilizar ou modificar da maneira que quiser. Tais contratos incluem as regras básicas que estabelecerá com seu filho, e poderá pedir a ele que coloque a data e o assine.

No entanto, justiça seja feita. Apresentamos aqui também um acordo para os pais: *www.cyberangels.org/parent.pdf*. Entre outras coisas, em tal acordo os pais prometem não espionar seus filhos, a não ser que exista uma boa razão.

ADOLESCENTES ESPERTOS FAZENDO TOLICES

Enquanto estávamos escrevendo este capítulo, descobrimos um exemplo perfeito de uma adolescente utilizando a internet de forma inadequada. Uma garota de treze anos apareceu no fórum de minha coautora solicitando que pessoas experientes "indicassem o caminho" e criticassem o romance escrito por ela – e fornecia seu endereço de e-mail. A garota usou seu primeiro nome verdadeiro e sua foto, mencionou continuamente sua idade (utilizando até mesmo um calendário que fazia a contagem regressiva para o seu aniversário de quatorze anos) e, após mais ou menos um mês, começou a revelar um número cada vez maior de informações sobre si mesma.

Ela não gostava da escola pública na qual estudava e afirmou ter sido vítima de bullying durante toda a sua vida. Queria "sair" com um garoto chamado Louis. Era uma ginasta. Queria conversar com pessoas que tivessem sido vítimas de estupro, pois estava escrevendo um romance sobre o tema. Era muito miúda, e vestia manequim número 36. E então, veio o mais grave: contou-nos que estava mudando para uma nova escola, e *mostrou-nos o link do website* da escola – juntamente com detalhes sobre os seus horários. Dessa forma, a partir daquele momento, qualquer um que estivesse ali observando saberia exatamente onde encontrá-la, e até mesmo as aulas que frequentaria num determinado dia.

Entretanto, quando o assunto sobre a segurança na internet foi levantado, a mesma garota vangloriou-se particularmente sobre sua esperteza, dizendo que nunca cairia nas garras de um predador.

Na realidade, porém, estava se tornando um alvo muito fácil tanto para predadores sexuais adultos quanto para os bullies virtuais. Não seria difícil que um colega de classe pudesse localizá-la nesse website e tomasse conhecimento de informações muito pessoais a seu respeito (e do que pensava de seus colegas de classe), que poderiam então ser encaminhadas por toda a parte e usadas contra ela. Além disso, se ela já tinha sido vítima de bullying na escola anterior, agora aqueles agressores saberiam qual seria sua nova escola e poderiam entrar em contato com seus novos colegas de classe para espalhar boatos sobre ela.

BLOGS E SITES DE REDES SOCIAIS

Se o seu filho tiver dez anos ou mais, é provável que possua alguma espécie de diário online, e que você não tenha conhecimento do fato. Não se trata de um motivo para perder o controle de imediato, mas sim para que se tenha cautela.

Existem vários tipos de "sites de redes sociais", sendo que o *MySpace.com* lidera os demais por uma margem considerável de vantagem[*]. Outros sites populares são: o *Friendster.com*, o *Xanga.com* e o *Facebook.com*, e até que este livro seja publicado com certeza existirão outros. Registrando-se em tais sites, crianças (e adultos) recebem espaço livre na Internet e o utilizam para postar fotos, criar um perfil, manter um diário online, enviar e receber mensagens dos amigos, visitar salas de bate-papo em tempo real e encontrar novas pessoas. O espaço virtual criou uma nova forma de vida social para as crianças; assim, não podemos deixar de acreditar que este espaço será parte da experiência de nossos filhos. Precisamos apenas estar mais preparados para conversamos com eles e sabermos lidar com o assunto.

Muitas crianças fazem um uso responsável de tais sites e não causam nenhum transtorno. Outras acabam criando uma situação problemática para si mesmas. Antes de tomar qualquer atitu-

---

[*] Na época em que o livro foi escrito. (N.T.)

de, converse sobre o assunto com seu filho, pergunte se ele possui uma conta em algum desses sites ou se mantém algum tipo de blog ou diário online. Se desejar que seu filho tenha um relacionamento aberto com você, é importante que faça perguntas a ele antes de começar a bisbilhotar.

MySpace

Para criar uma conta no *MySpace* é necessário que os adolescentes afirmem ter, pelo menos, quatorze anos. É claro que isso não garante que realmente *tenham* quatorze anos ou mais, pois não existe nenhum processo de verificação de idade. No entanto, pelas regras do *MySpace*, se descobrirem que se trata de um menor de quatorze anos, a conta será deletada.

Se o seu filho disser que não possui uma conta, mas você quiser verificar, acesse *http://search.myspace.com* e digite as palavras de busca: tente o nome dele, o endereço de e-mail ou a escola.

A primeira reação dos pais é, quase sempre, mais ou menos esta: "AI, MEU DEUS! ELE TEM UMA CONTA NO MYSPACE! ELE VAI SER SEQUESTRADO E ASSASSINADO! TENHO QUE DELETAR ESTA CONTA AGORA!".

Se o seu filho, porém, tiver mais do que quatorze anos, resista ao impulso de deletar a conta antes de conversar com ele. Somente o fato de que ele tenha um perfil no *MySpace* não significa necessariamente que esteja procurando confusão; dependerá do que estiver postado e com que propósito ele o estiver utilizando. Caso descubra que o adolescente esteja fornecendo informações pessoais, postando fotos provocativas, importunando os outros ou conversando com estranhos, chegou a hora de ser "durão" em uma conversa com ele, estabelecendo um sistema mais rigoroso de regras.

Provavelmente, deletar a conta apenas o deixará zangado, e é possível que seu filho crie uma nova conta e seja ainda mais eficiente ao escondê-la de você (acessando-a quando estiver na casa dos amigos, na escola, ou quando você não estiver em casa). É melhor dar a ele alguns exemplos específicos de adolescentes que se envolveram em problemas por causa dos mesmos comportamentos, e explicar a razão pela qual não os aceitará.

Seu filho deverá utilizar as opções de privacidade oferecidas pelo *MySpace*. Depois de entrar na conta, clique em "Configurações da Conta", a seguir em "Configurações de Privacidade", e depois em "Alterar Configurações". Nessa etapa, você poderá fazer modificações, tais como esconder o perfil, evitando que qualquer pessoa que não esteja na lista de "amigos" do seu filho possa visualizá-lo, e remover a figura que sinaliza quando ele estiver online.

Se, no entanto, seu filho for menor de quatorze anos e suas regras não estiverem funcionando, o *MySpace* oferece dicas para deletar a conta de seu filho em: *www1.myspace.com/misc/RemovingChildProfiles.html*. Você também poderá bloquear o acesso ao *MySpace*, ou a qualquer outro website, seguindo as instruções que encontrará em: *www.theparentsedge.com/block_myspace.html*.

Alguns pais têm uma forma diferente de supervisionar: criam suas próprias contas no *MySpace* e solicitam que os filhos os coloquem em sua lista de "amigos", o que permite que vejam automaticamente seu perfil, suas fotos, seu blog, e tudo o que escrever em sua página.

Algo que deverá ter em mente é que, mesmo que seu filho não esteja fazendo nada "errado" – apenas conversando de forma inocente com seus amigos e postando algumas fotos instantâneas que não sejam indecentes –, ainda assim ele estará correndo o risco de que alguém faça comentários desagradáveis. Para alguns adolescentes, se um estranho escrever "Você é feio" em seus comentários, isso poderá fazer com que caiam facilmente em depressão.

BLOQUEANDO OS BULLIES

Em quase todos os casos, a maneira adequada para uma criança responder a um bully virtual é não responder de forma alguma. Se os agressores acham divertido levar suas vítimas à beira de um ataque de nervos pessoalmente, ficam particularmente exultantes quando conseguem fazê-lo sob o véu do anonimato. Diga a seu filho para não responder a e-mails, mensagens instantâneas ou mensagens de texto provenientes de pessoas desconhecidas, ou mesmo de agressores conhecidos. Isso é válido mesmo que o agressor esteja dizendo mentiras, fazendo provocações, xingando, fazendo perguntas... É muito difícil para uma criança manter o controle e ignorar esse tipo de mensagem, mas qualquer resposta apenas estimulará o bully a prosseguir. Caso seu filho se sinta capaz de fazer isso, poderá responder apenas uma vez, somente para dizer: "Pare de escrever para mim. Não estou interessado".

Depois disso, não poderá mais responder, nem mesmo para repetir essa mensagem. Em vez disso, ele deverá imprimir ou salvar as mensagens do agressor para mostrá-las a você. Dependendo do conteúdo da mensagem, pode ser que você deseje entrar em contato com a escola, com o provedor de internet ou com a polícia – logo a seguir, falarei mais sobre o assunto.

Às vezes, a solução é tão simples quanto bloquear o endereço de e-mail do bully. Cada provedor de e-mail tem um método diferente de bloqueio, mas trata-se geralmente de um processo simples, no qual se insere um endereço de e-mail num formulário. Caso não seja facilmente compreensível para você, ligue para o provedor de serviços de internet, ou faça perguntas, procurando em seus arquivos de ajuda.

Você poderá proceder da mesma forma com a maioria dos programas de mensagens instantâneas. O programa da AOL possui várias opções de privacidade; se você clicar em "Preferências" e a seguir em "Privacidade", conseguirá escolher quem poderá entrar em contato com seu filho. Uma das possibilidades é bloquear usuários específicos, mas como as crianças mudam os nomes de usuário com frequência quando estão tentando causar problemas, poderá ser difícil conseguir acompanhar a situação. Em vez disso, se o seu filho estiver tendo problemas com agressores, sugiro que utilize a opção "Permitir apenas usuários de minha lista de contatos". Então, seu filho preencherá sua lista de contatos com os nomes de usuário de seus amigos, e eles serão os únicos que poderão enviar a ele mensagens instantâneas. Ele sempre poderá adicionar pessoas, se assim o desejar, ou retirá-las da lista.

Outra possibilidade é fazer com que seu filho altere endereços de e-mail, nomes de usuário ou números do celular (dependendo do canal utilizado pelo agressor), fornecendo as novas informações apenas para familiares e amigos dignos de confiança.

RASTREANDO OS BULLIES VIRTUAIS

Um problema importante no que diz respeito ao bullying virtual realizado anonimamente, ou pela utilização de pseudônimos, é a dificuldade em rastrear a pessoa (ou o grupo de pessoas) responsável; a polícia não costuma demonstrar interesse, a menos que existam ameaças de morte ou outras ameaças de danos corporais.

Entretanto, existem passos que você poderá seguir para aumentar as chances de identificar os bullies e/ou conseguir que o material ofensivo seja removido da internet.

Buscar o Nome de seu Filho no Google

Uma forma de descobrir se o seu filho está sendo alvo de bullying virtual é fazer uma busca no Google, digitando seu nome entre aspas. Assim, se o nome de sua filha for Sally Kinsworth, você acessará *www.google.com* e digitará "Sally Kinsworth". Caso seu filho tenha um nome incomum, você não terá que atravessar penosamente o caminho que conduz a excessivos links irrelevantes. Os nomes comuns são efetivamente mais difíceis de localizar. Você poderá tentar adicionar o estado em que reside, a escola de seu filho, ou outras palavras de busca para torná-la mais restrita. A seguir, faça uma busca pelo endereço de e-mail de seu filho, ou qualquer nome de usuário que saiba que ele utiliza.

Tal procedimento não revelará cada possível ofensa online, mas será um bom começo, fornecendo também dicas em relação aos sites dos quais seu filho participa, deixando mensagens.

Encaminhe E-mails ao Provedor de E-mail do Agressor

O provedor de e-mail aparece, geralmente, após o sinal @. Por exemplo, se o bully estiver enviando mensagens provenientes de alguém@aol.com, o provedor de e-mail é AOL (*www.aol.com*). Caso seja alguém@hotmail.com, o provedor é Hotmail (*www.hotmail.com*). Visite o site do provedor de e-mail e procure pelo link "Reportar Abuso". Caso não seja fácil visualizá-lo, procure pelos links TS (Termos de Serviço), PUA (Política de Utilização Aceitável), por um link de contato ou por "Quem Somos". Em muitos casos, o endereço de e-mail para reportar abusos é abuso@[nome do provedor de e-mail].com. Caso não encontre nenhum outro endereço, tente este como padrão.

Você precisará saber como incluir o cabeçalho completo no e--mail. Tal informação mostrará a procedência do e-mail recebido.

Para aprender a exibir o cabeçalho completo, o que dependerá de seu provedor de e-mail, visite *www.haltabusektd.org/help/headers*.

De posse dessa informação, você precisará inseri-la em uma mensagem, juntamente com as mensagens abusivas que deverão ser encaminhadas (ou enviá-las como anexos, dependendo das orientações do provedor de e-mail com o qual estiver em contato). Explique a razão de sua queixa, as idades das crianças envolvidas e quaisquer detalhes pertinentes.

Esteja ciente de que os provedores de e-mail quase nunca lhe dirão que providências tomaram, nem divulgarão a identidade de seus clientes sem uma ordem judicial. Você poderá conseguir que a polícia ou um advogado obtenham a ordem judicial, se necessário. Entretanto, eles poderão enviar uma advertência, e suspender a conta do usuário por um tempo limitado, ou permanentemente. Saiba que as crianças, muitas vezes, simplesmente registram uma nova conta, mas isso poderá diminuir a intensidade do comportamento.

Entre em Contato com o Website

Caso existam comentários abusivos sobre seu filho em um website, entre em contato com o *webmaster*, com seu proprietário ou com o serviço de atendimento ao cliente desse site. Caso o URL (Localizador Padrão de Recursos) seja longo, você deverá desconsiderar tudo o que vier depois do nome de domínio (a página inicial, que constitui tudo o que vem antes da primeira barra diagonal em um endereço longo). Vamos utilizar uma página de meu próprio site como exemplo:

www.bullycoach.com/programs/school/default.htm

---

* *Webmaster* é a pessoa responsável pela administração de um website, pela elaboração de seu projeto estético e de sua programação. (N.T.)

Caso encontre algo desagradável sobre seu filho escrito nesta página, deverá dirigir-se à página inicial do site para encontrar uma pessoa apropriada para entrar em contato. A página inicial corresponde à primeira parte do endereço do site (até o .com, .net, .org, .biz, ou qualquer outra extensão). Em nosso caso, a página inicial é *www.bullycoach.com*. Na página inicial, encontrará um link de "Entre em contato", que poderá utilizar para escrever para a pessoa que administra o site (nesse caso, eu), para indicar o material ofensivo e o que deseja que seja feito em relação a ele.

Precisará fornecer o endereço exato do website no qual o material ofensivo aparece, e citar o que é dito. Muitas vezes, basta escrever uma nota simples, como: "Meu filho tem doze anos e está sendo vítima de bullying virtual. Seus agressores postaram mensagens detestáveis em seu website em *www.bullycoach.com/ programs/school/default.htm*, incluindo este comentário feito por 'hford': 'O George é um perdedor e um veado', e o comentário realizado por 'cobra': 'Todos o odeiam e ele deveria morrer'. Por favor, remova imediatamente este material ofensivo. Gostaria muito que não fosse permitido que tais usuários postassem mensagens adicionais hostilizando meu filho em seu website".

Espere 24 horas por uma resposta; caso não respondam, tente novamente – e copie a mensagem para outro endereço de e-mail do site, caso encontre algum. Caso tenha utilizado o endereço de e-mail que sugerimos anteriormente (abuso@nome do provedor de e-mail.com.), tente agora o do serviço de atendimento ao cliente, ou o *webmaster*, ou o endereço para contatos gerais. Você poderá também encontrar um número de telefone, fax e endereço para correspondência. Se o seu e-mail não for respondido rapidamente, tente um destes outros métodos a seguir.

Entre em Contato com o Provedor de Hospedagem do Site

Você precisará abordar o provedor de hospedagem do site em duas situações possíveis: se o agressor realmente for o proprietário do domínio ou se as pessoas que administram o site não responderem ou não o ajudarem.

Em tais situações, você precisará descobrir quem "hospeda" o website. Trata-se da empresa à qual o dono do site paga para colocá-lo, de fato, na internet. Alguns dos grandes sites são seus próprios provedores, mas sites menores e de médio porte geralmente possuem empresas provedoras de terceiros. Tais empresas poderão retirar o site de funcionamento se o proprietário não estiver cumprindo os termos de seu acordo com o provedor. O acordo com o provedor geralmente inclui uma cláusula especificando que o site não conterá material difamatório.

Para descobrir quem é o provedor do site, visite qualquer dos endereços abaixo:

- www.arin.net/whois
- www.whois.net
- www.internic.net/whois.html
- www.betterwhois.com

Digite o nome de domínio e serão mostrados detalhes de quem o registrou, do contato de quem o administra e dos servidores de domínio. Os servidores de domínio são importantes: com frequência, eles mostram a você o endereço do site do provedor. Utilizando meu site novamente como exemplo, você encontrará como nomes dos meus servidores:

ns1.gapc.net
ns2.gapc.net

Ignore o que aparece antes do primeiro ponto, e substitua por "www". Neste caso, meu provedor é *www.gapc.net*. Se os abusos tivessem ocorrido no meu site e eu tivesse ignorado suas mensagens, você visitaria meu provedor para apresentar uma reclamação. Você enviaria a mesma mensagem que havia mandado para mim mas, desta vez, iria acrescentar: "Seu cliente ignorou os e-mails que enviei a ele em [data] e [data]". Se puder indicar em que pontos as mensagens violam a Política de Utilização Aceitável (PUA) ou os Termos de Serviço (TS), tanto melhor. Faça as respectivas citações.

Notifique a Escola

Caso o agressor ou os agressores frequentem a escola de seu filho, notifique o diretor em relação ao que estiver acontecendo. As responsabilidades do diretor em relação ao bullying virtual não são sempre claras; sua jurisdição não abrange situações que acontecem fora do território escolar. Entretanto, se o bullying virtual também estiver acontecendo na escola, ou se afetar o ambiente escolar, é possível que as autoridades escolares sejam capazes de (e sejam solicitadas a) intervir. É importante que a escola seja notificada, principalmente se alguma das crianças envolvidas for um de seus alunos, porque o bullying virtual poderá estar indicando outros problemas relativos ao bullying com esses mesmos alunos.

As escolas deveriam instalar filtros de conteúdo em seus computadores para prevenir que as crianças acessem sites nos quais possam se envolver em situações de bullying. Muitas escolas bloqueiam os sites de redes sociais, e não permitem que os programas de mensagens instantâneas sejam utilizados em seus computadores. No entanto, atualmente, a maioria delas não proíbe o uso de telefones celulares, o que significa que os alunos ainda serão capazes de trocar mensagens de texto e e-mails enquanto permanecem na escola.

Acredito que as autoridades escolares deveriam acompanhar de perto os incidentes de bullying virtual, quer aconteçam dentro ou fora da escola, porque estes afetam, inevitavelmente, o desempenho escolar da vítima. Entretanto, muitos desejam cuidar apenas do que acontece na escola, e as leis podem efetivamente desencorajar seu envolvimento em eventos ocorridos fora do território escolar. Ainda que não tomem nenhuma medida disciplinar, poderão, no entanto, manter-se alertas e observar seu filho mais atentamente na escola, podendo também abordar o tema do bullying virtual nas discussões em sala de aula.

Nos acampamentos de verão, temos trabalhado no sentido de criar programas de ação que possibilitem aos seus proprietários prevenir que as crianças pratiquem o bullying virtual entre as temporadas, época em que tentam manter contato entre si. Pergunte a seu filho se algum colega ou monitor do acampamento postou ou disse algo negativo sobre ele na internet. Pergunte se tem conhecimento de alguma postagem no *MySpace.com* proveniente de monitores ou participantes do acampamento, e se alguma delas apresentou conteúdo negativo. Observe como seu filho reage para perceber se isso ocorreu, e, em caso afirmativo, elabore um plano para entrar em contato com o proprietário do acampamento e conversar sobre qualquer evidência objetiva, caso disponível, que tenha conseguido salvar ou imprimir. Os proprietários dos acampamentos estão mais interessados no assunto do que jamais estiveram; sendo assim, inclua-os em suas discussões, caso envolvam outras crianças ou os monitores.

VOLUNTÁRIOS QUE AJUDAM A RASTREAR OS BULLIES VIRTUAIS

Se precisar de ajuda para identificar um bully virtual, ou descobrir a próxima providência a tomar, aqui estão várias organizações prontas para ajudá-lo.

- **www.haltabusektd.org**. Este grupo é denominado Working to Halt Online Abuse, Kids/Teen Division. Eles afirmam: "Nossos voluntários são especialmente treinados para trabalhar com crianças e adolescentes que atualmente estejam sendo vítimas de bullying, assédio e perseguições virtuais, e ajudar pessoas a aprenderem como podem evitar tal assédio, ou minimizar seu impacto caso, de fato, ocorra".
- **www.cyberangels.org**. Fundado pelo líder dos Guardian Angels, Curtis Sliwa, este grupo é formado por milhares de voluntários que podem trabalhar com você para localizar perseguidores e bullies virtuais.
- **www.wiredsafety.com**. Este grupo possui uma linha direta para reportar abusos virtuais anonimamente, para qual você pode enviar relatórios sobre bullying virtual, tais como perseguições online, falsidade ideológica e exploração infantil. Se a situação envolver qualquer tipo de risco real (por exemplo, se o bullying envolver ameaças de morte), você precisará reportá-lo à polícia local antes que a Wired Safety comece a participar.
- **www.ncvc.org**. Caso sinta-se mais à vontade fazendo um contato telefônico, o National Crime Victims Center possui uma linha de emergência que poderá utilizar para solicitar ajuda. Ligue para 00 + (operadora) + 1-800-394-2255 (ligação internacional, serviço disponível nos EUA).

APRENDA AS ABREVIATURAS DE TEXTO*

Adolescentes e pré-adolescentes possuem uma linguagem toda própria no que diz respeito a *e-mails,* mensagens de texto, e conversas online. Aqui estão algumas das abreviaturas comuns que utilizam:

401: I don't know
[Eu não sei]

FYEO: For your eyes only
[Confidencial]

A3: Anywhere, anyplace, anytime
[Em qualquer lugar, a qualquer hora]

FYI: For your information
[Para seu conhecimento]

AFK: Away from computer
[Longe do computador]

GF: Girlfriend
[Namorada]

A/S/L: Age, sex, location?
[Idade, sexo, localidade?]

IMHO: In my humble opinion
[Na minha humilde opinião]

BBL: Be back later
[Volto mais tarde]

IMO: In my opinion
[Na minha opinião]

BF: Boyfriend (or best friend)
[Namorado (ou melhor amigo)]

IRL: In real life
[Na vida real]

BGWM: Be gentle with me
[Seja gentil comigo]

JK: Just kidding
[Só estou brincando]

---

* Pelo fato de as conversas virtuais não se limitarem a um país ou região, optamos por apresentar as abreviaturas em sua língua inglesa original, uma das línguas mais faladas no mundo, devido à importância de se conhecer as novas formas universais de interação linguística. (N.T.)

BRB: Be right back
[Volto já]

BTW: By the way
[A propósito]

DIKU: Do I know you?
[Conheço você?]

F2F: Face to face
[Cara a cara]

F2T: Free to talk
[Posso conversar]

FOS: Father over shoulder
[Pai à espreita]

FWIW: For what it's worth
[Pelo que vale]

PM: Private message
[Mensagem particular]

POS: Parents over shoulder
[Pais à espreita]

PRW: Parents are watching
[Pais vigiando]

LMAO: Laughing my *ss off
[Rindo pra caramba]

LOL: Laughing out loud
[Gargalhando]

MorF: male or female?
[Homem ou mulher?]

MOS: Mother over shoulder
[Mãe à espreita]

OIC: Oh, I see
[Ah, sei]

OMG: Oh my God
[Ai meu Deus]

PCM: Please call me
[Por favor, ligue para mim]

TY: Thank you
[Obrigado(a)]

TYVM: Thank you very much
[Muito obrigado(a)]

W2G (or WTG): Way to go
[É isso aí]

RL: Real life
[Vida real]

ROFL: Rolling on the floor laughing
[Rolando no chão de tanto rir]

SOMY: Sick of me yet?
[Ainda não cansou de mim?]

TPTB: The powers that be
[Os poderes constituídos]

TTYL: Talk to you later
[Falo com você mais tarde]

WAYF: Where are you from?
[De onde você é?]

W/B: Write back
[Responda]

WB: Welcome back
[Bem-vindo de volta]

WTF: What the f***?
[Que diabos?]

Tais abreviaturas fazem parte da linguagem que seu filho pode estar aprendendo e utilizando; assim, se por acaso você entrar em seu quarto quando ele estiver trocando mensagens instantâneas e puder ler "POS", saberá que interrompeu a conversa online com o amigo. Caso ele não diga sinceramente sobre o que estavam conversando, você precisará ficar "de antenas ligadas".

Aqui estão outros recursos para descobrir os significados dos acrônimos utilizados na Internet:

www.netlingo.com/emailsh.cfm
www.webopedia.com/quick_ref/textmessageabbreviations.asp
www.mistupid.com/internet/chattalk.htm

HAPPY SLAPPING

Por volta do ano de 2004, uma nova tendência perturbadora chamou a atenção da mídia em Londres. É conhecida como "happy slapping" (bofetada divertida). Um ou mais adolescentes atacam alguém e filmam o incidente, utilizando geralmente a câmera de um telefone celular.

Em sua forma mais "pura", a ideia é a de que um adolescente caminhe até uma pessoa desprevenida e dê uma bofetada em seu rosto (mas não com força suficiente para machucá-la ou causar nenhum dano real), enquanto os amigos do adolescente filmam a reação de surpresa da vítima. Em seguida, poderão compartilhar o vídeo utilizando telefones celulares, ou transferi-lo para a internet.

No entanto, a designação para tal tendência tornou-se imprópria, pois os ataques foram frequentemente muito além da simples "bofetada", e não há nada de "divertido" em relação a eles, exceto o prazer perverso que alguns bullies sentem com a violência aleatória e a humilhação de uma vítima. Às vezes, é realizado em grupos, e os alvos podem ser qualquer pessoa – desde um estranho em um metrô até um colega de classe na cantina.

Becky Smith, de dezesseis anos, foi vítima de um desses ataques. Foi atacada perto de sua casa, derrubada, e ficou temporariamente paralisada. Uma garota bateu nela enquanto mais ou menos cinco garotos assistiam e filmavam a cena, e depois circularam o vídeo pela escola enquanto Becky estava no hospital. Até seu irmão mais novo assistiu ao vídeo, e a garota sentiu-se humilhada e com medo de retornar à escola. A menina que bateu nela foi presa, mas não acusada – foi liberada com uma advertência, deixando Becky e sua mãe horrorizadas. A escola não puniu nenhum dos alunos envolvidos, declarando publicamente que se tratava se um caso de polícia ocorrido fora de seu território.

Grupos de adolescentes chegaram até a filmar a si mesmos cometendo assassinatos aleatórios. Uma garota de quatorze anos aproximou-se de um homem de 37, dizendo a ele que estavam fazendo um documentário sobre o *happy slapping*, e pediu que sorrisse para a câmera, segundo testemunhos do tribunal... Então, ela e três rapazes chutaram e esmurraram o homem até a morte. O grupo de garotos admitiu ter praticado aproximadamente vinte incidentes de *happy slapping* antes desse caso, e todos foram acusados de homicídio culposo.

O termo *happy slapping* não foi adotado nos Estados Unidos, mas isso não significa que o mesmo tipo de evento não aconteça nesse país. Os bullies adoram ter uma plateia, e a tecnologia dos telefones celulares e pequenas câmeras torna possível que exibam facilmente seu abuso, mesmo para pessoas que estejam bem distantes da cena do crime.

Uma garota de treze anos de Long Island, Nova York, envolveu-se em uma discussão online com três garotas adolescentes por causa de um rapaz. Elas foram ao encontro da garota em uma escola de ensino fundamental e bateram nela com brutalidade, enquanto uma amiga das três agressoras gravava a cena. A seguir, colocaram o vídeo em websites como o *YouTube* e o *Photobucket*, onde foi visualizado centenas de vezes. As três agressoras foram presas e acusadas de delinquência juvenil e agressão.

Algumas pessoas acham que os adolescentes estariam tendo tais ideias inspirados em seriados como o *Jackass**, que tornam obscuros os limites entre as brincadeiras inofensivas e o com-

---

* Trata-se de uma série de TV exibida desde o ano de 2000 pela MTV americana, e desde 2001 pela MTV brasileira, na qual os atores aparecem fazendo brincadeiras e acrobacias perigosas. A série foi alvo de debates e retirada do ar, pois apesar de apresentarem uma advertência para que não tentassem repetir o que os atores faziam, muitos adolescentes, inspirados no programa, acabaram sofrendo acidentes. (N.T.)

portamento criminoso, e que os bullies teriam prazer em receber esse tipo de atenção. Alguns deles querem assistir sozinhos às gravações, ou posteriormente com os amigos para que possam rir juntos; outros anseiam por um palco maior para que possam ostentar seu poder agressivo. A intenção evidente é de amedrontar e humilhar a vítima.

Em função desse tipo de problema, muitas escolas proibiram totalmente o uso de telefones celulares. Os pais geralmente reclamam de tal medida, pois desejam que os filhos possam ligar para casa quando necessário, ou que tenham uma forma de entrar em contato com eles em caso de emergência. Está ficando cada vez mais claro, porém, que muitos alunos não estão utilizando seus celulares para propósitos nobres; sendo assim, é preciso fazer acordos. Hoje em dia, algumas escolas recolhem os celulares no início de cada dia, devolvendo-os em seu término; outras impedem que apenas alguns alunos específicos os utilizem, após terem sido apanhados com material ofensivo.

Caso descubra que seu filho esteja sendo importunado por telefone, informe sua operadora de telefonia móvel. A maioria das ligações poderá ser identificada, e talvez consigam bloquear as ligações ou informá-lo de sua procedência, para que você possa reportar abusos.

Insisto para que inspecione o celular com câmera de seu filho para verificar a existência de vídeos ofensivos e fotos de incidentes de bullying. Não deveria ser permitido que os jovens envolvidos em agressões possuíssem telefones celulares com câmeras integradas. Mesmo após o Google ter comprado o *YouTube*, acho interessante que você verifique com seus filhos o que teriam baixado desse *site*. No início, eles ficarão alvoroçados ao perceberem que você possui algum conhecimento sobre o assunto, mas tal atitude fornecerá informações sobre o que interessa a seus filhos, e sobre o que desejam ter em seus próprios computadores.

É um Mundo Virtual

Às vezes pode parecer tentador manter as crianças completamente afastadas dos computadores! Ouvimos histórias sobre crianças sendo perseguidas por predadores e ameaçadas por bullies, e tudo isso nos parece terrível. Entretanto, a verdade é que os computadores e a internet são demasiadamente úteis para que as crianças tentem romper de vez com a tecnologia. Na realidade, a internet veio para ficar e substituiu as ligações telefônicas da geração passada, criando um novo estilo de vida social.

As crianças tímidas, ou que são vítimas de situações reais de bullying, poderão encontrar grupos sociais online nos quais se sintam adaptadas. Poderão utilizar os e-mails para manter contato com amigos de antigas escolas ou acampamentos. Poderão utilizar a internet tanto como ferramenta de aprendizagem quanto de socialização, e, assim como em outras áreas da vida, poderão testar seus limites nesse meio de comunicação e precisarão de diretrizes muito bem estabelecidas.

É provável que seu filho entenda a "cultura virtual" melhor do que você, pois literalmente cresceu com os computadores e a internet. Não permita, porém, que a falta de conhecimento transforme-se em pânico – converse com seu filho sobre o que faz na internet, e por onde costuma navegar. Se houver algum problema, tenha certeza de que você será capaz de administrá-lo. Continue verificando os sites que lhe fornecemos, como também o meu próprio, *www.respectu.com*, para manter-se em dia com as mais recentes informações sobre o bullying.

oito

As provocações aos portadores de deficiência e necessidades especiais

As crianças que possuem necessidades especiais, tais como a síndrome de Asperger e outros transtornos do espectro autista, dificuldades de aprendizagem, deficiências físicas e atrasos no desenvolvimento são particularmente vulneráveis ao bullying. Vistas como alvos fáceis, geralmente possuem menos habilidades sociais do que seus colegas, o que pode significar que reajam ao bullying de forma exagerada. Um dos problemas é que, em função de suas reações (muitas vezes agressivas), professores e outras figuras de autoridade poderão perceber a situação de forma equivocada, responsabilizando as vítimas pela agressão. O agressor, que possui mais competência social, poderá fingir que não estava fazendo nada de errado, ou que estava apenas brincando, quando então esta outra criança simplesmente perdeu o controle! Dessa forma, crianças portadoras de necessidades especiais frequentemente são punidas, não por terem realmente causado o problema, mas porque não souberam interromper o comportamento ofensivo de forma apropriada. Em outras palavras, caem numa armadilha.

Via de regra, as crianças que têm mais chance de serem protegidas dos bullies são aquelas que já foram diagnosticadas e estão inseridas em classes especiais, com a ajuda de assistentes. Os adultos sabem como protegê-las, e elas geralmente formam grupos com os colegas com os quais conseguem se integrar. A situação é pior para as crianças que não foram diagnosticadas e não possuem nenhum recurso especial, ocupando uma posição inferior na escala social em suas classes.

As escolas poderão ser mais eficazes se empregarem seus recursos limitados na observação das crianças que correspondem aos "20% da base" da pirâmide social, em vez de tentarem vigiar os 80% que raramente são importunados. Os profissionais da escola precisam ser conscientizados em relação a quais das crianças são as vítimas, de forma que possam supervisioná-las em locais críticos, como a cantina e o pátio de recreio.

CARACTERÍSTICAS QUE TRANSFORMAM AS CRIANÇAS COM NECESSIDADES ESPECIAIS EM ALVOS FÁCEIS

Além do fato de que possam ter uma aparência e um jeito de falar diferentes das outras crianças, existem certos fatores comuns entre crianças com necessidades especiais que poderão torná-las vítimas mais fáceis dos bullies.

- **Dificuldades em compreender o sarcasmo e as provocações**. É frequente que uma criança maldosa finja ser amiga de outra quando na verdade só a está ridicularizando para proporcionar divertimento aos seus amigos. Seu tom de voz talvez não seja compatível com suas palavras, e seu filho portador de necessidades especiais pode não entender o que está acontecendo – pelo menos até que o agressor faça algo realmente cruel. É importante que os pais e professores estabeleçam o que é o bullying para as crianças que não conseguem

reconhecê-lo, fornecendo-lhes muitos exemplos de como tal comportamento possa "soar" e "parecer".
- **Fora de moda**. Muitas crianças com necessidades especiais não seguem a moda e as tendências atuais para cortes de cabelo, como as demais. Dessa forma, precisam confiar no conceito de estilo dos pais, que muitas vezes não combina com o de seus colegas. Trata-se de um problema que poderá ser corrigido. Se não quiser que seu filho tenha uma desvantagem social adicional, procure ficar atento aos estilos atuais.
- **Respostas agressivas ou inadequadas**. Crianças com necessidades especiais geralmente são pouco hábeis em responder de forma equilibrada quando estão perturbadas. Poderão reagir demonstrando raiva exagerada, chorando, puxando os cabelos, tendo uma crise de cólera etc., reações que os bullies adoram.
- **Fáceis de persuadir**. Crianças com necessidades especiais geralmente são ávidas para agradar e desejam adaptar-se ao grupo. Sendo assim, farão o que as outras mandarem, mesmo que seja algo degradante, ou que lhes cause problemas.
- **Problemas de higiene**. Crianças com necessidades especiais muitas vezes não têm a mesma noção de higiene que as demais, e poderão alimentar-se de forma desordenada, esquecer de usar desodorante etc. Não deixe que isso seja motivo para que sejam ridicularizadas pelas outras: mesmo que você não ache que deixar de tomar um banho ou comer com as mãos seja um problema, as outras crianças acham. É importante que imponha regras rigorosas de higiene e boas maneiras, pelo bem de seu próprio filho.
- **Afetividade inadequada**. Uma mãe ficou inconsolável por ter que comparecer ao gabinete do diretor para discutir o fato de seu filho estar beijando e abraçando as pessoas. É evidente

que o correto seria que ensinassem às outras crianças que o afeto é algo positivo, pensou ela. Porém, as outras crianças estavam utilizando a situação para fazer piadas sobre sua sexualidade, para chamá-lo de "retardado" e para marginalizá-lo de forma geral. A situação estava deixando também os professores e motoristas de ônibus incomodados. Seus pais tiveram que estabelecer regras rigorosas sobre onde e quando era adequado demonstrar afeto.

- **Poucos amigos**. Muitas vezes, as crianças com necessidades especiais não possuem muitos amigos, e esse fato é um indicador importante de que serão alvos fáceis para os bullies. Não possuem as defesas que necessitam. Caso tenham, de fato, amigos, eles provavelmente estarão na base da pirâmide social, e talvez não saibam como reagir para ajudá-los se um incidente de bullying acontecer.

A HISTÓRIA DE CHEYENNE

Em função de sua deficiência auditiva, Cheyenne começou a usar aparelhos auditivos na escola, mas descobriu que possuíam um efeito colateral indesejável. Agora que sua audição tinha melhorado, podia ouvir as crianças cochichando atrás dela. Elas sussurravam seu nome e, quando ela virava para trás, fingiam não ter dito nada, ou olhavam fixamente para ela, perguntando sarcasticamente: "O que foi?".

Ela foi seriamente importunada durante o ensino fundamental II e durante quase todo o ensino médio, e não tinha nenhum amigo. "Se eu fosse indicada como candidata a alguma coisa – vamos dizer, para a Rainha do Baile de Inverno, ou a Rainha da Festa de Boas Vindas – era somente para que pudessem me colocar em evidência e me ridicularizarem ainda mais. Por fim, convenci meus pais a esquecermos do aparelho auditivo; ele parecia apenas piorar a situação."

Ela era responsabilizada por atos que não havia cometido, e chegou até a ser expulsa de seu próprio baile de formatura do ensino médio por um colega de classe. Muitos de seus colegas disseram a ela em particular: "Aquilo não foi certo", ou outras expressões de solidariedade, mas ninguém a defendeu. "Sei que se pelo menos uma pessoa tivesse me defendido, eu teria ficado muito grata por seu esforço, por lutar pelo que acreditava ser correto. E essa atitude teria aumentado minha autoestima."

Embora ela mantenha em sua memória muitos dias nos quais tenha chegado em casa da escola e chorado copiosamente, o bullying diminuiu no final do ensino médio. "Durante essa época difícil, descobri o processo de escrever e percebi que tinha muito talento para expressar meus sentimentos no papel e fazer descrições", afirma ela. Uma professora de inglês a incentivou, e escrever tornou-se seu refúgio. É isto que está fazendo hoje: trabalhando para tornar-se uma escritora em tempo integral.

Seu tormento acabou há mais ou menos cinco anos; ela é hoje uma mãe solteira de 23 anos, mas sente diariamente os efeitos de ter sido vítima de bullying. "Nunca é bom ter que entrar no mundo real com uma autoimagem verdadeiramente ruim, pois a imagem que terá de si mesma será, na maioria das vezes, a imagem que também projetará de si aos outros. Não é tão fácil que você simplesmente acorde em um determinado dia sentindo-se animada e autoconfiante. Acredito sinceramente que são necessários apenas alguns minutos para que a confiança de alguém seja destruída – mas serão necessários muitos anos para restituí-la. Algumas pessoas são extremamente resilientes; outras, não. Acho, porém, que as pessoas que sofreram abuso na escola são também algumas das pessoas mais agradáveis que encontrará em sua vida. Sabem qual é a sensação de serem maltratados, e não desejam causar aquela dor aos outros."

A EDUCAÇÃO DO CARÁTER

Nos dias atuais, muitos professores tentam inserir a educação do caráter às atividades acadêmicas tradicionais. A maioria deles, de fato, dá aulas sobre a diversidade e a aceitação do outro. É importante começar a ensinar às crianças desde muito cedo que as diferenças são aceitáveis, e que "diferente" não significa "mau". Nesse caso, ensinar empatia e aceitação das diferenças segue lado a lado com a prevenção do bullying.

Se o professor não for particularmente adepto à abordagem de tais temas, existem muitos recursos destinados a ajudar. Todos os alunos precisam aprender o que são deficiências e como deverão tratar as pessoas com necessidades especiais. Algumas ferramentas que um professor poderá utilizar são:

- **Kids on the Block**. Este grupo educativo de teatro de bonecos faz apresentações cômicas sobre várias deficiências e problemas médicos, bem como programas sobre bullying e segurança nas escolas. Existem muitos grupos nos Estados Unidos e no exterior, sendo normalmente contratados para fazer apresentações em escolas. Para mais informações sobre as regiões em que atuam, visite *www.kotb.com* ou telefone para 00 + (operadora) + 1-800-368-5437.
- **Livros ilustrados**. Existem muitos livros infantis sobre temas relacionados às necessidades especiais. *Special Needs in School* é uma dessas coleções, publicada por JayJo Books (*www.jayjo.com*), e inclui títulos sobre autismo, asma, diabetes, paralisia cerebral, síndrome de Down, dislexia, síndrome de Tourette e outros. Os professores poderão ler e discutir sobre esses livros (disponíveis em inglês) em classe.
- **Oradores convidados**. A escola poderá convidar oradores para falar sobre o impacto que as deficiências tiveram em suas vidas.

- **Vídeos**. Algumas companhias produtoras existem unicamente para produzir vídeos sobre deficiências para o mercado educacional. A Coulter Video (*www.coultervideo.com*) é uma delas, e foi criada pelos pais de uma criança portadora da síndrome de Asperger. Produz vídeos sobre essa síndrome e sobre o autismo, destinados a exibições em salas de aula. Eles comentam: "Uma mãe de um garoto portador da síndrome de Asperger disse que, após uma reunião escolar na qual o vídeo foi reproduzido por um psicólogo, seus colegas de classe lhe pediram desculpas pela forma como o haviam tratado, começaram a sentar com ele no almoço e o incluíram nas atividades esportivas – apesar de ele não possuir aptidões físicas".

O BULLYING EM CLASSES DE EDUCAÇÃO ESPECIAL

Nem sempre o problema diz respeito aos alunos não portadores de deficiência ridicularizando os que as apresentam. O verdadeiro bullying pode ocorrer *entre* as crianças com necessidades especiais. Muitas vezes existem professores ou outros adultos ao redor para protegerem as crianças com necessidades especiais quando interagem com outros estudantes. No entanto, o aprendizado precisa acontecer na socialização que ocorre dentro do grupo com necessidades especiais.

Quando as crianças com necessidades especiais conseguem adquirir competências sociais para reconhecerem quando alguém está ficando zangado ou irritado, ou quando elas próprias estão causando essa irritação, estabelecem um ambiente mais seguro para que tais comportamentos sejam testados numa população mais ampla. Os adultos precisam interpretar papéis e treinar tais habilidades com as crianças, oferecendo-lhes a oportunidade de praticá-las com seu grupo, antes que se aventurem em outros ambientes. Quanto mais as crianças portadoras de deficiência puderem testar essas habilidades com os adultos ou colegas próximos, em situações reais que as treinem, maiores serão suas chances de aprender.

LEIS RELACIONADAS AO ABUSO AOS PORTADORES DE DEFICIÊNCIA

O Office for Civil Rights (OCR) [Gabinete de Direitos Civis] e o Office of Special Education and Rehabilitative Services (OSERS) [Gabinete de Educação Especial e Serviços de Reabilitação], pertencentes ao Departamento de Educação dos Estados Unidos, enviaram uma carta aos diretores de escolas, superintendentes e reitores de faculdades e universidades, em 2000, relembrando-os da gravidade do problema do abuso de incapazes, e de que o problema parecia estar tomando maiores proporções: estavam recebendo ligações telefônicas e observando a ocorrência de processos judiciais relacionados ao assunto em um ritmo assustador. Por essa razão, escreveram uma carta que incluía o seguinte:

> As escolas, faculdades, universidades e outras instituições educacionais são responsáveis por assegurar as mesmas oportunidades de educação a todos os estudantes, incluindo os portadores de deficiência. Tal responsabilidade é baseada na Seção 504 do Decreto de Reabilitação de 1973 (Seção 504) e no Título II do Decreto para os Americanos Portadores de Deficiência de 1990 (Título II), impostos pelo OCR. A Seção 504 abrange todas as escolas, distritos escolares, faculdades e universidades que recebem verbas federais. O Título II abrange todas as entidades estaduais e locais, incluindo os distritos escolares e instituições públicas de ensino superior, recebedoras ou não de verbas

federais. O abuso aos portadores de deficiência é uma forma de discriminação proibida pela Seção 504 e pelo Título II. Ambos fornecem aos pais e alunos os procedimentos para a apresentação de queixas e os recursos para o devido processo a nível local. Indivíduos e organizações também poderão apresentar queixas ao OCR.

A carta procurou relembrar aos educadores que o Estado e as escolas eram responsáveis por garantir uma educação pública livre e adequada aos estudantes elegíveis portadores de deficiência, e que os pais poderiam apresentar queixas ao OCR, ou à agência educacional estatal, caso sentissem que a educação de seus filhos estivesse sendo negada em consequência do abuso a portadores de deficiência. Concluíram da seguinte maneira:

> As escolas, distritos escolares, faculdades e universidades possuem a responsabilidade legal de evitar e responder pelo abuso aos portadores de deficiência. Como etapa fundamental, as instituições educacionais precisam desenvolver e difundir uma declaração do programa de ação oficial proibindo a discriminação baseada na deficiência, e precisam estabelecer procedimentos para a apresentação de queixas que possam ser utilizados para abordar o abuso aos portadores de deficiência. Um programa de ação transparente serve a propósitos preventivos, por notificar alunos e profissionais que o abuso aos portadores de deficiência é inaceitável, viola uma lei federal e resultará em ações disciplinares. A responsabilidade em responder pelo abuso aos portadores de deficiência, quando de fato ocorrer, inclui tomar medidas efetivas e imediatas para cessar o abuso, prevenir sua recorrência e, em situações apropria-

das, remediar os efeitos sentidos pelo estudante que foi vítima de tal abuso.

Suas recomendações para as escolas incluem um programa de ação por escrito que proíba a discriminação baseada na deficiência, a discussão das deficiências em sala de aula, o incentivo ao relato dos incidentes de bullying, o aconselhamento tanto às vítimas quanto aos agressores, o monitoramento de programas de acompanhamento após a ocorrência de incidentes de bullying e o treinamento adequado para que profissionais e alunos possam reconhecer o abuso aos portadores de deficiência.

É possível ligar para o OCR ou para o OSERS: 00 + (operadora) + 1-800-872-53276, para obter maiores informações.

O PAPEL DOS PAIS NO BULLYING PRATICADO CONTRA PESSOAS COM NECESSIDADES ESPECIAIS

Os pais desempenham um papel muito importante nessa área. As crianças aprendem como reagir às pessoas com necessidades especiais baseadas, em grande parte, em como seus pais reagem às pessoas "diferentes" ou "fora do comum". Preste muita atenção à sua linguagem corporal, ao que você diz quando observa alguém caminhando com a ajuda de um aparelho ortopédico no shopping, ou quando vê alguém que possua alguma anomalia física. Se olhar fixamente, revirar os olhos ou fizer comentários expressando desagrado, será muito mais provável que seu filho ache correto importunar as crianças com necessidades especiais.

CONVERSANDO COM SEUS FILHOS SOBRE OS PORTADORES DE NECESSIDADES ESPECIAIS

É compreensível que as crianças sintam-se pouco à vontade, ou até assustadas, diante de alguém que pareça diferente, ou que apresente um comportamento que não corresponda ao esperado. Isso poderá ocasionar alguns momentos muito constrangedores, quando seu filho aponta e pergunta em um tom de voz muito alto: "Mãe, o que há de errado com ele?". (Caso o ajude, saiba que a maioria dos pais das crianças com necessidades especiais que conheci entende perfeitamente que crianças pequenas não agem dessa forma por mal.)

Ensine continuamente a seu filho que "diferente" não significa "mau". Uma das melhores atitudes que poderá tomar será transmitir a ele como é benéfico para as pessoas quando conseguem superar seus desafios e obstáculos. Tente evitar transmitir a ideia de que se sente *mal* em relação às pessoas com necessidades especiais, ou de que precisam da nossa compaixão. Tal atitude alimenta a mentalidade de que são inferiores em função de suas deficiências.

Você poderá esclarecer sobre quaisquer problemas que identificar: "As pernas dele não são como as suas e por isso, em vez de andar, ele usa aquela cadeira de rodas para se locomover"; ou ainda "Ela usa aquela bengala porque não enxerga... Isso a ajuda a perceber o que está à sua frente, para não bater nas coisas".

Algumas vezes, as deficiências mentais e emocionais são mais difíceis de explicar, mas, se utilizar conceitos simples, poderá ser honesto sem ser ofensivo. Quando for descrever alguém com deficiências mentais, poderá dizer: "Ele não aprende tão rapidamente quanto você. Precisa se esforçar muito mais para aprender coisas que são fáceis para você, como [dê exemplos]". Quando for descrever alguém com autismo ou transtornos similares, poderá dizer: "O cérebro dele funciona de forma um pouco diferente do seu, e por isso é mais difícil para ele se comunicar com as pessoas da mesma forma que você".

Alguns pontos importantes a serem esclarecidos quando estiver tranquilizando seu filho:

- Não é algo que se possa pegar. Não se trata de algo contagioso, como uma gripe.
- A pessoa não tem culpa. Ela não fez nada de errado.
- É algo que nasceu com ela, e terá essa deficiência para sempre.
- De qualquer modo, ela é capaz de fazer muitas coisas e existem muitas atividades que pode realizar de forma satisfatória.

Reverter Positivamente as Dificuldades

Crianças com necessidades especiais podem ser uma inspiração para aquelas que não possuam deficiências. "Que desafio aquele garoto enfrenta!", você poderá dizer. "E veja como está conseguindo. Por que você acha que ele está sorrindo? Por que estará feliz? Como você acha que lidaria com a situação se tivesse que usar aparelho ortopédico nas pernas e um capacete como aquele? Que dificuldade você tenta superar e que representa um verdadeiro desafio?".

Você poderá tentar trocar ideias com seu filho sobre como deve ser a vida daquela outra pessoa. O que seria diferente, e o que seria semelhante? Pode ser que ela precise de ajuda para subir as escadas, ou pode ser que não seja capaz de andar de bicicleta, ou de recitar o alfabeto. No entanto, talvez também goste dos mesmos programas de TV, das mesmas músicas, e adore pizza, e ambos tenham cachorros. Se conseguir ajudar seu filho a perceber que existem possíveis interesses comuns, poderá ser mais fácil para ele sentir empatia.

Uma amiga tem dois filhos, de sete e dez anos, que são particularmente maravilhosos com as crianças deficientes. Parece que conseguem encontrar e agir como amigos de cada criança que possua uma deficiência física ou mental. Patinam com o garoto mais lento da pista de patinação ou, na igreja, sentam perto de um garoto que tenha um membro amputado e iniciam uma conversa. Quando perguntei a ela o que lhes ensinou para que fossem capazes de ficar tão à vontade com crianças que possuem necessidades especiais, ela respondeu: "Apenas digo a eles que acho maravilhoso que as crianças consigam ser tão fortes. Conversamos sobre como é preciso que uma pessoa seja realmente especial para que possa enfrentar desafios tão difíceis quanto esses. Não falamos sobre o que as pessoas não conseguem fazer, e sim sobre o que são *capazes* de fazer e que seja surpreendente".

Para que sejam incentivados nesse sentido, leem livros e assistem a filmes sobre pessoas com deficiências, discutindo sobre eles posteriormente. Por exemplo, leem sobre uma artista que pinta segurando o pincel em sua boca, em vez de usar as mãos, em função de uma paralisia cerebral, ou assistem a um filme sobre um atleta deficiente e, depois disso, conversam sobre as crianças que conhecem que poderiam crescer e fazer coisas semelhantes.

Quando conversar com seus filhos sobre portadores de deficiência, não se esqueça de alguns dos problemas mais comuns, como a gagueira, que afeta aproximadamente 5% dos alunos da pré-escola e 1% da população adulta. Ensine-os que as crianças com problemas de gagueira sabem o que querem dizer; que apenas apresentam alguma dificuldade em pronunciar as palavras, e ninguém deveria provocá-las por isso.

A REAÇÃO À INCLUSÃO

Outro problema recente é que nem todos os pais estão satisfeitos com o fato das crianças com necessidades especiais serem incluídas em classes "regulares". Existem muitas evidências de que elas aprendem mais quando são incluídas o máximo possível nas classes convencionais, em vez de serem segregadas em escolas especiais e classes diferenciadas o tempo todo. Entretanto, às vezes tal situação leva os pais das crianças que não possuem deficiência a reclamarem de que seus filhos estejam "retrocedendo", ou de que não estejam conseguindo atenção suficiente, porque as crianças com necessidades especiais estariam consumindo demasiada atenção dos professores.

Tais reclamações normalmente partem de pais excessivamente competitivos. Às vezes, eles até farão força para que *algo* seja diagnosticado em seus próprios filhos, de forma que possam conseguir a "vantagem competitiva" de terem um assistente designado a eles, ou tempo adicional para fazer as provas, ou aulas suplementares. Em suma, jogam com o sistema, achando que tirarão vantagem de tudo o que puderem, para que seus filhos recebam máxima atenção.

Trata-se de uma mentalidade pouco saudável, que não fornece um bom exemplo para as crianças. Ensina-as que, se os pais não respeitam os portadores de deficiência, por que elas deveriam respeitá-los? Estes pais encaram tais pessoas como um incômodo, um peso morto; então, por que seus filhos pensariam de maneira diferente?

A diversidade, porém, beneficia a todos, e os pais que passam os dias procurando maneiras de excluir os demais, de conseguir atenção especial e de burlar o sistema escolar estão prejudicando a todos da classe.

ORIENTAÇÕES ESPECIAIS PARA NECESSIDADES ESPECIAIS

Se o seu filho estiver sendo vítima de bullying na escola em razão de uma deficiência, além das etapas e sugestões descritas nos capítulos anteriores (documentar todos os incidentes, conversar com os professores e assim por diante), solicite uma reunião com a equipe do programa de educação especial, ou com qualquer autoridade pertencente a essa área de competência, que tenha o propósito de assegurar que o distrito escolar esteja atendendo adequadamente às necessidades dos alunos portadores de deficiência.

Tais profissionais poderão ser seus defensores, e ajudá-lo a ter garantias de que um plano esteja sendo executado para que seu filho esteja a salvo dos bullies. Poderão também certificar-se de que o problema esteja sendo abordado em um nível mais amplo – por exemplo, que esteja sendo incluída em sala de aula uma quantidade maior de material relacionado às deficiências. Você poderá ainda solicitar sessões especiais de aconselhamento para seu filho, caso o bullying o tenha afetado seriamente, ou pedir que um líder ou mentor entre os colegas possa acompanhá-lo mais de perto.

considerações finais

Por mais que nos assustem e enfureçam, os incidentes de bullying também poderão funcionar como catalisadores de um importante processo de crescimento pessoal. Poderão ajudar seu filho a desenvolver a verdadeira autoestima, e fazê-lo perceber sua capacidade de resistência, mesmo quando os outros tentem fazer com que se sinta diminuído. E quando você, em seu papel de pai ou de mãe, ajudar seu filho a lidar com eventos traumáticos, conseguirá promover uma proximidade maior com ele. Seu filho aprenderá que você é alguém com quem pode contar.

Alguns problemas serão resolvidos de forma relativamente simples. Apenas aprender a forma adequada de responder, ou como não reagir, ou separar o agressor da vítima, pode solucionar a questão. Outros problemas serão mais complexos, e poderão exigir uma abordagem de múltiplos aspectos por vários meses, ou até por vários anos. No entanto, não importa quanto tempo leve, ou o que precise ser feito, acredite que tanto você quanto seu filho conseguirão superar a situação se continuarem trabalhando juntos.

O fato de estar consciente do problema e suficientemente preocupado para seguir etapas, no sentido de aprender como ajudar seu filho, significa que ele já tem uma vantagem importante: conta com pais zelosos, que agora possuem uma série de conhecimentos sobre o assunto e capacidade para ensiná-lo a se tornar um alvo menos atrativo.

Espero que se sinta confiante com suas novas ferramentas; você possui hoje muito mais conhecimento sobre bullying do que a maioria do público. No entanto, quando colocar tais ferramentas em uso, lembre-se de que será como seguir uma receita culinária. Você sempre poderá personalizar as instruções, adicionar seus próprios ingredientes, adequá-la às preferências de sua família. Se experimentar o prato que tenha sido preparado de uma determinada maneira e achar que não está satisfatório para você, não tenha medo de alterar um pouco a receita e tentar novamente.

Se puder ajudá-lo de alguma outra forma, minha "porta virtual" estará sempre aberta para você. Poderá visitar meu site: *www.respectu.com*, no qual forneço um boletim informativo gratuito e informações sobre meus serviços de treinamento por telefone e programas para escolas e acampamentos.

Além disso, a seção de "Perguntas e Respostas" do meu site e do meu boletim informativo oferecem aos leitores deste livro uma chance de comunicarem suas dificuldades e preocupações. Embora não seja possível responder pessoalmente a todas as questões que recebo, postarei regularmente minhas respostas às questões selecionadas dos leitores; sendo assim, por favor, sinta-se à vontade para me escrever.

Desejo-lhe muito sucesso na tarefa de ensinar a seu filho a se defender do bullying para sempre.

recursos

BULLIES 2 BUDDIES
Fone: 00 + (operadora) + 1 (718) 983-1333
www.bullies2buddies.com
Um website que inclui um excelente e bem-humorado manual gratuito para crianças que estejam sendo vítimas de bullying, e que reforça a ideia de não reagir emocionalmente aos bullies.

BULLY POLICE
Fone: 00 + (operadora) + 1 (509) 547-1052
www.bullypolice.org
Criada por uma mãe cujo filho cometeu suicídio em consequência do bullying, esta organização de fiscalização promove campanhas por melhores leis relativas ao bullying e defende as crianças por ele vitimadas.

CYBERANGELS
www.cyberangels.org
Composta por milhares de voluntários, que poderão trabalhar com você para localizar predadores e bullies virtuais.

FIGHT CRIME: INVEST IN KIDS
1212 New York Ave. NW, Suite 300
Washington, DC 20005
Fone: 00 + (operadora) + 1 (202) 776-0027
Trata-se de uma "organização nacional, bipartidária, sem fins lucrativos, que luta contra o crime e é composta por mais de três mil chefes de polícia, delegados, promotores públicos, outros agentes responsáveis pela aplicação da lei e sobreviventes de atos violentos... O foco de nossa organização são os programas de educação precoce de alta qualidade, a prevenção do abuso e da negligência à criança, os programas de atividades extraescolares para crianças e adolescentes e as intervenções para recuperar crianças problemáticas".

KIDS AGAINST BULLYING
PACER Center
Projeto de Prevenção contra o Bullying
8161 Normandale Boulevard
Minneapolis, MN 55437
Fone: 00 + (operadora) + 1 (952) 838-9000
www.pacerkidsagainstbullying.org
Trata-se de um site sobre bullying para crianças. Apresenta jogos, disputas, participações por escrito de crianças, vídeos, uma coluna de aconselhamento etc.

KIDS ON THE BLOCK
9385-C Gerwig Lane
Columbia, MD 21046
Fone: 00 + (operadora) + 1 (800) 368-5437
www.kotb.com
Grupo de teatro de bonecos que visita escolas para abordar questões relativas ao bullying e às deficiências.

MIX IT UP
www.mixitup.org
Um programa que estimula crianças a desfazerem grupos fechados e a se socializarem com novos alunos na escola.

NATIONAL CRIME VICTIMS CENTER
Fone: 00 + (operadora) + 1 (800) 394-2255
www.ncvc.org
Uma linha de emergência que pode ser utilizada para pedir ajuda em situações de bullying.

NATIONAL YOUTH VIOLENCE PREVENTION RESOURCE CENTER
Caixa Postal 10809
Rockville, MD 20849-0809
Fone: 00 + (operadora) + 1 (866-723-3968) Das 8:00 às 18:00 horas, de segunda a sexta-feira.
www.safeyouth.org/scripts/teens/bullying.asp
Oferece acesso livre a centenas de panfletos, fichas informativas, relatórios, pôsteres e outras publicações impressas sobre a prevenção da violência juvenil. Contém uma seção especial sobre bullying e uma linha telefônica de emergência.

OFFICE OF CIVIL RIGHTS
Departamento de Educação dos Estados Unidos
Equipe de Atendimento ao Cliente
550 12th Street, SW
Washington, DC 20202-1100
Fone: 00 + (operadora) + 1 (800) 872-53276
www.ed.gov/about/offices/list/ocr

"Atendemos à população de estudantes que enfrentam discriminações, e aos defensores e instituições que promovem soluções sistêmicas para problemas de direito civil. Resolver queixas de discriminação é uma responsabilidade importante."

RespectU
00 + (operadora) + 1 (914) 428-0004 ramal 23
www.respectu.com
Um recurso para os pais em relação a todos os tipos de bullying: virtual, corporativo, do bullying que ocorre na escola, no acampamento e nos esportes.

THE SAFETYZONE
NWREL
101 SW Main Street, Suite 500
Portland, OR 97204
www.safetyzone.org
Oferece o download de guias de assistência técnica gratuita em segurança para as escolas.

SCHOOL COP
www.schoolcopsoftware.com
Software gratuito para ajudar os profissionais que atuam nas escolas a mapearem os locais de ocorrência dos incidentes de bullying nas áreas escolares.

STOP BULLYING NOW
http://stopbullyingnow.hrsa.gov
Para crianças e adultos. Oferece dicas, uma coluna de aconselhamento, "webisódios" animados sobre bullying e formas de ajudar.

WIRED SAFETY
www.wiredsafety.com
Este grupo possui uma linha direta para reportar abusos virtuais anonimamente, à qual você pode enviar relatórios sobre bullying virtual, tais como perseguições online, falsidade ideológica e exploração infantil. Se a situação envolver qualquer tipo de risco real (por exemplo, se o bullying envolver ameaças de morte), você precisará reportá-lo à polícia local antes que a *Wired Safety* participe do caso.

WORKING TO HALT ONLINE ABUSE
KIDS TEEN DIVISION
www.haltabusektd.org
"Nossos voluntários são especialmente treinados para trabalhar com crianças e adolescentes que atualmente estejam sendo vítimas de bullying, assédio e perseguições virtuais, e ajudar pessoas a aprenderem a evitar tal assédio, ou minimizar seu impacto, caso, de fato, ocorra."

notas do autor

1. Nansel, T. R. et al. "Bullying behaviors among U.S. youth: Prevalence and association with psychosocial adjustment". [Comportamentos bullying entre jovens americanos: a prevalência e a associação com a adaptação psicossocial.] *Journal of the American Medical Association,* 285 (16): 2094-100, 2001.

2. McCabe, R. E. et al. "Preliminary examination of the relationship between anxiety disorders in adults and self-reported history of teasing or bullying experiences". [Análises preliminares da relação entre os transtornos de ansiedade em adultos e o histórico de provocações ou experiências de bullying referido por eles.] *Cognitive Behaviour Therapy,* 32 (4): 187-93, nov. 2003.

3. Fekkes, M. et al. "Bullying behavior and associations with psychosomatic complaints and depression in victims". [O comportamento bullying e suas associações às queixas psicossomáticas e à depressão nas vítimas.] *The Journal of Pediatrics,* 144 (1): 17-22, jan. 2004.

4. Baldry, A. C. "Bullying in schools and exposure to domestic violence". [O bullying nas escolas e a exposição à violência doméstica.] *Child Abuse & Neglect*, 27 (7): 713-32, jul. 2003.

5. Sheard, C. et al. "Bullying and people with severe intellectual disability". [O bullying e os indivíduos portadores de deficiência mental severa.] *Journal of Intellectual Disability Research*, 45 (Pt 5): 407-15, out. 2001.

6. Shields, A., Cicchetti, D. "Parental maltreatment and emotion dysregulation as risk factors for bullying and victimization in middle childhood". [Os maus tratos parentais e a desregulação emocional como fatores de risco para o bullying e o comportamento de vítima na média infância.] *Journal of Clinical Child Psychology*, 30 (3): 349-63, set. 2001.

7. Schoenberg, J. et al. "Feeling safe: What girls say". [Sentir segurança: o que dizem as garotas.] Executive Summary. Girl Scouts Research Institute, 2003.

8. Baldry, A. C. "'What about bullying?' An experimental field study to understand students' attitudes towards bullying and victimization in Italian middle schools". [E quanto ao bullying? Um estudo experimental de campo para a compreensão das atitudes dos alunos em relação ao bullying e ao comportamento de vítima nas escolas de ensino fundamental II na Itália.] *The British Journal of Educational Psychology*, 74 (Pt. 4): 583-98, dez. 2004.

9. Rusby, J. C. et al. "Relationships between peer harassment and adolescent problems behaviors". [As relações existentes entre as perseguições de colegas e os comportamentos problemáticos na adolescência.] *The Journal of Early Adolescence*, 25 (4): 453-77, 2005.

10. "Long-term effects of bullying". [Os efeitos a longo prazo do bullying.] *Kidscape*, nov. 1999.

11. Vossekuil, B. et al. "The final report and findings of the Safe School Iniciative: Implications for the prevention of school attacks in the United States". [Relatório final e descobertas da *Safe School Initiative*: Implicações para a prevenção de ataques nas escolas dos Estados Unidos.] U.S. Secret Service and U.S. Department of Education, maio 2002.

12. "Man blows self up in botched attack on old high school bully". [Um homem fica gravemente queimado em ataque mal sucedido ao antigo bully da época do ensino médio.] *Mainichi*, Japão, 13 jul. 2003.

13. "Sticks, Stones and bullies". [Paus, pedras e bullies.] *CBC News Online*, 23 mar. 2005.

14. Castrucci, B. C., Gerlach, K. K. "Understanding the association between authoritative parenting and adolescent smoking". [Compreendendo a associação existente entre a educação autoritativa e o tabagismo na adolescência.] *Maternal and Child Health Journal*, 23 mar. 2006.

15. DeVore, E. R., Ginsburg, K. R. "The protective effects of good parentig on adolescents". [Os efeitos protetores da educação adequada nos adolescentes.] *Current Opinion in Pediatrics*, 17 (4): 460-65, ago. 2005.

16. Baumrind, D. "The influence of parenting style on adolescent competence and substance use". [A influência do estilo parental na competência dos adolescentes e em seu uso de substâncias.] *Journal of Early Adolescence*, 11 (1): 56-95, 1991.

17. Koestner, R., Franz, C., Weinberger, J. "The family origins of empathic concern: a 26-year longitudinal study". [As origens familiares da preocupação empática: um estudo longitudinal de 26 anos.] *Journal of Personality and Social Psychology,* 58 (4): 709-17, abr. 1990.

18. "Bullied: Silent tears". [Vítima de bullying: Lágrimas Silenciosas.] I-*Team 8 Investigative Report.* WISH-TV, Indianapolis, nov. 2002 e set. 2003.

19. Bixler, M. "Teen accused of bus-stop murder released on bond". [Adolescente acusado de assassinato no ponto de ônibus é liberado sob fiança.] *Atlanta Journal-Constitution,* 4 dez. 1998.

20. "Get to big answers on bullying". [Obtenha respostas importantes sobre o bullying.] *The Enquirer,* Cincinnati, 27 abr. 2006.

21. "Kansas teen awarded $250K in bullying lawsuit". [Adolescente no Kansas recebe 250 mil dólares em ação judicial contra bullying.] *NBC San Diego,* 12 ago. 2005.

22. "Connecticut bullying lawsuit settled". [Resolvido o processo referente ao bullying em Connecticut.] *Associated Press,* 23 ago. 2005.

23. Brittain, C. "Boy says coach paid him $25 to injure player". [Garoto afirma que treinador teria pago a ele 25 dólares para que machucasse um jogador.] *Pittsburgh Tribune-Review,* 16 jul. 2005.

24. Liu, C. "Boy, 13, gets 12 years for murder". [Garoto de 13 anos recebe pena de 12 anos por assassinato.] *Los Angeles Times,* 29 jul. 2005.

25. Ybarra, M. L. et al. "Examining characteristics and associated distress related to Internet harassment: Findings from the Second Youth Internet Safety Survey". [Investigando as características do assédio na Internet e o sofrimento a ele associado: descobertas encontradas na pesquisa *Second Youth Internet Safety Survey*.] *Pediatrics*, 118 (4): e1169-77, out. 2006.

26. Struglinski, S. "Schoolyard bullying has gone high tech". [O bullying do pátio da escola agora utiliza a alta tecnologia.] *Deseret News*, 18 ago. 2006.

sobre os autores

Joel Haber, Ph.D. (especialista em treinamento antibullying) é um psicólogo clínico que dedicou mais de vinte anos à identificação, prevenção e redução de comportamentos abusivos em adultos e crianças. Estudou a dinâmica do bullying em vários ambientes, incluindo o doméstico, as escolas, os esportes e os acampamentos. É o consultor oficial sobre bullying da American Camp Association.

Fundador do Programa RespectU, o Dr. Haber ocupou cargos na University of Alabama, Birmingham Medical School, White Plains Hospital e no New York Medical College, no Departamento de Neurocirurgia. Anualmente, ministra palestras e conduz workshops sobre bullying e prevenção da violência para milhares de pessoas.

Graduado em Binghamton pela State University of New York, o Dr. Haber recebeu seus títulos de mestrado e doutorado em psicologia clínica e medicina comportamental pela University of Georgia. É filiado ao National Register of Psychology e à American Psychological Association. Possui também formação como prestador de serviços em saúde mental, na área de Psicologia do Esporte. Seu website oficial é www.respectU.com.

Jenna Glatzer escreveu livros de sua autoria e também para outras pessoas, totalizando dezesseis obras. Entre as mais recentes estão *Celine Dion: For Keeps* (Andrews McMeel, 2005) e *The Street-Smart Writer: Self-Defense Against Sharks and Scams in the Writing World* (Nomad Press, 2006). É também editorialista do *Writer's Digest* e escreveu centenas de artigos para revistas e ensaios para antologias. É mãe de uma linda garotinha. Seu website oficial é www.jennaglatzer.com.

INFORMAÇÕES SOBRE NOSSAS
PUBLICAÇÕES
E ÚLTIMOS LANÇAMENTOS
Cadastre-se no site:
www.novoseculo.com.br
e receba mensalmente nosso boletim eletrônico.

novo século®